Guitar Rig 3 & SONAR 8

최이진 지음

노하우
도서출판

Guitar Rig 3 & SONAR 8

초판 발행 2009년 6월 24일

지은이 최이진
펴낸곳 도서출판 노하우
기획 노하우
진행 노하우
디자인 버츄디자인

주소 서울시 관악구 행운동 100-339
전화 02)888-0991
팩스 02)871-0995

등록번호 제320-2008-6호
도서문의 hyuneum.com

ISBN 978-89-960714-7-1

값 11,000원

ⓒ **최이진** 2009

구성

제 1 부: New SONAR 8
소나 7 서적과의 중복을 피하기 위해서 소나 8에서 달라졌거나 새로워진 기능만을 다루고 있습니다. 소나 8의 전반적인 학습이 필요한 독자는 소나 7 서적을 참고하기 바랍니다.

제 2 부: Guitar Rig 3
오디오 인터페이스 하나로 스튜디오 급 Guitar 녹음과 믹싱이 가능한 Native Instruments사의 Guitar Rig 3를 다루고 있습니다. Guitar Rig 3는 소나, 큐베이스, 로직, 프로툴 등의 구분 없이 Guitar 녹음과 믹싱 작업을 할 때 많이 사용하는 VST Guitar Effects 이며, Guitar 연주가 어려운 미디 작업자도 실제 연주와 구분하기 어려운 Guitar 테크닉을 구사할 수 있습니다.

학습 과정

1. 소나를 꾸준히 사용한 경우
소나를 어느 정도 다루고 있으며, 소나 8에서 달라졌거나 새로워진 기능만 알고 싶은 독자는 본서의 처음부터 학습을 합니다. 소나 7 서적의 소프트 음원과 오디오 이펙트 학습 편을 복습하고 진행하는 것이 좋습니다.

2. 소나 학습이 처음인 경우
소나 8을 처음 공부하는 독자는 소나 7 서적으로 공부를 시작합니다. 소나 7 서적의 소프트 음원을 학습할 때, 본서의 VST Instruments 편을 연결해서 공부하고, 오디오 이펙트를 학습할 때, 본서의 VST Effects와 제 2 부 Guitar Rig 3 편을 연결해서 공부합니다.

3. 소나 사용자는 아니지만, Guitar 녹음에 관심이 있는 경우
큐베이스, 로직, 프로툴 등, 소나 이외의 사용자가 Guitar Rig 3 학습을 위해 본서를 읽고 있다면, 제 2 부에서 설명하고 있는 Guitar Rig 3만 학습하면 됩니다.

프로그램이 버전업 되었을 때, 새로워진 기능만을 다루는 본서는 세계 최초로 시도되는 것입니다. 모든 출판사가 거절하는 이 기획물을 실행하기까지 출판사를 옮겨 다니며, 많은 사람들을 설득해야 했고, 소나 7 계약에서 부터 1년 이상의 기다림이 필요했습니다. 독자 입장에서 기획한 의견을 실행할 수 있게 배려해준 도서출판 노하우 대표에게 감사의 말을 전하며, 이 기획이 한 번으로 끝나지 않고, 정착할 수 있게 많은 사랑을 부탁합니다.

어려운 환경에서 꿈 하나만 믿고 살아가는 이들에게 작은 도움이 되길 바라며……

최이진 | hyuneum.com

Book Preview

제 1 부: SONAR 8 학습

1. True Piano
피아노 음색이 잘 어울리는 모짜르트의 Fantasy in D Minor라는 곡을 만들어보면서 TruePianso를 학습합니다. 마우스 만으로도 피아니스트가 연주하는 효과를 만들 수 있는 노하우를 익힐 수 있습니다.

2. Beatscape
간단한 리믹스 음악을 만들어보면서 하드웨어 패드를 그대로 옮겨놓은 듯한 Beatscape를 학습합니다. 상업용 음악 제작에 바로 사용할 수 있는 퀄리티에 놀라게 될 것이며, 테크노, 리믹스 등의 일렉 음악 작업자의 실력을 무한정 업그레이드 시킬 수 있는 노하우를 익힐 수 있습니다.

3. VST Effects
소나 8에서 새롭게 선을 보이고 있는 TS-64 Transient Shaper, TS-64 Tube Leveler, Channel Tools의 3가지 VST Effects를 학습합니다. 입문자도 쉽게 이해할 수 있도록 각각의 파라미터를 실습으로 익힙니다.

4. 새로운 기능
소나8에서 달라졌거나 새로워진 기능들을 정리합니다. 형식적인 업그레이드가 아니라, 실 사용자를 배려하고 있는 Cakewalk사의 위력을 느낄 수 있습니다. 특히, 지난 버전에서 가장 질문이 많았던 미디 컨트롤러 사용법을 자세히 설명하고 있습니다.

제 2 부: Guitar Rig 3 학습

1. 컴포넌트의 종류
라이브 기타 연주자를 위한 하드웨어 구성과 화면 구성을 살펴보고, Guitar Rig 3에서 제공하는 72가지의 모든 컴포넌트를 살펴봅니다. Guitar 연주자가 아니라면, 조금 생소한 장치들도 있겠지만, 실제 연주자보다 월등한 지식을 갖추게 될 것입니다.

2. 프리셋 사용법
Guitar Rig 3의 프리셋 사용법을 익힙니다. 라이브 연주자나 홈 스튜디오 작업자 모두 가장 많이 사용하게 될 방법이 될 것입니다.

3. 미디 기타 테크닉
Guitar 연주를 미디로 표현하는 방법을 살펴봅니다. 미디 작업에서 가장 어렵다고 하는 것이 Guitar 이지만, 이것만 익히면, 브라스, 스트링, 섹소폰 등의 모든 악기 효과를 연출할 수 있는 능력이 갖추게 되는 것입니다.

4. 플러그-인 실습
기타 연주 곡의 대명사인 게리무어의 Still Got The Blues라는 곳을 만들어보면서 Guitar Rig 3의 사용기법을 학습합니다. Guitar를 연주할 수 있는 사람은 스튜디오에서 녹음한 것과 동일한 효과를 얻을 수 있으며, 미디 작업자는 프로 연주자도 구분할 수 없는 Guitar 테크닉을 마스터 하게 될 것입니다.

Sample 폴더

본서의 실습 내용을 따라 해 볼 수 있는 샘플 파일을
제공합니다. 사용자 컴퓨터에 복사해 놓고 사용하는
것이 좋으며, 효과적인 학습을 위해서는 샘플을 무
시하고, 사용자가 직접 만들어보는 것이 좋습니다.
부록의 샘플은 작업이 어려운 입문자를 위해 제공되
는 것입니다.

Score 폴더

True Piano 실습 악보인 Fantasy in D Minor와
Guitar Rig 3 실습 악보인 Still Go The Blues를 이미
지 파일로 제공합니다. 본서에 실려있는 악보를 보
면서 실습을 진행하는 것 보다는 이미지 파일을 프
린트하여 사용하는 것이 편리할 것입니다.

Sonar 8 Trial Version

정식 버전을 구입하기 전에 Sonar를 사용해볼 수 있
는 데모 버전입니다. 저장과 익스포트 등의 몇 가
지 기능을 사용할 수 없지만, 전반적인 성능을 경험
할 수 있습니다. 그 밖에 Guitar Rig 3 Bank, Guitar
Rig 3 Tutorial, Sonar 8.3.1 Update 폴더에도 유용한
파일들이 있습니다. 학습을 하면서 궁금한 사항은
hyuneum.com의 질문 코너를 이용하기 바랍니다.
각 분야 전문가들의 빠른 답변을 얻을 수 있습니다.

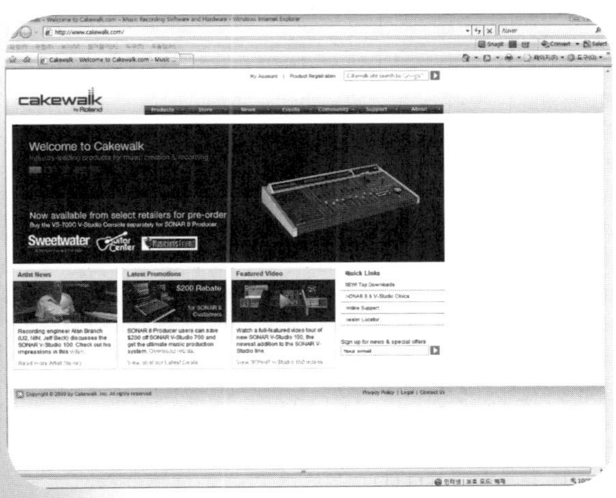

Contents

제 1 부 SONAR 8

제 2 부　Guitar Rig 3

🎵 실습 곡

- True Piano 학습 - 모짜르트의 Fantasy in D Minor
- Beatscape 학습 - Beatscape Remix Demo Song
- Guitar Rig 3 학습 - 게리무어의 Still Got The Blues

Cakewalk사는 2008년 10월에도 어김없이 SONAR 8을 출시하였습니다. 매년 출시되는 업그레이드 버전에 많은 SONAR 유저들이 부담을 느끼고 있는 것은 사실이지만, 이전 버전의 단점을 개선하고, 최첨단 기술을 탑재하려는 제작사의 노력에 박수를 보내며, 즐거운 마음으로 공부하는 것이 좋겠습니다. 본서는 소나 7 서적과의 중복을 피하기 위해서 소나 8에서 달라졌거나 새로워진 기능만을 다루고 있습니다. 소나 8의 전반적인 학습이 필요한 독자는 소나 7 서적을 참고하기 바랍니다.

→ 제 1 부

SONAR 8

VST Instruments

소나의 최대 장점이라면 많은 수의 VST Instruments를 제공하고 있어 추가비용 없이 음악을 만들 수 있다는 것입니다. 버전 8역시, 기존의 VST Instruments를 그대로 유지한 상태로 Beatscape, Dimension Pro, TruePianos의 3가지 악기가 추가되었습니다. 여기서 Dimension Pro는 소나 7 서적에서 다루었던 악기이므로 생략하고, 본서에서는 Beatscape와 TruePianos를 살펴보겠습니다. VST Instruments의 기본적인 사용법은 소나 7 서적의 Part 6를 참조하기 바랍니다.

〈Beatscape〉

〈TruePianos〉

Fantasy in D minor

Mozart

점점 세계
cresc.
Presto.
급속으로
처음의 빠르기로
Tempo I.
cresc.
SONAR8
12

Presto.
Tempo I.
p
f
p
턴: 꾸밈음
fp
f
약간 빠르게
Allegretto.
dolce
부드럽게
1.

2.
legato
부드럽게 이어서 연주
legato
a tempo
본래 빠르기로
rallent.
점점 느리게
dolce
피아니시모: 매우 여리게
포르티시모: 매우 세게
SONAR 8

1 TruePianos

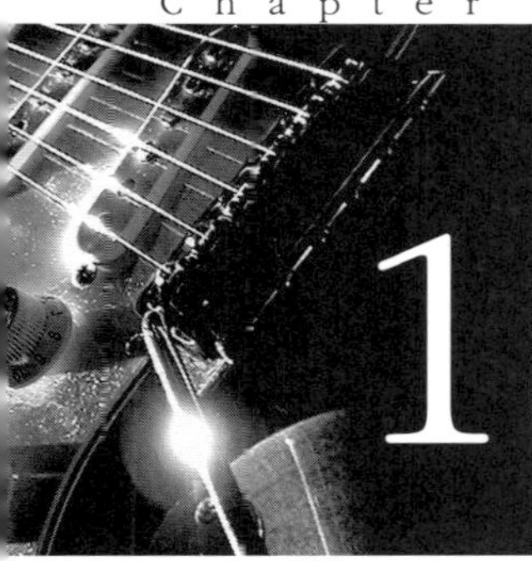

4Front사에서 제작된 TruePianos는 이름 그대로 피아노 악기입니다. 소나 8에서 번들로 제공하는 TruePianos는 Amber라는 모듈의 한 가지 음색뿐이지만, 소나 8에서는 이미 수 많은 건반 음색을 가지고 있는 VST Instruments를 제공하고 있기 때문에 크게 아쉬운 부분은 아닙니다. 만일, 다양한 음색을 사용해보고 싶다면, truepianos.com에 접속하여 풀 버전으로 업그레이드(유료)를 합니다. 사용법은 별다른 것이 없으므로, 피아노 음색이 잘 어울리는 모짜르트의 Fantasy in D Minor라는 곡을 만들어보면서 TruePianso의 음색을 감상해보겠습니다.

1 악기 로딩하기

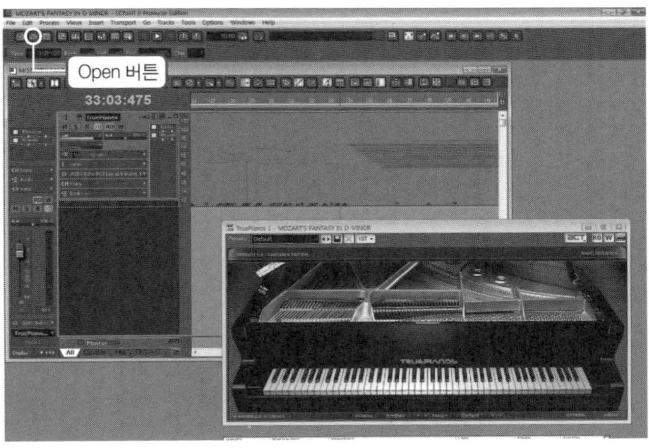

01 도구 모음 줄의 Open 버튼을 클릭하거나 단축키 Ctrl + O 를 눌러 창을 열고, 부록 CD의 Sample 폴더에서 Mozart's Fantasy in D Minor를 불러옵니다. 그리고 Space bar 키를 눌러 완성된 실습 곡을 모니터 해봅니다. 유명한 곡이기 때문에 귀에 익은 독자도 있겠지만, 그렇지 않은 경우에는 악보를 보면서 충분히 감상하는 것이 좋습니다.

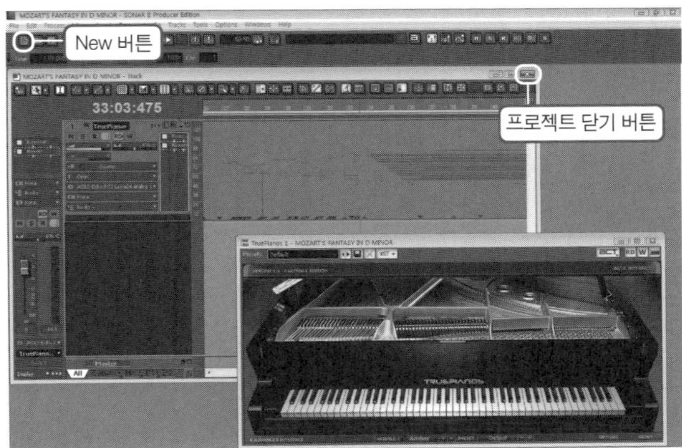

02 완성된 곡을 충분히 모니터 했다면, 프로젝트 창의 닫기 버튼을 클릭하여 Mozart's Fantasy in D Minor 실습 곡을 닫고, 도구 모음 줄의 New 버튼을 클릭하여 작업을 시작할 새로운 프로젝트를 만듭니다.

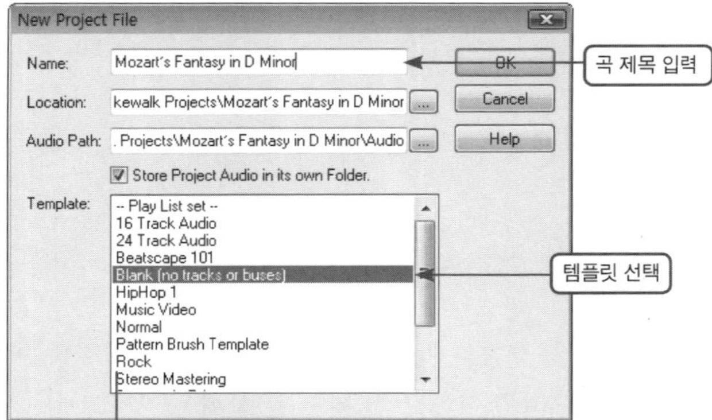

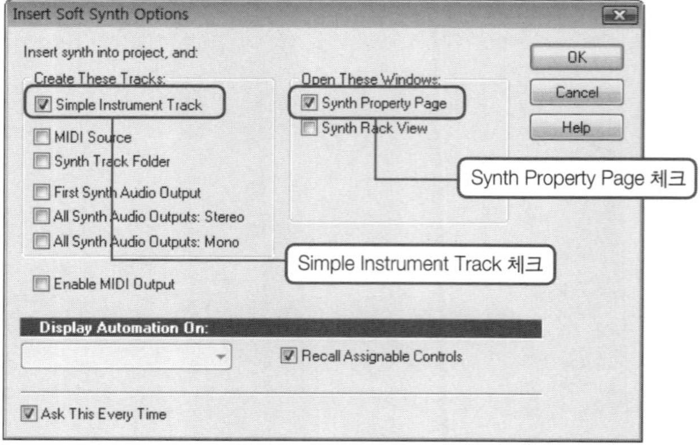

03 프로젝트의 이름과 저장 위치를 선택할 수 있는 New Project File 창이 열립니다. Name은 Mozart's Fantasy in D Minor라고 입력을 하고, Template는 Blank [no tracks or buses]를 선택하여 빈 프로젝트를 만듭니다.

04 아무런 트랙도 준비되지 않은 프로젝트가 만들어집니다. Insert 메뉴의 Soft Synths에서 True Piano를 선택하여 실습에 필요한 피아노 악기를 로딩합니다.

05 Insert Soft Synth Options 창이 열립니다. Simple Instrument Track과 Synth Property Page 옵션을 체크하고 OK 버튼을 클릭합니다. 소나 8은 VST 악기를 위한 Instrument 트랙을 제공하고 있기 때문에 소나 7에서와 같이 데이터를 입력할 미디 트랙과 사운드가 연주될 오디오 트랙을 만들지 않아도 된다는 점이 달라졌습니다.

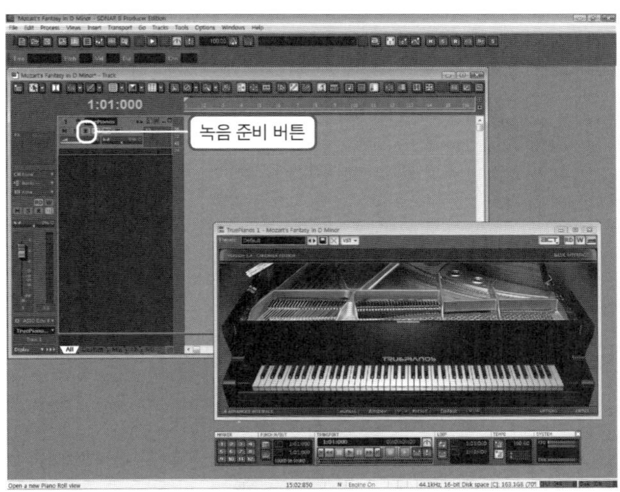

06 컴퓨터에 연결되어 있는 마스터 건반을 연주하거나 Ture Pianos 패널의 건반을 마우스로 클릭하여 소리가 정상적으로 들리는지 확인합니다. 연주가 가능한 사용자라면, 트랙의 녹음 준비 버튼을 On으로 하고, R 키를 눌러 녹음을 하면 됩니다.

07 그러나 실습 곡은 연주 실력을 어느 정도 갖춘 사용자에게도 어려운 곡입니다. 실습에서는 마우스를 이용하여 입력하는 방법을 선택하겠습니다. 작업에 거추장스러운 TruePianos 패널은 닫기 버튼을 클릭하여 닫고, 도구 모음 줄의 Piano Roll View 버튼을 클릭하여 피아노 창을 엽니다.

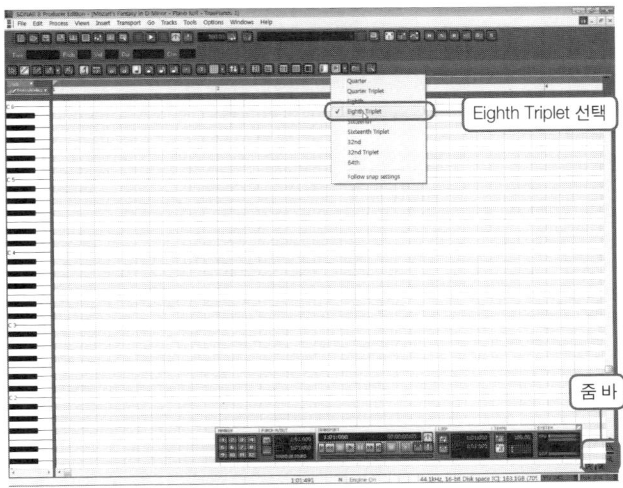

08 실습 곡의 도입 부분은 한 마디에 8분 음표가 12개 들어가는 12beat입니다. 그리드(Show/Hide Grid) 버튼을 클릭하여 On으로 하고, 오른쪽의 작은 역삼각형을 클릭하여 목록을 엽니다. 그리고 한 마디가 12개로 나뉘어 표시될 수 있도록 Eighth Triplet를 선택합니다.

가정교사

작업 공간의 크기는 오른쪽 하단의 줌 바를 이용하여 조정할 수 있습니다.

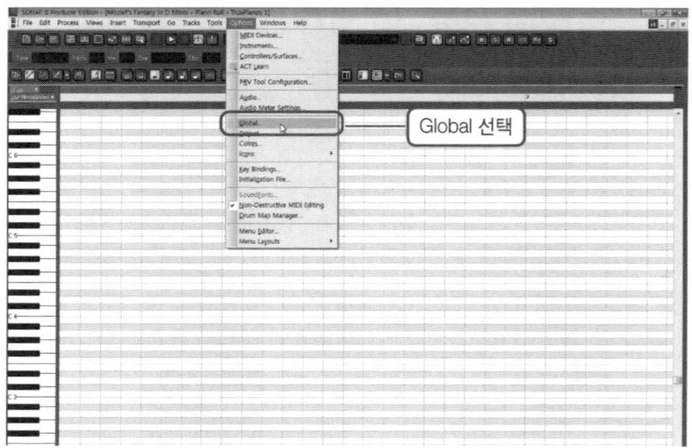

09 소나는 기본적으로 가운데 도를 C5로 표시합니다. 처음 사용자는 기본값 그대로 익숙해지면 되겠지만, 가운데 도를 C4로 알고 있는 사용자에게는 혼동될 수 있는 부분입니다. 노트를 입력하기 전에 가운데 도가 C4로 표시되게 변경하겠습니다. Options 메뉴의 Global를 선택합니다.

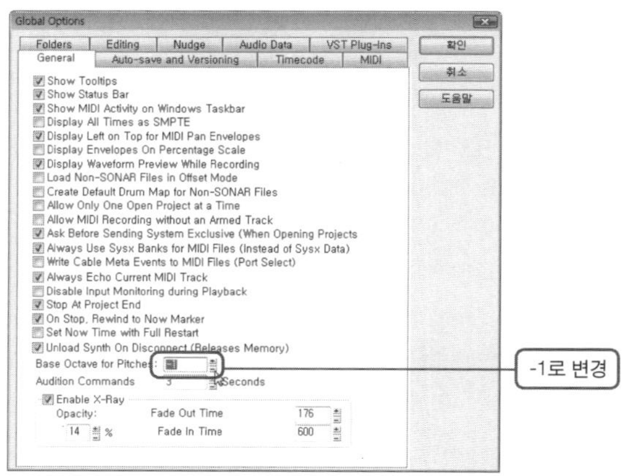

10 소나의 기본 환경을 설정할 수 있는 Global Options 창이 열립니다. General 페이지의 Base Octave for Pitches 값이 가운데 도의 표시 값을 설정하는 항목입니다. 기본값이 C5이므로, 이 값을 -1로 설정하면, C4로 표시됩니다.

C30에 익숙한 사용자라면 Base Octave for Pitches 값을 -2로 설정하고, C5로 사용하겠다면, 기본값 0으로 둡니다.

---

2 노트 입력하기

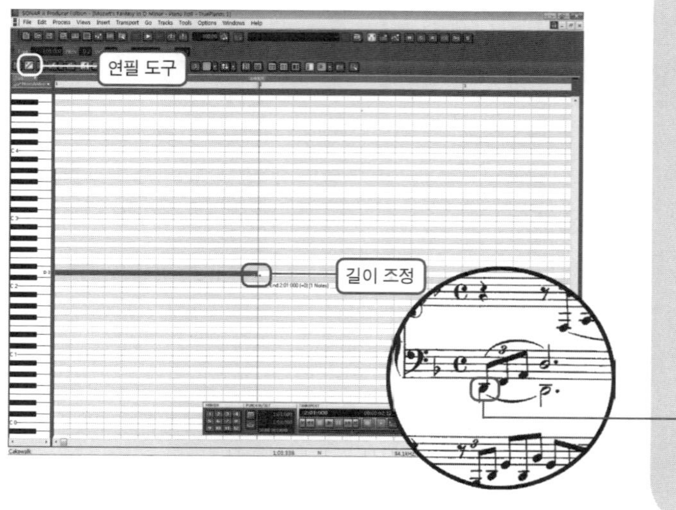

01 가운데 도를 C4로 표시되게 설정했으므로, 악보의 시작 음은 D2이며, 길이는 온음표입니다. 연필 도구를 선택하고, D2에 해당하는 위치를 클릭하여 노트를 입력합니다. 그리고 노트의 오른쪽 끝 부분을 드래그하여 길이를 조정합니다.

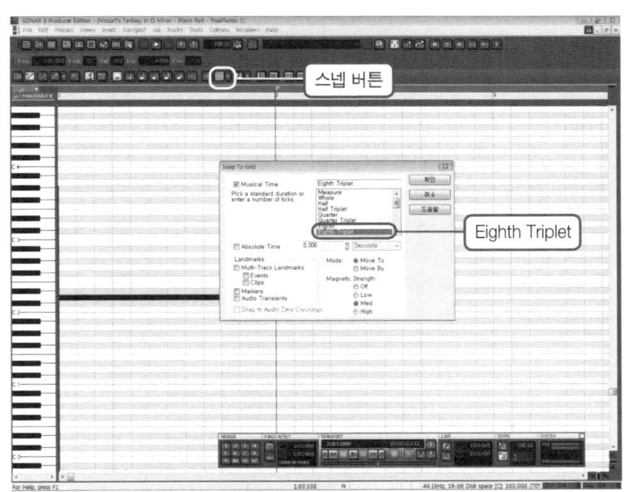

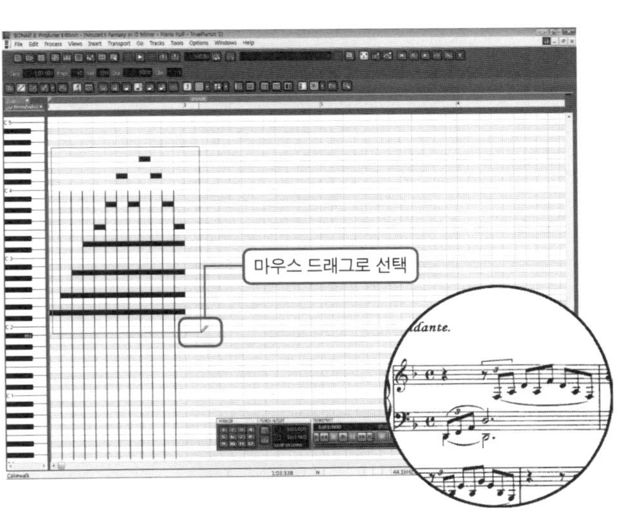

02 계속해서 F2에 해당하는 두 번째 음표를 입력해 봅니다. 노트가 12beat 간격으로 입력되지 않습니다. Ctrl + Z 키를 눌러 취소하고, 스냅(Snap to Grid) 버튼 오른쪽의 작은 역삼각형을 클릭하여 Snap To Grid 창을 엽니다. 그리고 Eighth Triplet를 선택하여 스냅 라인을 12beat로 설정합니다.

03 이제 F2 노트를 입력해보면 정확한 위치에 입력되는 것을 확인할 수 있습니다. 소나는 마지막에 입력한 노트의 길이로 입력되므로, 마디가 넘어갑니다. 노트의 길이는 앞에서와 같이 오른쪽 끝 부분을 드래그하여 줄입니다. 도구 모음 줄에서 노트의 길이를 선택하여 입력하는 것이 아니라 입력한 다음에 길이를 조정하고 있는 것입니다.

04 입력 도중에 실수를 하면 Ctrl+Z키를 눌러 취소하고 다시 입력합니다. 계속 같은 방법으로 노트를 하나씩 입력해가면 실습곡을 완성할 수 있지만, 소나의 편집 기능과 주의 사항을 몇 가지 살펴보겠습니다. 한 마디를 모두 입력하고, Alt키를 누른 상태로 드래그하여 입력한 노트를 모두 선택합니다.

가정교사

연필 버튼이 선택되어 있는 상태에서 Alt키를 누르면, 일시적으로 화살표 버튼의 역할을 합니다.

05 선택한 노트를 Alt + Ctrl 키를 누른 상태에서 드래그하여 복사합니다. 같은 패턴의 2번째 마디를 복사 기능으로 완성하는 것입니다. 노트를 복사할 때는 마디의 시작 위치에 입력된 노트(D2)를 기준으로 하는 것이 편합니다.

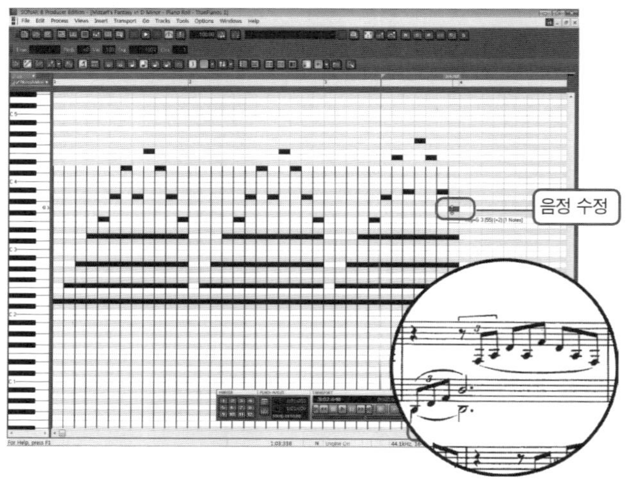

06 3번째 마디는 2번째 마디와 음정만 다릅니다. Alt + Ctrl 키를 누른 상태로 드래그하여 2번째 마디에 복사한 노트들을 3번째 마디로 복사합니다. 그리고 Ctrl + Shift + A 키를 눌러 선택된 노트들을 해제하고, 음정이 다른 노트를 위/아래로 드래그하여 수정합니다.

07 4번째 마디는 3 마디와 동일합니다. 3마디를 A 키를 누른 상태로 드래그하여 선택하고, Alt + Ctrl 키를 누른 상태로 드래그하여 4마디로 복사합니다. 계속해서 나머지 노트도 복사 후 수정을 하거나, 그냥 하나씩 입력을 하거나 사용자가 편리한 방법으로 입력해 갑니다.

08 11마디의 페르마타 주법은 노트를 온 음표로 입력하여 처리해도 좋지만, 입문자의 경우에는 마디가 넘어가는 것이 혼동될 수 있습니다. 이것은 나중에 템포로 처리하겠습니다. 지금은 악보대로 2분 음표로 입력합니다. 나머지 부분의 페르마타 주법도 마찬가지입니다.

페르마타

가정교사

곡의 끝에서 마침표 역할을 하는 페르마타 기호가 음표나 쉼표에서 사용될 때는 길이를 연장해서 연주하라는 표시입니다. 일반적으로 두 배 정도의 길이로 연주합니다.

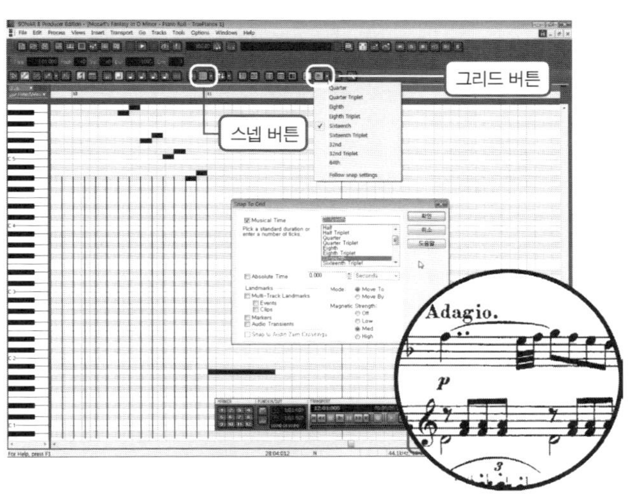

09 12마디의 Adagio(조용하고 느리게) 연주에서부터 16beat로 리듬이 바뀝니다. 그리드(Gird)와 스냅(Sanp) 단위를 Sixteenth(16비트)으로 변경하여 8분 음표와 16분 음표를 입력하기 편하게 설정합니다.

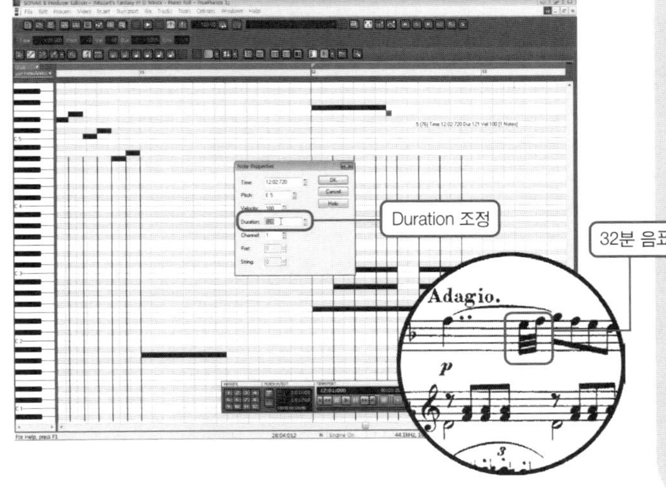

10 12마디의 32분 음표를 입력하기 위해서 그리드와 스냅 단위를 변경해도 좋지만, 적당히 입력을 하고, 입력한 노트를 마우스 오른쪽 버튼으로 클릭하여 속성 창을 연 다음에 Duration을 120으로 설정하는 방법으로 32분 음표를 만들어도 좋습니다.

가정교사

노트의 길이를 나타내는 Duration값은 1200이 32분 음표, 2400이 16분 음표, 4800이 8분 음표, 9600이 한 박자 입니다. 미디 전문가가 되기 위해서는 이 값을 기억하고 있어야 합니다.

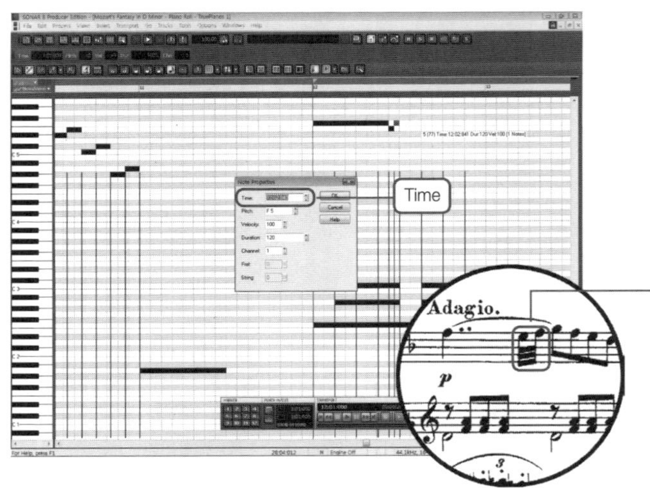

11 두 번째 32분 음표는 스냅 단위가 16beat이기 때문에 3박자에 입력이 됩니다. 3박자에 입력된 노트를 왼쪽으로 적당히 드래그하여 이동시키고, 마우스 오른쪽 버튼을 클릭하여 속성 창을 엽니다. 그리고 Time 값의 3번째 항목인 틱 값을 840으로 설정하여 위치를 맞춥니다.

가정교사

노트 시작 위치의 Time에서 틱 값에 관한 정의는 소나 7 서적의 104 페이지를 참조하기 바랍니다.

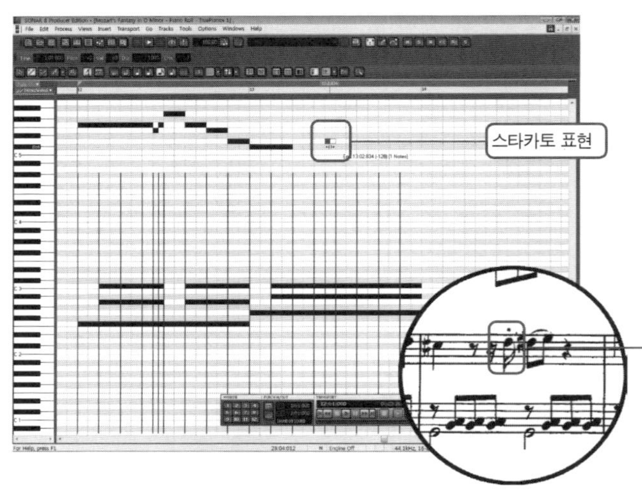

12 13마디의 음표 머리 위에 점이 있는 스타카토 주법은 악보의 음표 길이보다 절반 정도 짧게 입력합니다. 속성 창을 열어서 정확하게 조정할 필요는 없으므로, 16beat를 입력하고, 오른쪽 끝을 왼쪽으로 드래그하여 절반 정도로 줄입니다.

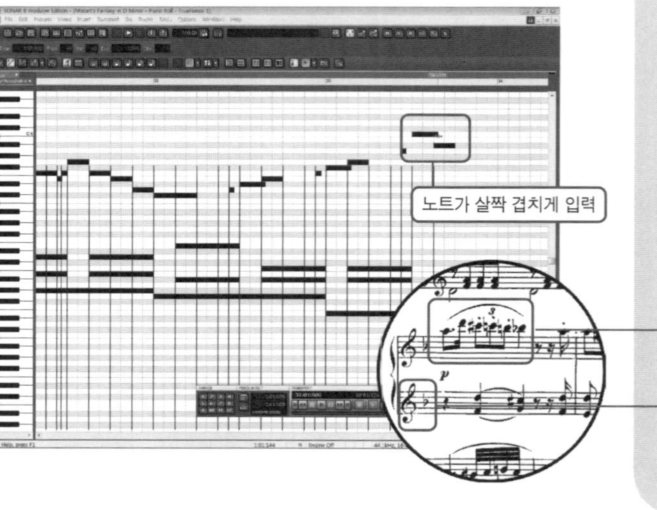

13 17마디, 23마디에서 낮은 음 자리 표가 높은 음 자리 표로 표시되고 있다는 것만 주의를 한다면 나머지 악보를 무리 없이 입력할 수 있을 것입니다. 참고로 악보에서 붙임줄로 연결된 레가토 주법은 노트를 살짝 겹치게 입력하는 것이 자연스럽습니다.

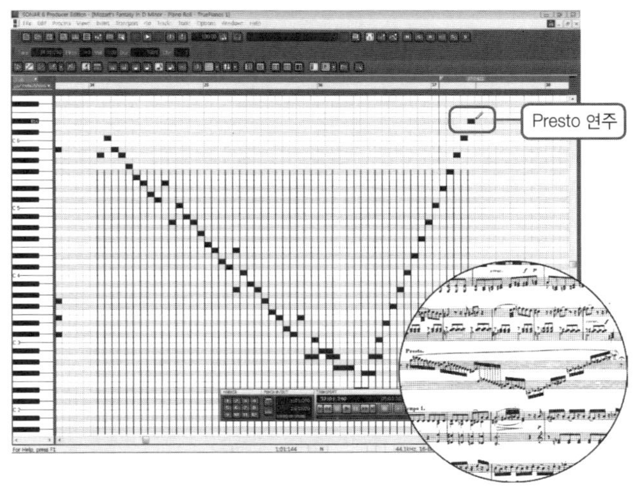

14 34마디의 Presto 연주는 한 마디 안에 쪼개서 입력을 한 후에 길이나 템포를 조정하는 방법을 이용해도 좋지만, 실습에서는 악보 그대로 16비트로 입력합니다. 결국, 3마디가 넘어가게 됩니다.

Presto는 빠르기를 나타내는 말로, 최대한 빠르게 연주하라는 의미입니다.

15 Presto 구간의 입력이 끝나면, Alt 키를 누른 상태로 노트들을 선택하고, 룰러 라인의 34마디 4박자 반 위치를 클릭하여 송 포지션 라인을 가져다 놓습니다. 트랜스포트 바에서 송 포지션 라인 위치를 확인해보면, 아직 템포를 조정하지 않았기 때문에 00:01:21:14로 표시됩니다.

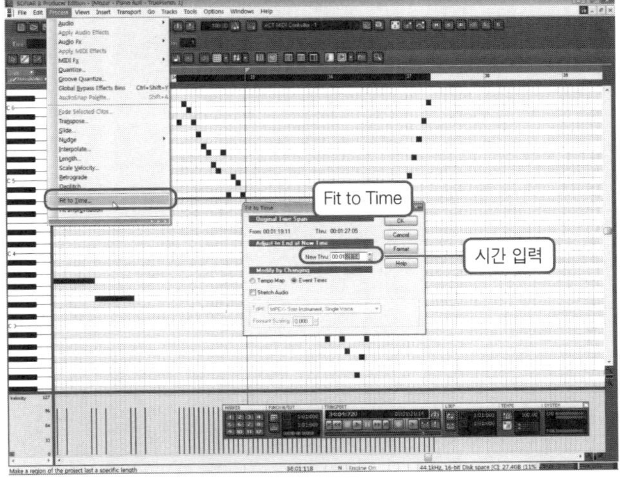

16 Process메뉴의 Fit to Time을 선택하여 타임을 조정할 수 있는 창을 열고, 트랜스포트 패널에 표시되어 있는 00:01:21:14 시간을 New Thru 항목에 입력합니다. 시간의 단위는 소수점으로 구분하며, 변경할 단위만 마우스 드래그로 선택하여 수정합니다.

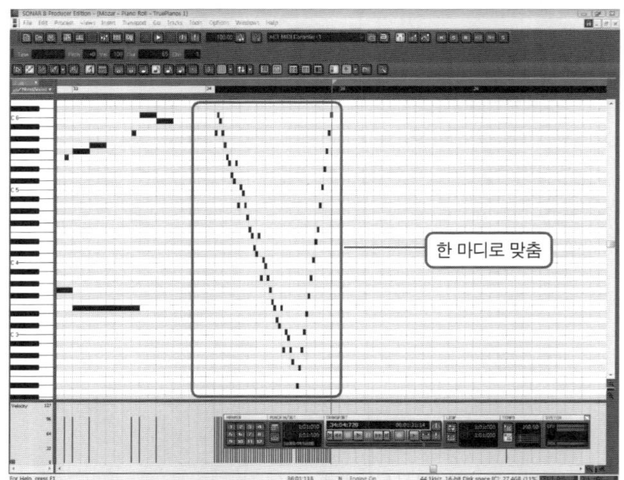

17 3마디가 넘어가는 노트가 1 마디로 조정되는 것을 확인할 수 있습니다. 실제로는 35마디의 노트를 38마디에서부터 입력하고, 나중에 템포로 조정해도 좋지만, 혼동될 수 있기 때문에 Fit to Time 기능을 이용한 것입니다. 나머지 Presto 연주도 같은 방법으로 조정합니다.

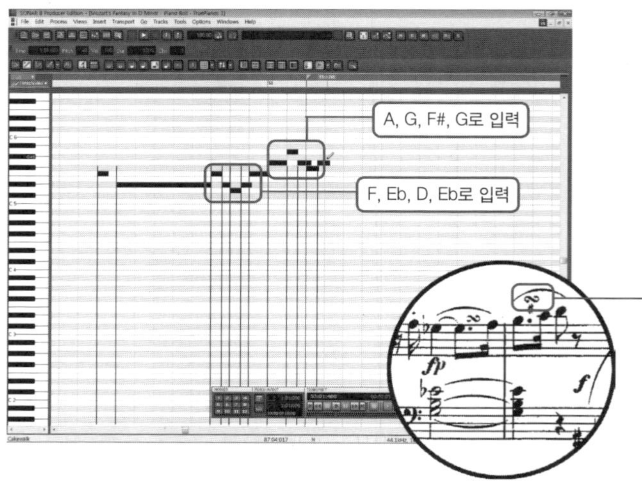

18 52마디와 53마디에는 가요 악보에서 잘 사용하지 않는 턴 주법이 있습니다. 이것은 음을 상/하행 시키는 꾸밈음 주법을 나타냅니다. 그러므로, 52마디의 Eb음은 F, Eb, D, Eb으로 입력하고, 53마디의 G음은 A, G, F#, G로 입력합니다.

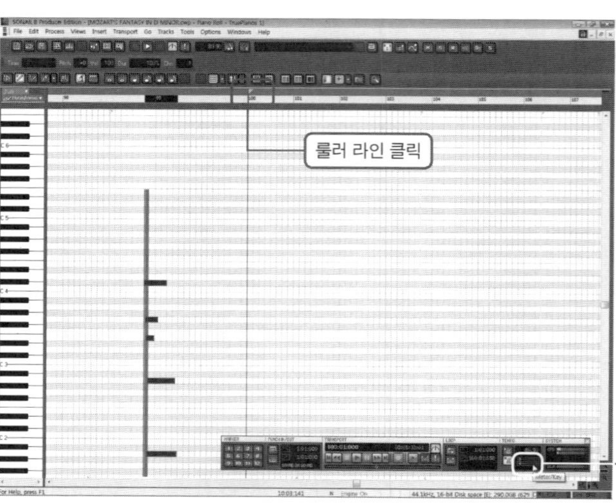

19 55마디의 Allegretto 연주부터 박자와 조표가 바뀌고 있습니다. 피아노 창을 이용해서 노트를 입력하고 있으므로, 조표는 상관이 없겠지만, 박자는 혼동될 수 있으므로, 바꿔놓고 진행합니다. 룰러 라인을 클릭하여 송 포지션 라인을 55마디 위치에 놓고, 트랜스포트 패널의 Meter/Key 항목을 클릭합니다.

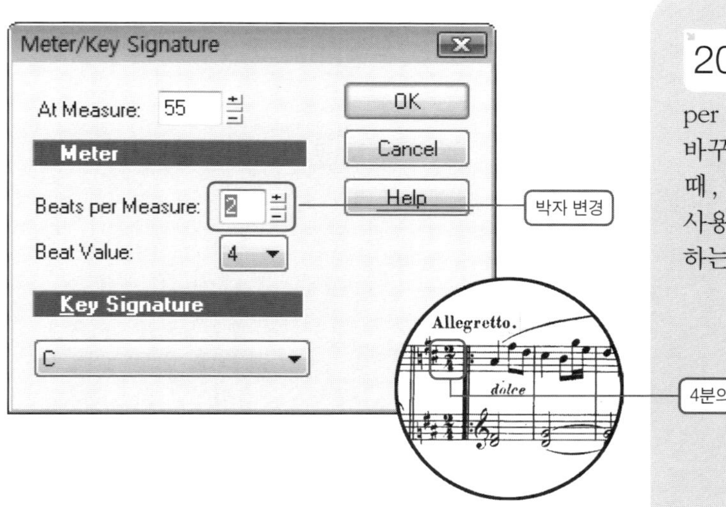

20 송 포지션 라인 위치의 박자와 조표를 변경할 수 있는 창이 열립니다. Beats per Measure 값을 2로 변경하여 4분의 2박자로 바꾸고 OK 버튼을 클릭합니다. 노트를 입력할 때, 피아노 창 대신에 스코어 창을 많이 사용한다면, Key Signature의 조표도 변경을 하는 것이 좋습니다.

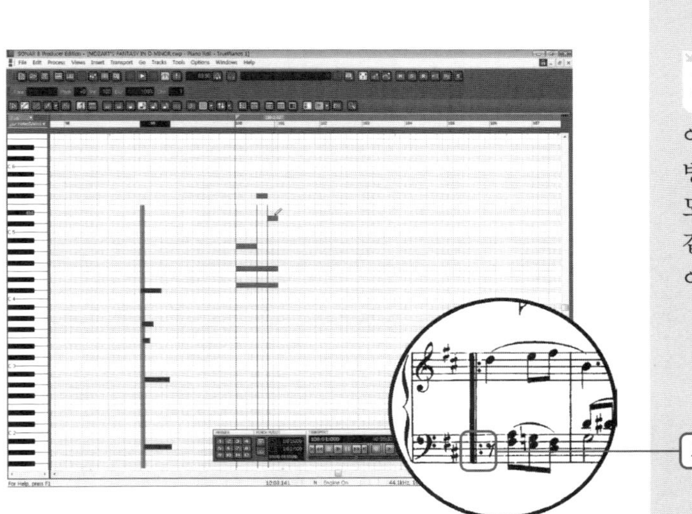

21 송 포지션 라인의 위치에서부터 4분의 2박자로 바뀐 것을 확인할 수 있습니다. 이제 나머지 노트들은 지금까지와 같은 방법으로 입력하여 완성하면 됩니다. 참고로 도돌이표가 있는 마디는 실제 연주를 할 때와 같이 두 번 반복해서 입력하거나 복사 기능을 이용해서 처리합니다.

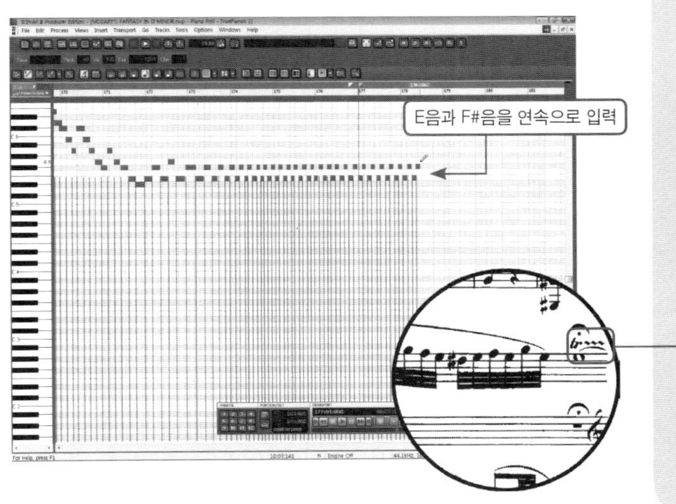

22 102마디 위치에서 E와 F#을 연속으로 입력하는 트릴 주법만 주의 깊게 처리를 한다면, 실습 악보의 노트를 끝까지 입력하는데, 별다른 어려움은 없을 것입니다. 노트 입력이 모두 끝나면 Ctrl + S 키를 눌러 지금까지의 작업을 저장합니다.

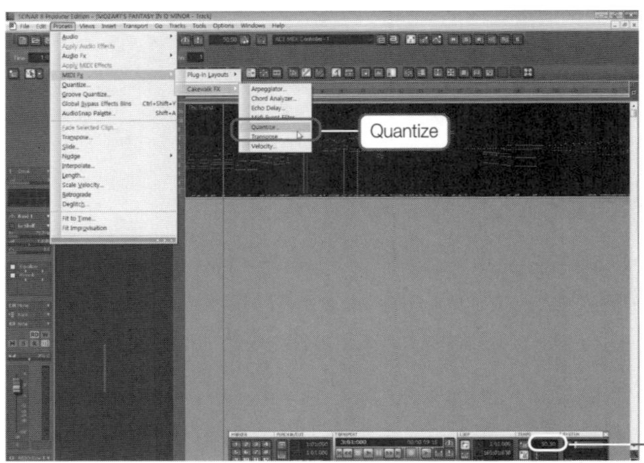

01 피아노 창을 닫고, 템포를 약 50~60으로 조정합니다. 그리고 Space bar 키를 눌러 곡을 연주해보면, 마우스로 입력을 했기 때문에 기계적인 느낌을 감출 수 없습니다. 클립을 선택하고, Process 메뉴의 MIDI FX에서 Quantize를 선택합니다.

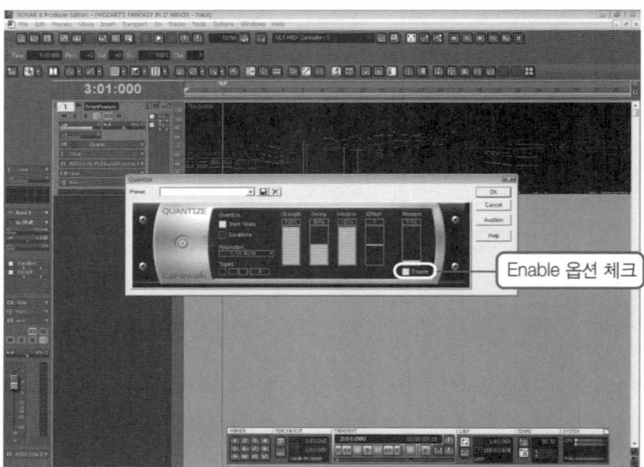

02 마우스로 정확한 박자에 입력한 노트들의 위치를 조정할 수 있는 Quantize 패널이 열립니다. Random 값을 10%로 설정하고, Enable 옵션을 체크합니다. 그리고 OK 버튼을 클릭하면 마우스로 입력한 노트의 시작 위치가 10% 범위에서 자유롭게 변경됩니다.

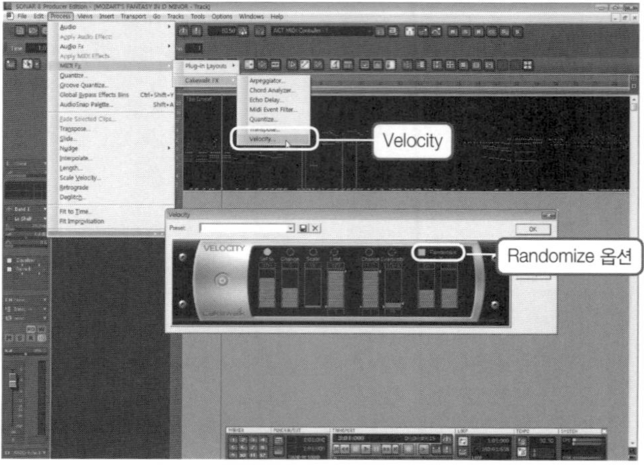

03 계속해서 Process 메뉴의 MIDI FX에서 Velocity를 선택하여 패널을 열고, Randomize 옵션을 체크합니다. 그리고 Amount 값을 60정도로 설정하여 마우스로 입력한 노트의 벨로시티가 60 범위에서 자유롭게 변경되게 합니다. 이것 역시 인간적인 느낌을 만들기 위해서입니다.

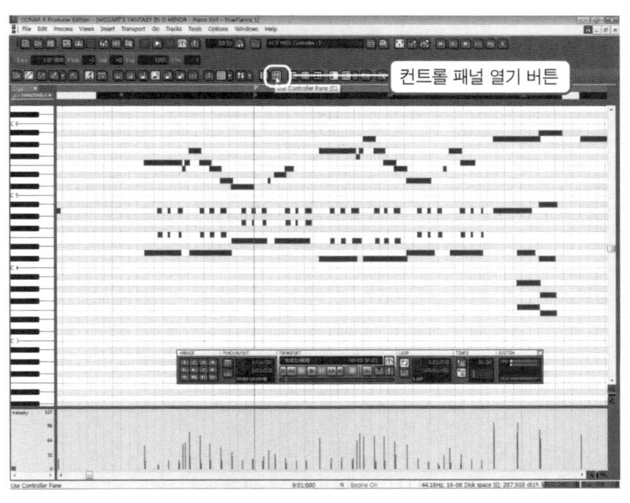

04 벨로시티를 자유롭게 변경되게 했지만, 사용자가 원치 않은 값으로 변경되는 노트들도 발생하기 마련입니다. 그리고 크레센토, 데크레센토 등의 주법도 표현을 해야 하므로, 약간의 수정 작업을 해주는 것이 좋습니다. 클립을 더블 클릭하여 피아노 창을 엽니다. 컨트롤 패널이 열려있지 않다면, 도구 모음 줄의 컨트롤 패널 열기 버튼을 클릭합니다.

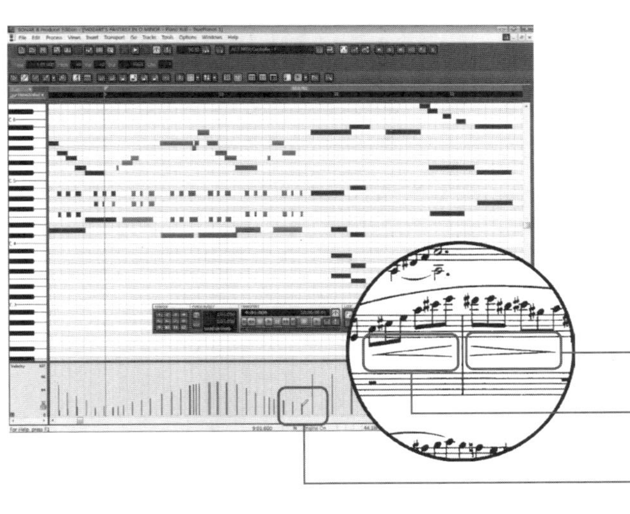

05 Space bar 키를 눌러 음악을 모니터 하면서 마음에 들지 않는 벨로시티 값을 수정합니다. 최소한 9마디의 크레센토(점점 세계), 10마디의 디크레센토(점점 여리게), 12마디의 P(여리게), 16마디의 f(세계) 등의 연주법은 수정을 해야 할 것입니다.

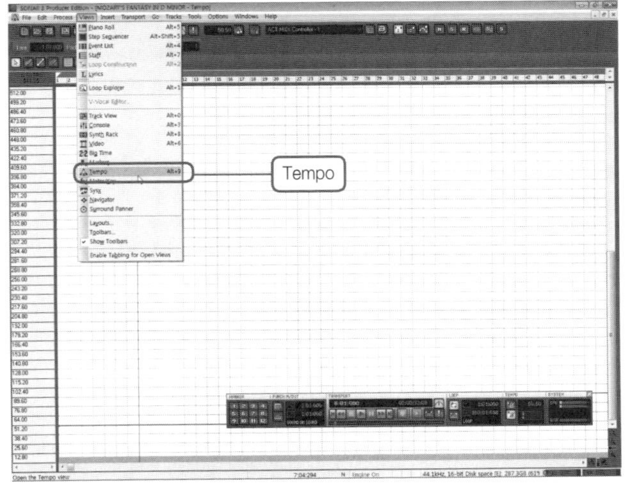

06 벨로시티와 시작 타임만 조정을 했는데도 리얼로 녹음한 듯한 효과를 얻을 수 있습니다. 끝으로 템포를 이용해서 곡의 빠르기를 조정하겠습니다. Views 메뉴의 Tempo를 선택하거나 Alt + 9 키를 눌러 템포 창을 엽니다.

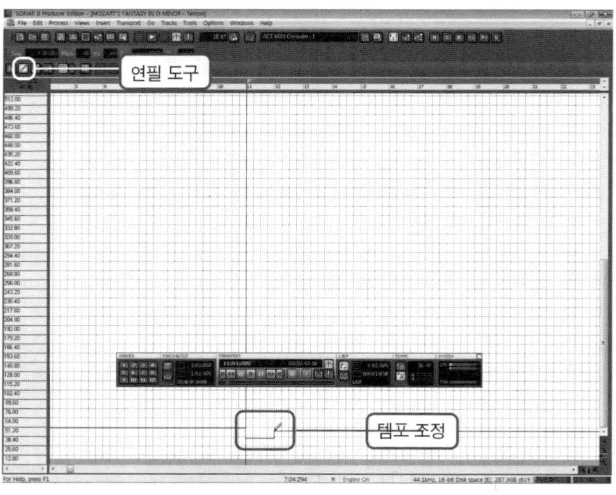

07 앞에서 곡을 모니터 해볼 때, 템포를 50~60으로 조정했으므로, 시작 템포는 설정된 상태입니다. 연필 도구를 이용해서 11마디의 템포를 반으로 떨어트리고, 12마디에서 40~50으로 입력합니다. 11마디의 페르마타를 연출하고, 12마디의 Adagio 템포 값을 입력하는 것입니다.

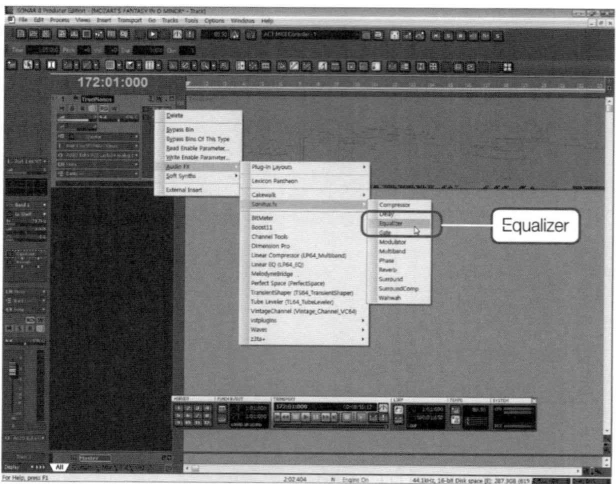

08 악보의 페르마타는 같은 방법으로 처리합니다, 35마디, 45마디의 Tempo I는 처음의 빠르기를 의미하는 것입니다. 55마디의 Allegretto는 약간 빠른 90~100으로 입력합니다. 그리고 Presto는 Fit to Time 기능을 이용해서 처리했으므로 무시합니다. Space bar 키를 눌러 곡을 연주 해보면, 자신이 직접 마우스로 입력을 했는데도 리얼 녹음한 것 같을 것입니다.

가정교사

실습에서는 마디의 혼동을 피하기 위해서 Presto를 Fit to Time으로 처리했지만, 일반적으로는 3~4마디의 길이로 입력한 상태에서 템포로 처리하는 것이 자연스럽습니다.

09 VST 악기는 오디오로 출력되기 때문에 완성한 미디 데이터를 오디오로 녹음할 필요가 없으며, 오디오 이펙트도 바로 사용할 수 있습니다. 트랙의 FX 패널에서 마우스 오른쪽 버튼을 클릭하여 단축 메뉴를 열고, Audio FX의 Sonitus: fx에서 Equalizer를 선택합니다.

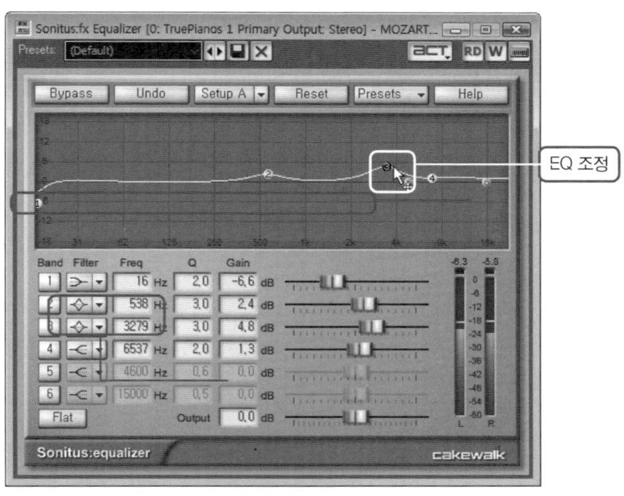

10 Space bar 키를 눌러 음악을 모니터 하면서 TruePaino의 음색에서 아쉬운 미들 음역을 조금 증가시킵니다. 물론, 사용자 마다 취향이 다를 것이므로, 그림의 값은 참조만 하고 자신이 원하는 톤으로 조정해보는 시도가 더욱 좋습니다.

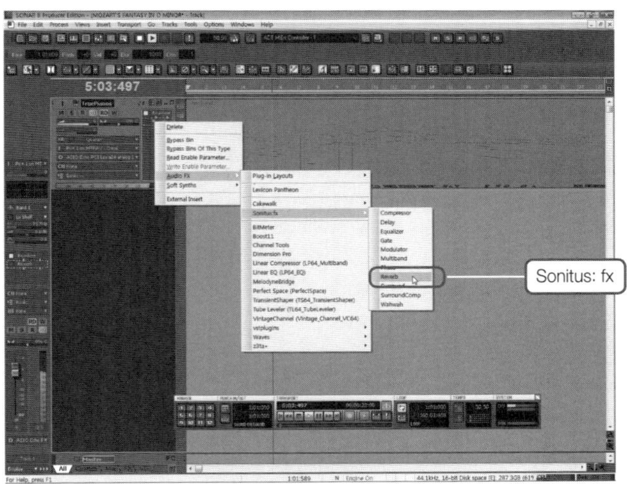

11 조금 더 욕심을 내어 대형 스튜디오에서 녹음한 듯한 공간감도 연출해 보겠습니다. 트랙의 FX 패널에서 마우스 오른쪽 버튼을 클릭하여 단축 메뉴를 열고, Audio FX의 Sonitus: fx에서 Reverb를 선택합니다.

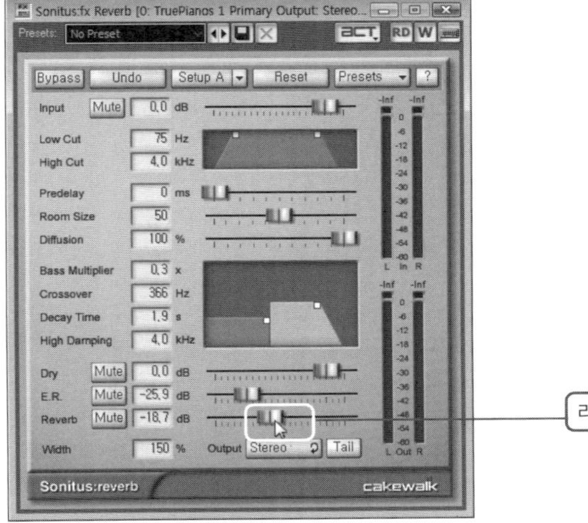

12 공간감을 만드는 리버브도 자신의 취향대로 조정을 해보면서 TruePinos 실습을 마무리합니다. 초보자에게는 다소 부담스러운 곡을 선택하지 않았나 하는 걱정도 있지만, 소나 7 서적과 함께 공부를 하고 있다면, 큰 어려움은 없을 것입니다.

01 TruePianos는 몇 가지 메뉴와 옵션 창을 가지고 있습니다. 이것들에 관해서 정리하겠습니다. 트랙의 아이콘을 더블 클릭하여 TruePianos 패널을 열어보면, 아래쪽에 Advanced interface, Module, Preset, Options, About의 5가지 메뉴를 볼 수 있습니다.

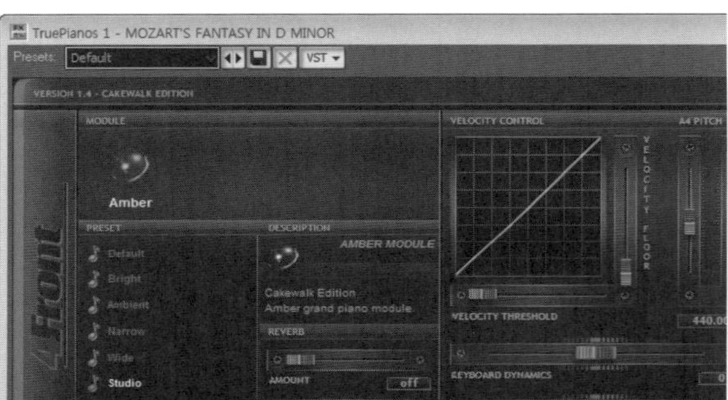

Advanced Interface 및 Basic Interface 메뉴

02 Advanced Interface 메뉴를 클릭하면, 기본 화면으로 되돌아 갈 수 있는 Basic Interface 메뉴로 변경되며, TurePiano의 환경을 설정할 수 있는 화면이 보입니다.

Module

Basic Interface의 메뉴로도 제공하는 Module은 True Pianos의 악기를 선택합니다. 단, 소나 8에서 제공하는 TurePiano는 Amber의 한 가지뿐이며, Sapphire, Emerald, Diamond 등의 악기를 사용하고 싶다면, turepianos.com을 방문하여 풀 버전으로 업그레이드(유료) 해야 합니다.

풀 버전 모듈

Preset

Basic Interface의 메뉴로도 제공하는 Preset은 음색을
선택합니다. 대부분 Bright, Ambient 등, 피아노가
연주되는 공간을 시뮬레이션 하는 것들로 구성되어
있습니다. 일반적으로 Default 음색을 사용하고, 소나의
오디오 이펙트로 조정 하지만, 각 프리셋의 사운드는
모니터를 해보는 것이 좋습니다.

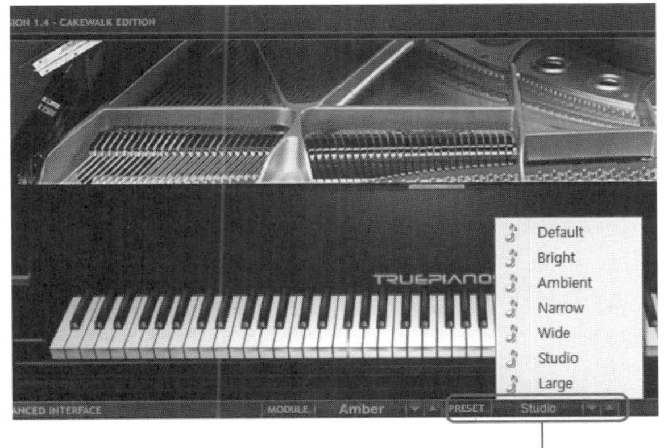

Reverb

선택한 모듈의 간략한 설명을 볼 수 있는 Description
아래쪽에는 사운드의 공간감을 만드는 Reverb 항목이
있습니다. 리버브의 양을 조정할 수 있는 Amount와
공간의 크기를 조정할 수 있는 Room Size 슬라이드가
있는데, 그냥 Off로 놓고, Sonar에서 제공하는 오디오
이펙트를 사용하는 것이 좋습니다.

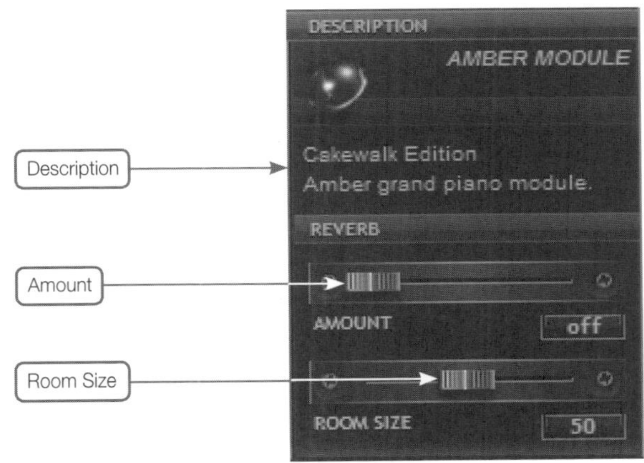

Velocity Control

TruePianos의 다이내믹 범위와 마스터 건반의 반응도를
설정합니다. Velocity Floor는 건반의 강약을 조정하는
것이며, Velocity Threshold는 벨로시티의 제한 값을
조정합니다. 사용자가 연주하는 다이내믹 범위를 모두
표현하고 싶다면, 기본값 그대로 사용하는 것이 좋습니다.
Keyboard Dynamics는 사용자 연주에 반응하는 정도를
조정합니다. 강하게 연주하는 편이라면, 값을 올리고,
약하게 연주하는 편이라면 값을 내려서 다이내믹을
유지합니다. Release는 건반을 놓았을 때의 사운드 유지
시간을 조정합니다.

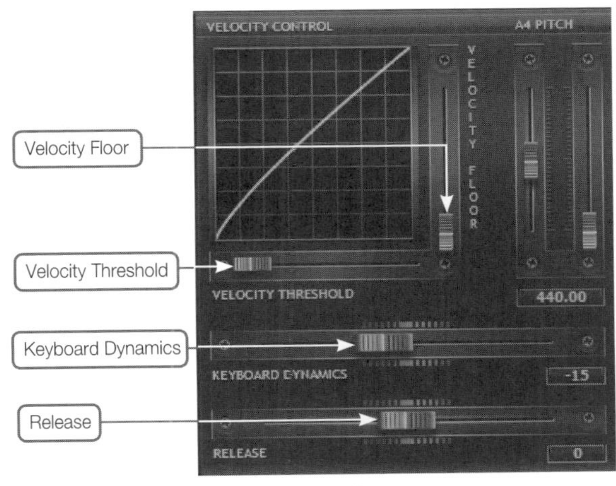

Output level

A4 Pitch 항목의 슬라이드는 TruePianos의 음정을 조정합니다. 왼쪽의 것은 정수, 오른쪽의 것은 소수 값을 조정하며, Output Level은 사운드의 출력 레벨을 조정합니다. Advance Interface에서 특별히 조정할 것은 없지만, Keyboard Dynamics는 자신의 연주 습관에 맞추는 것이 좋습니다.

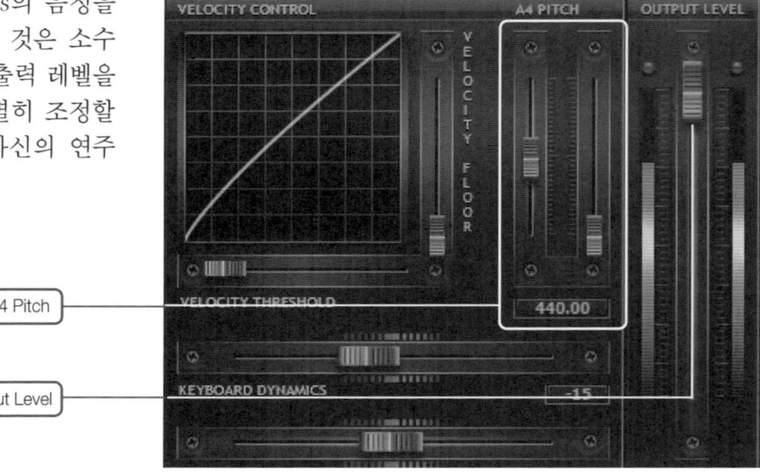

Advance interlace

Basic 및 Advance interlace의 Options 메뉴는 TurePinos를 처음 로딩할 때 볼 수 있었던 옵션 창을 엽니다. Save current plugin state as default를 클릭하여 기본값으로 저장할 수 있습니다.

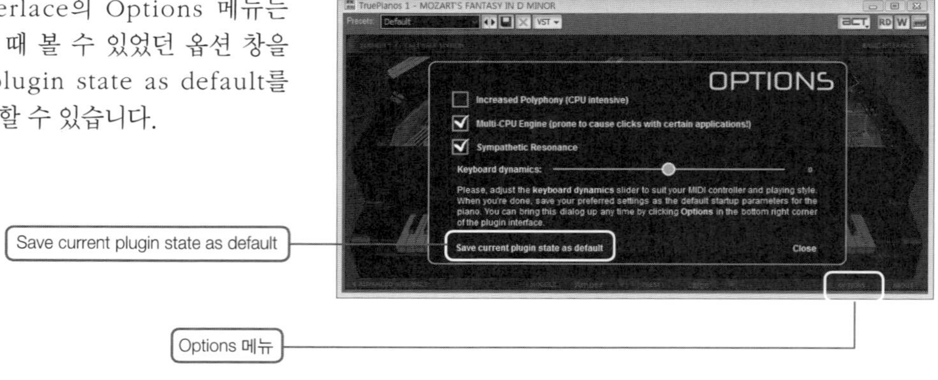

◎ Increased Polyphony

TurePiano의 동시 발음 수를 확대합니다. 옵션을 체크하면 동시 발음 수가 확대되지만, 그 만큼 시스템을 많이 차지하게 됩니다. 동시에 연주되는 노트가 많아 음이 끊어지는 현상이 없다면, 옵션을 해제하고 사용해도 좋습니다.

◎ Multi-CPU Engine

듀얼 CPU의 사용 여부를 결정합니다. 사용자 컴퓨터에 장착된 CPU가 듀얼 코어 이상이라면, 옵션을 체크하는 것이 좋습니다.

◎ Sympathetic Resonance

서스테인 페달을 밟았을 때, 주변 현의 울림을 시뮬레이션 합니다. 기본적으로 옵션을 체크하여 사용하길 권장하지만, 깔끔한 페달 사운드를 필요로 한다면, 해제합니다.

◎ Keyboard dynamics

마스터 건반의 반응도를 조정하는 Advanced interface의 Keyboard dynamics과 동일한 역할입니다. 마스터 건반의 상태나 사용자 연주 습관에 따라 조정할 필요가 있습니다.

About

TruePianos의 버전 정보를 확인할 수 있는 창이
열리며, 홈 페이지로 연결되는 Website, 데모 버전을
다운 받을 수 있는 Demos, 사용 방법을 볼 수 있는
Quick Tour, 업그레이드를 할 수 있는 Upgrade의
4가지 메뉴를 제공합니다. 모두 truepianos.com으로
연결되는 것입니다.

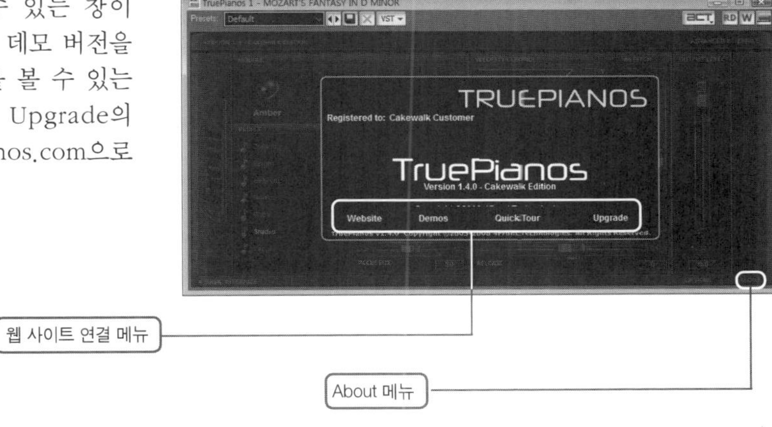

웹 사이트 연결 메뉴

About 메뉴

VST Piano

소나에서 기본적으로 제공하는 True Piano의 음색은 훌륭하지만, 모든 사용자의 취향이나 음악 스타일에 어울릴
수는 없습니다. 실제 아날로그 피아노도 제조사와 제품 모델에 따라서 사운드가 달라지듯이 VST Instruments로
출시되고 있는 Piano 역시, 제조사와 모델마다 사운드가 다르며, 그 수는 헤아릴 수 없이 많습니다. 요즘에 인기
있는 피아노 음색의 VST Instruments에는 큐베이스로 유명한 Steinberg사의 The Grand와 Synthogy사의 ivory
등이 있지만, 이것도 자신의 취향이나 음악 스타일에 어울려야 할 것이므로, 구입을 하기 전에 각각의 홈페이지를
방문하여 샘플 사운드를 모니터 해보는 것이 좋습니다.

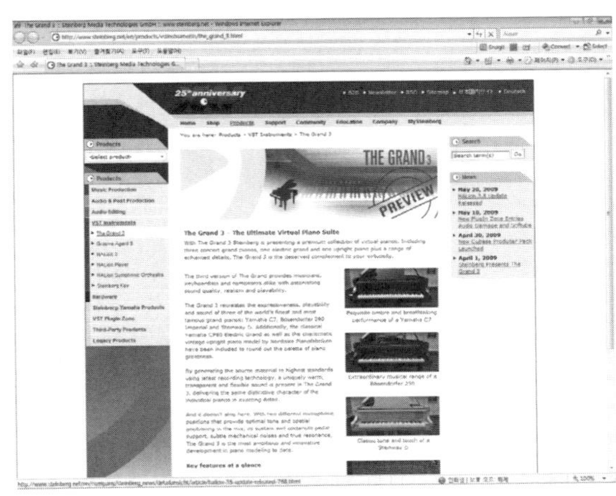

〈Steinberg.net - The Grand〉

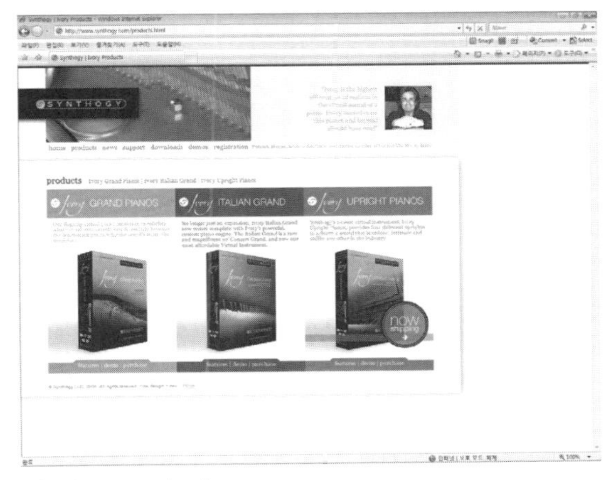

〈Synthogy.com- ivory〉

2 Beatscape

16개의 패드를 갖추고 있는 Beatscape는 각각의 패드에 WAV 및 RX2 파일을 로딩하여 연주 하는 악기로 소나 7서적의 VST Instruments 편에서 살펴본 Cyclone과 같은 방식입니다. 기본적으로 제공하는 어마어마한 용량의 샘플과 17가지의 자체 이펙트를 적용할 수 있는 기능으로 무장되어 있어 음악의 퀄리티를 무한정 확장시킬 수 있는 Beatscape를 살펴보겠습니다.

1 샘플 로딩하기

01 브라우저 패널의 Lib Grooves 페이지에는 Beatscape가 설치된 C:₩ Program Files₩ Cakewalk₩ Beatscape₩ Library₩ Beatscape Factory Content 폴더의 RX2 샘플을 폴더 단위로 보여주고 있으며, 각각의 폴더를 더블 클릭하여 샘플 파일을 찾아 볼 수 있습니다.

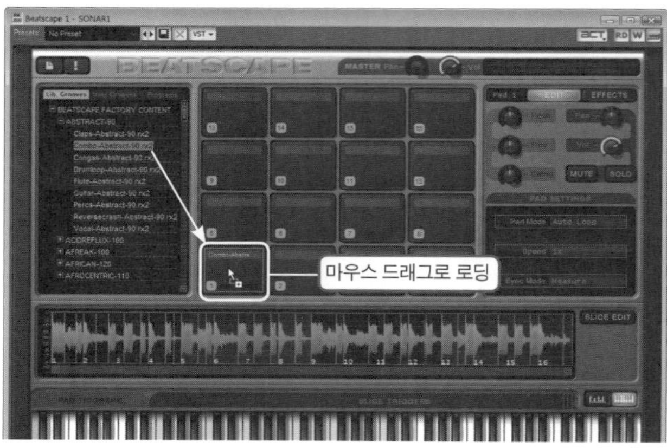

02 각각의 샘플은 Alt 키를 누른 상태에서 마우스로 선택하여 모니터 해볼 수 있으며, 사용자가 원하는 패드로 드래그하여 로딩할 수 있습니다. 기본적으로 제공하는 샘플을 모니터 해보는 것만으로도 상당한 시간이 걸리겠지만, 어떤 샘플들이 있는지를 알고 있어야 사용할 수 있을 것이므로, 반드시 하나씩 모니터 해보기 바랍니다.

03 패드에 로딩할 샘플은 브라우저 패널뿐만 아니라 Loop Explorer 및 윈도우 탐색기를 이용할 수 있습니다. 소나 8에서 Loop Explorer가 2.0으로 업그레이드 되었으므로, 열어보겠습니다. 도구 모음 줄의 Loop Explorer 버튼을 클릭하여 창을 엽니다.

04 Beatscape가 다른 창에 가려지지 않은 Floating 기능이 적용되어 있어 Loop Explorer 창이 보이지 않을 수 있습니다. Beatscape의 메뉴 아이콘을 클릭하여 목록을 열고, Disable Floating을 선택하여 Floating 기능을 해제합니다. 그리고 뒤에 감춰진 Loop Explorer를 선택하여 앞으로 가져옵니다.

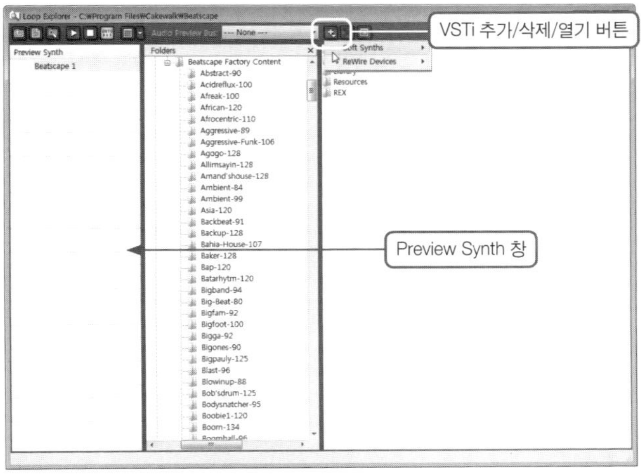

05 소나8에서 업그레이드된 Loop Explorer 은 프로젝트에 장착한 VSTi 를 관리할 수 있는 Preview Synth 창과 VSTi 추가, 삭제, 패널 열기의 3가지 버튼이 추가되었지만, Synth Rack에서 제공하는 버튼과 동일한 것이므로, 별다른 설명은 필요 없을 것입니다. 자세한 내용은 소나 7 서적의 Loop Explorer와 Synth Rack 편을 참고하기 바랍니다.

06 폴더(Folders) 목록에서 부록 CD의 Sample 폴더를 찾아 01 Kick 파일을 1번 패드로 드래그하여 로딩합니다. 같은 방법은 02 verse는 2번 패드, 03 bridge는 3번 패드 순서로 총 12개의 샘플 파일을 가져다 놓습니다. 그리고 Loop Explorer 창은 닫기 버튼을 클릭하여 닫습니다.

07 패드에 로딩한 샘플들은 C : ₩ ProgramData₩ Cakewalk₩ Beatscape₩ user Samples 폴더에 자동으로 저장되며, 브라우저 패널의 User Grooves 페이지에서 선택할 수 있기 때문에 마음에 들었던 샘플들을 좀 더 쉽게 사용할 수 있습니다.

08 브라우저 패널의 Programs 페이지는 사용자가 저장한 프로그램을 선택합니다. 현재는 비어있으므로, 메뉴 버튼에서 Save Program As를 선택하여 창을 열고, 패드의 상태를 적당한 이름의 프로그램으로 저장합니다.

09 메뉴 버튼에서 Initialize Program을 선택하여 패드를 초기화 합니다. 그리고 Program 페이지를 보면 앞에서 저장한 프로그램을 볼 수 있는데, 이것을 더블 클릭하면 사용자가 설정했던 샘플들이 각 패드에 그대로 로딩되는 것을 확인할 수 있습니다.

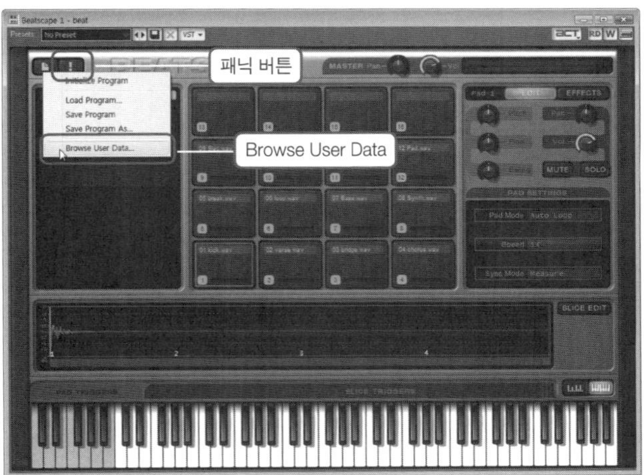

10 User Groves와 Programs 페이지를 잘 관리하면, 많은 샘플들을 효과적으로 이용할 수 있게 될 것이며, 메뉴 버튼의 Browse User Data를 선택하여 Programs과 User Samples를 관리할 수 있는 C:₩ ProgramData₩ Cakewalk₩ Beatscape 폴더를 열 수 있습니다. 그리고 메뉴 버튼 오른쪽의 패닉 버튼은 사운드가 지속되는 미디 오류를 정지시키는 역할을 합니다.

2 패드 편집

01 각 패드에 로딩한 샘플은 패드를 마우스로 클릭하거나 마스터 건반을 눌러 연주시킬 수 있습니다. 마스터 건반은 C2에서부터 D#3까지 총 16개의 건반에 연결되어 있으며, 각각의 건반을 눌러 샘플 연주를 On/Off합니다.

02 샘플은 패드의 번호를 클릭하여 선택하고, 오른쪽의 Edit 및 Effects 패널에서 음정을 조정하거나 연주 모드를 바꾸는 등의 편집을 할 수 있습니다. 먼저 Edit 패널에는 음정을 조정하는 Pitch와 Fine에서부터 Swing, Pan, Vol, Mute, Solo까지 너무나 익숙한 파라미터로 구성되어 있습니다.

◎ Pitch/Fine

음정을 조정합니다. Pitch는 반음 단위이며, Fine은 100분의 1 단위입니다.

◎ Swing

비트를 지연시키거나 앞 당겨서 스윙 리듬을 연출합니다.

◎ Pan/Vol

사운드의 연주 방향(Pan)과 볼륨(vol)을 조정합니다.

◎ Mute/Solo

여러 개의 샘플을 동시에 연주하고 있을 때, 선택한 샘플을 뮤트하거나 솔로로 연주합니다. 각각의 노브는 마우스 더블 클릭으로 초기화 할 수 있습니다.

03 Edit 패널 아래쪽의 Pad Settings은 선택한 샘플의 연주 모드를 선택할 수 있는 Pad Mode, 속도를 설정할 수 있는 Speed, 동기 모드를 선택할 수 있는 Sync Mode로 구성되어 있으며, 각각의 항목은 마우스를 클릭할 때마다 순차적으로 선택되는 방식입니다. 계속되는 실습을 위해 12개의 샘플을 모두 Manual Play 모드로 바꿔놓습니다.

◎ Pad Mode

4개의 연주 모드를 선택할 수 있습니다. 건반 및 패드를 누를 때 사운드 연주를 On/Off하는 Auto와 누르고 있는 동안에만 연주하는 Manual 모드, 사운드를 반복하는 Loop와 한 번만 연주하는 Play 모드로 구분합니다.

◎ Speed

샘플의 연주 속도를 정상 속도(1X), 두 배 빠른 속도(2X), 두 배 느린 속도(.5X) 중에서 선택할 수 있습니다.

◎ Sync Mode

샘플의 동기 상태를 선택합니다. 시작 타임을 마디에 맞추는 Measure, 박자에 맞추는 Beat, 노트에 맞추는 Immediate가 있습니다.

04 Effects 버튼을 클릭하여 패널을 열면 3개의 FX 슬롯을 볼 수 있으며, 이펙트 선택 버튼을 클릭하면 Beatscape에서 제공하는 17가지 목록을 볼 수 있습니다. 베이스 샘플을 로딩한 7번 패드를 선택하고, FX1번에서 01. Dynamics, Compressor를 선택해봅니다.

05 FX1 슬롯의 노브가 컴프레서 값을 조정할 수 있는 것으로 설정되었습니다. 즉, 각각의 노브는 선택한 이펙트에 따라 설정되는 것입니다. 7번 패드를 클릭하여 사운드를 모니터 하면서 Pre 노브는 1시 방향, Thresh는 3시 방향, Ratio는 9시 방향 정도로 조정하여 사운드를 부드럽게 만들어봅니다. 전원 버튼을 On/Off 해가면서 컴프레서 적용 전/후의 사운드를 비교 해봅니다.

06 같은 방법으로 FX2와 FX3에 다른 이펙트를 적용할 수 있습니다. 하나의 패드에 3개의 이펙트를 동시에 사용할 수 있다는 의미입니다. 이펙트 적용 방법을 이해했다면, 이펙트 선택 메뉴에서 Off를 선택하여 컴프레서를 제거합니다.

3 루프 편집

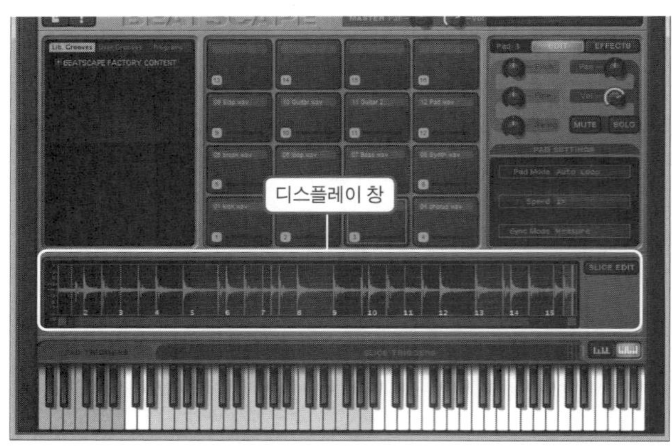

01 파형이 표시되는 디스플레이 창을 보면 알 수 있듯이 실습중인 샘플은 Wav 포맷이지만, 패드에 로딩하는 순간 자동으로 비트가 분석되어 분리되어 있는 것을 확인할 수 있습니다. 그리고 각각의 비트를 편집할 수 있기 때문에 RX2 포맷 편집을 위한 별도의 프로그램을 공부하지 않아도 됩니다.

02 분리된 비트는 샘플마다 다르게 분석되며, 각각의 비트는 F3에서부터 할당됩니다. 만일, 비트가 정확하게 분석되지 않았다면, 마우스 휠을 돌려 디스플레이 창을 확대하고, 마커를 좌/우로 드래그하여 정밀하게 수정할 수 있습니다.

가정교사

샘플의 비트가 정확하게 분석되어 있지 않으면, 템포를 조정했을 때, 비트가 어긋나는 현상이 나타납니다.

03 디스플레이 창에서 마우스 오른쪽 버튼을 클릭하면 Slice Edit 버튼을 클릭했을 때와 동일한 편집 메뉴를 볼 수 있으며, Ctrl 키 또는 Shift 키를 누른 상태로 두 개 이상의 비트를 동시에 선택하여 적용할 수 있습니다.

◎ Add Marker: 선택한 위치에 새로운 마커를 만듭니다.

◎ Remove marker: 선택한 마커를 삭제합니다.

◎ Silence: 선택한 비트의 사운드를 무음으로 만듭니다.

◎ Reverse: 선택한 비트의 사운드를 거꾸로 재생되게 합니다.

◎ Fade In/Out: 선택한 비트의 사운드에 페이드 인/아웃 효과를 만듭니다.

◎ Normalize: 선택한 비트의 사운드를 피크가 발생하지 않는 한도로 크게 합니다.

◎ Revert Edits: 편집한 내용을 모두 취소하여 원본으로 복구합니다.

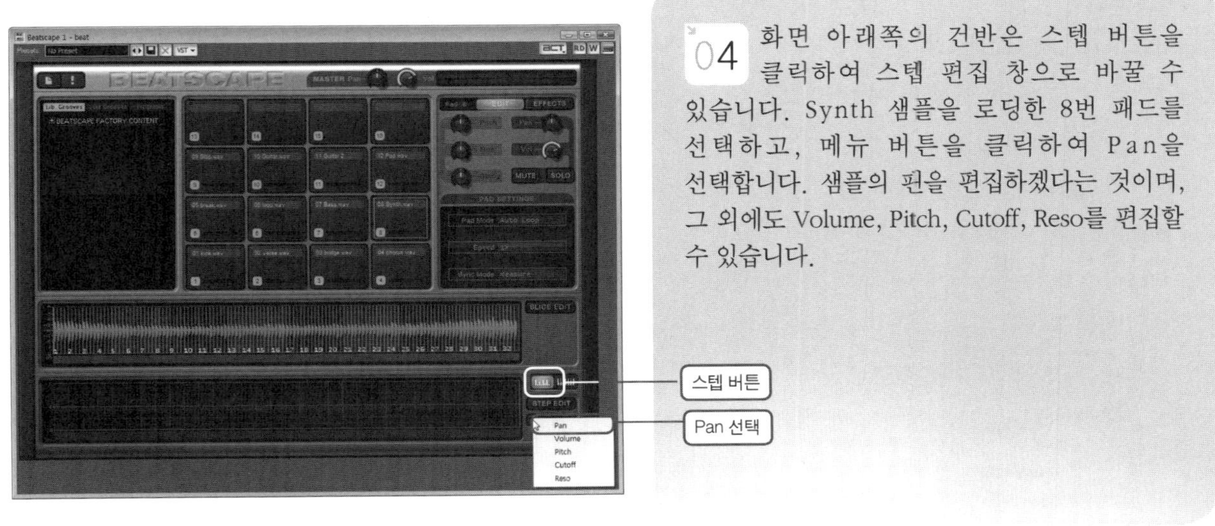

04 화면 아래쪽의 건반은 스텝 버튼을 클릭하여 스텝 편집 창으로 바꿀 수 있습니다. Synth 샘플을 로딩한 8번 패드를 선택하고, 메뉴 버튼을 클릭하여 Pan을 선택합니다. 샘플의 팬을 편집하겠다는 것이며, 그 외에도 Volume, Pitch, Cutoff, Reso를 편집할 수 있습니다.

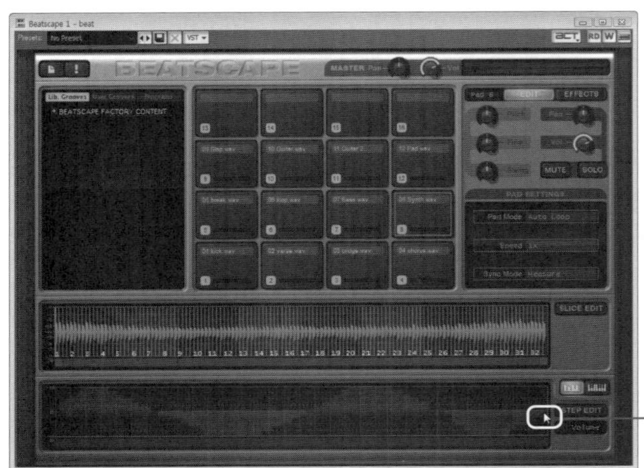

05 스텝 창에서 마우스를 드래그하여 그림에서와 같은 형태를 만들어봅니다. 그리고 8번 패드를 클릭하여 연주해보면, 사운드가 좌/우로 이동하는 핑퐁 효과가 적용된 것을 확인할 수 있습니다. Volume, Pitch, Cutoff, Reso 도 같은 방식으로 편집할 수 있습니다.

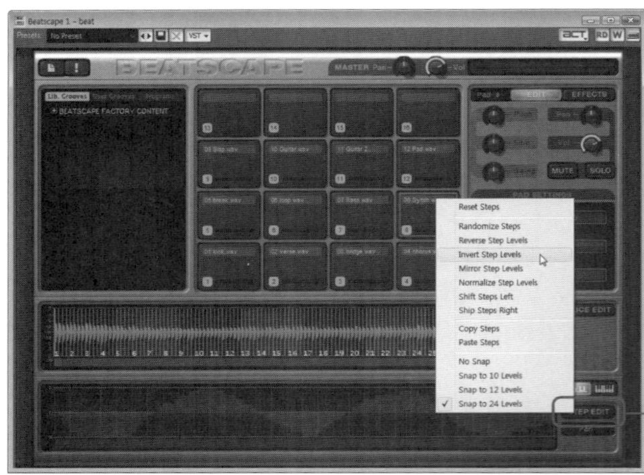

06 STEP EDIT 버튼을 클릭하면 스텝을 편집할 수 있는 다양한 메뉴를 선택할 수 있습니다. Inver Step Levels 을 선택해봅니다. 사용자가 그려놓은 스텝이 반대로 바뀌는 것을 확인할 수 있습니다. Pan을 왼쪽에서 오른쪽으로 이동되도록 편집했다면, 반대로 오른쪽에서 왼쪽으로 이동되는 것입니다.

◎ Reset Steps: 사용자가 만든 스텝을 초기화 합니다.

◎ Randomize Steps: Beatscape가 무작위로 스텝을 만듭니다.

◎ Reveres Step levels: 사용자가 만든 스텝을 앞/뒤로 바꿉니다.

◎ Inver Step Levels: 사용자가 만든 스텝을 상/하로 바꿉니다.

◎ Mirror Step Levels: 스텝 창 좌측을 기준으로 좌/우를 동일하게 합니다.

◎ Normalize Step Levels: 가장 폭이 큰 스텝을 기준으로 창의 끝 부분까지 증가시킵니다.

◎ Shift Steps Left/Right: 스텝을 좌/우로 이동합니다.

◎ Copy/Paste Steps: Copy로 스텝을 복사하여 Paste로 다른 패드 또는 메뉴에 붙입니다.

◎ No Snap: 스텝을 그릴 때, 스냅 기능이 적용되지 않도록 합니다.

◎ Snap to 10~30 Levels: 스냅 기능을 적용할 때의 단위를 3가지 중에서 선택합니다. 예를 들어 Snap to 10 Levels를 선택하면 스텝 편집 창의 세로 폭은 10 단계로 편집 되는 것이며, 최대 30 단계까지 선택할 수 있습니다. 정밀한 편집이 필요한 경우에는 No Snap 메뉴를 선택하여 스냅 단위를 무시합니다.

01 일반적으로 beatscape의 각 패드에 로딩한 샘플은 트랙 별로 나누어 작업을 합니다. 16개의 샘플을 모두 로딩한 경우에는 16개의 트랙을 사용하는 것이 원칙이지만, 실습에서는 하나의 트랙에서 작업을 해보겠습니다. 도구 모음 줄의 피아노 버튼을 클릭하여 창을 엽니다.

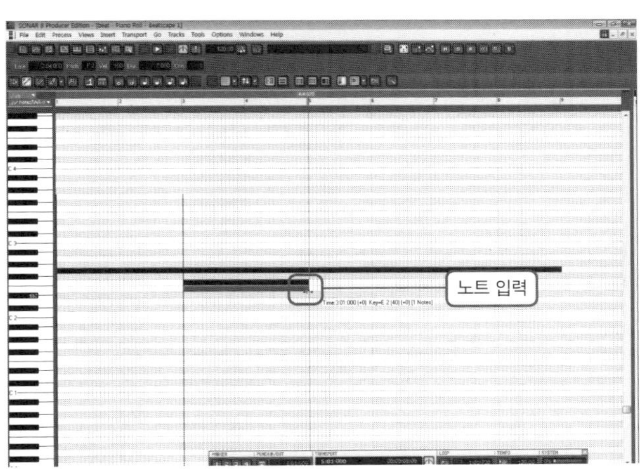

02 Synth 샘플을 로딩한 6번 패드를 연주시키기 위해서 G2음에 8마디 길이의 노트를 입력합니다. 그리고 E2음과 F2음은 3마디 위치에서 2마디 길이의 노트를 각각 입력합니다. 실습에서 제시하는 위치를 무시하고, 독자가 원하는 위치와 길이를 선택해도 좋습니다.

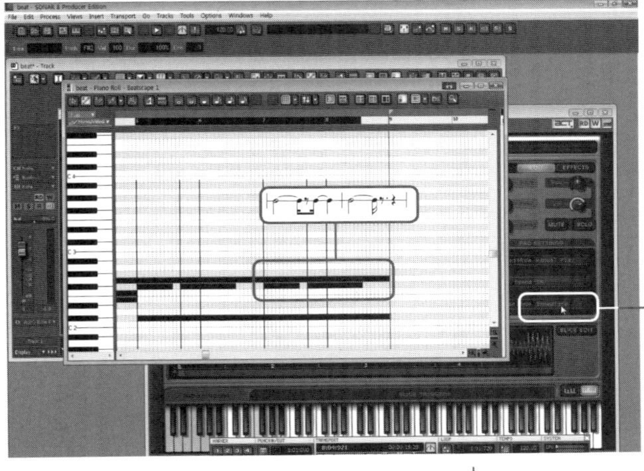

03 C#2 음은 5마디 위치에서 4마디 길이로 입력을 하고, 베이스 연주의 F#2 음은 5마디 위치에서 16비트 단위로 4마디를 입력합니다. 베이스 연주가 마디와 박자를 벗어난 리듬이므로, 7번 패드의 Sync Mode를 Immediate로 설정하는 것도 잊기 말기 바랍니다.

04 Eb2음과 Ab2음을 9마디 위치에서 6마디 길이로 입력을 하고, F2음은 10마디 위치에서, B2음은 11마디 위치에서, G2음은 13마디 위치에서 15마디까지 노트를 입력합니다. 그리고 A2음과 Bb2음을 13마디 위치에서 2박자 단위로 번갈아 입력합니다. Bb2음은 박자 단위로 입력을 했으므로, 11번 패드의 Sync Mode를 Beat 또는 Immediate로 설정합니다.

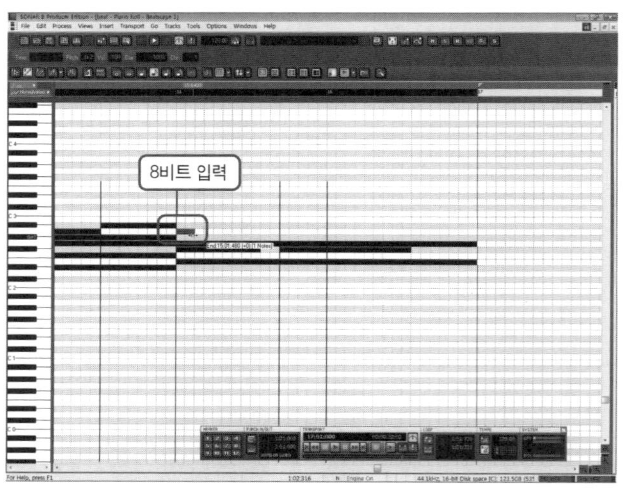

05 E2음과 G2음을 15마디 위치에서 2마디 길이로 입력을 하고, F#2의 베이스 연주는 앞에서와 동일한 비트로 2마디만 입력을 합니다. 그리고 A2음의 Guitar 연주는 15마디 위치에서 8비트 길이로 입력하여 다운 주법만 연주되게 합니다.

06 D2, F2, G#2, B2 음을 17마디 위치에서 4마디+1박자 길이로 입력을 합니다. A2음과 Bb2음의 Guitar 연주를 앞에서와 20마디 위치에서부터 한 박자씩 번갈아 입력합니다. 그리고 F#2음과 C2음을 21마디 위치에 한 박자 길이로 입력하여 루프 음악을 완성합니다. 템포를 변경하고 음악을 연주해봅니다. 샘플이 슬라이스되어 있기 때문에 템포 변화에 자유롭다는 것을 확인할 수 있습니다.

VST Effects

소나에는 믹싱과 마스터링 작업에 필수적으로 사용되는 VST Effects를 제공하고 있으며, 버전 8에는 TS-64 Transient Shaper, TS-64 Tube Leveler, Channel Tools 그리고 Native Instruments 사의 Guitar Rig 3 LE 버전이 추가되었습니다. 다양한 VST Instruments로 유명한 Native Instruments사의 Guitar Rig 3는 소나 사용자 외에도 큐베이스 및 프로툴 등의 사용자들도 Guitar 녹음이나 믹싱 작업을 할 때 많이 사용하는 이펙트이므로, 제 2 부에서 설명하기로 하고, 여기서는 TS-64 Transient Shaper, TS-64 Tube Leveler, Channel Tools의 3가지만 살펴보겠습니다. 이펙트에 관한 이론과 사용법은 소나 7 서적의 PART7을 참조하기 바랍니다.

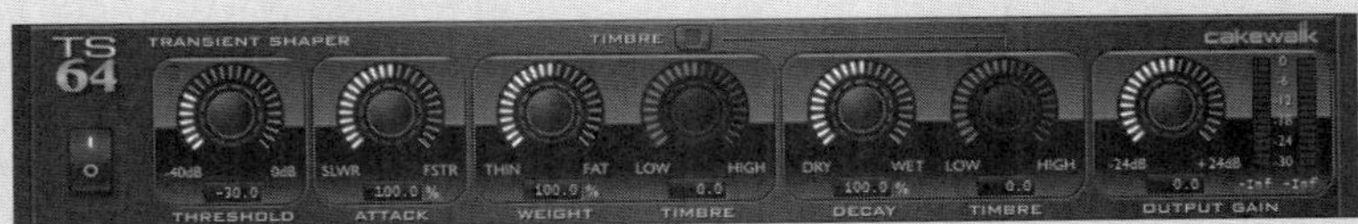

〈TS-64 Transient Shaper〉

〈TS-64 Tube Leveler〉

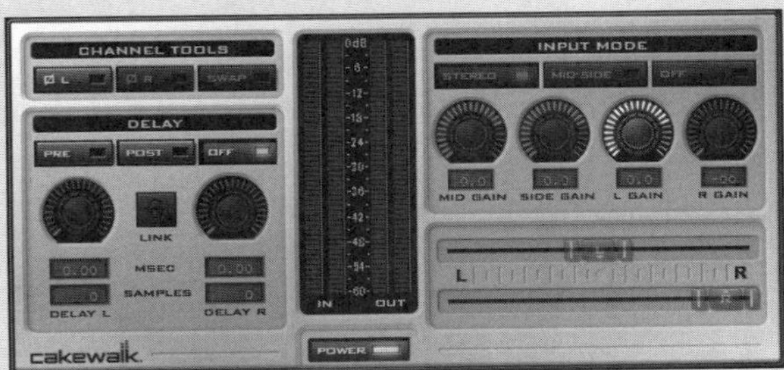

〈Channel Tools〉

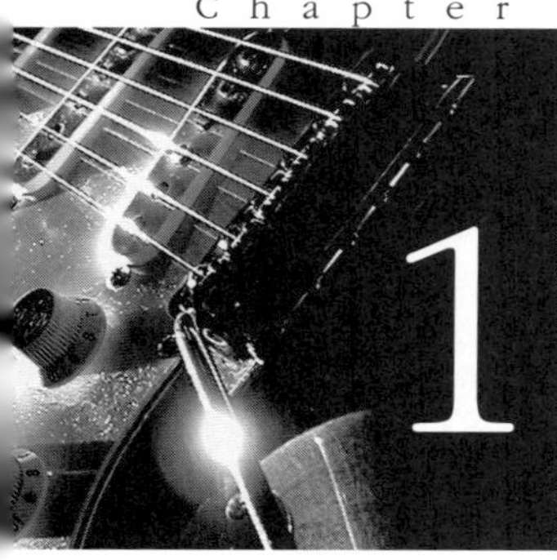

1 TS-64 Transient Shaper

TS-64 Transient Shaper는 사운드의 어택 및 디케이 타임의 파형을 디자인하거나 필터링 할 수 있는 이펙트입니다. 어택이 약한 사운드를 보강한다거나 디케이 타임을 조정하는 등, 사운드의 엔벨로프를 구간별로 편집할 수 있는 독특한 장치입니다. 기본적으로 드럼이나 퍼커션과 같이 엔벨로프 라인이 짧은 사운드를 디자인 할 수 있도록 하고 있지만, 악기 소스에 상관없이 사운드의 입체감이나 다이내믹을 보정하는 목적으로 이용할 수 있습니다.

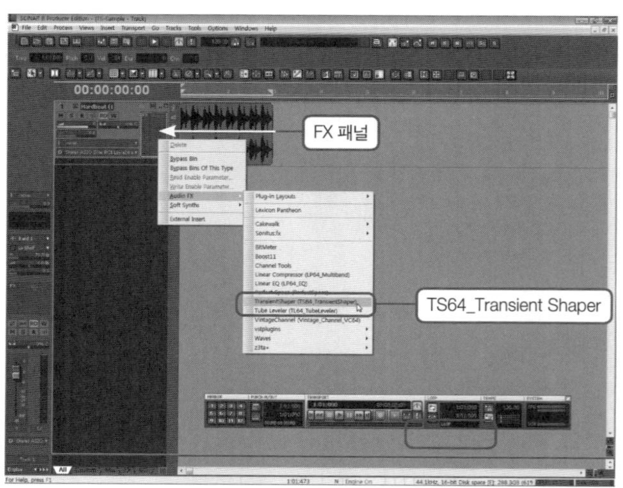

01 부록 CD의 Sample 폴더에서 TS-Sample 파일을 불러옵니다. 드럼 루프 클립이 있는 샘플입니다. FX 패널에서 마우스 오른쪽 버튼을 클릭하여 단축 메뉴를 열고, Audio FX의 Transient Shaper (TS64_TransientShaper)를 선택합니다.

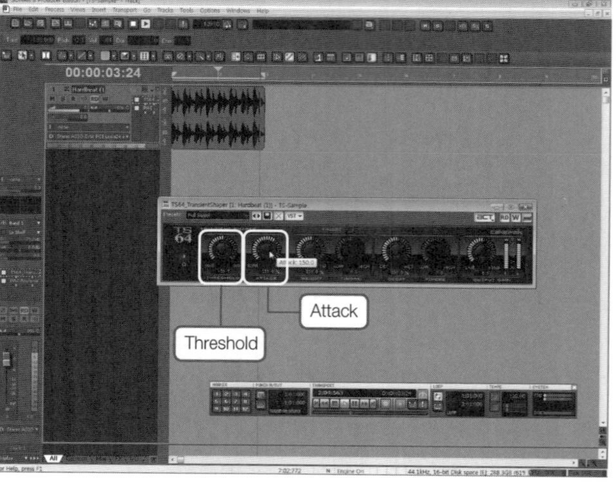

02 Space bar 키를 눌러 사운드를 모니터 하면서 Attack 노브를 조정해봅니다. 100% 이하의 값은 어택이 감소되어 사운드가 부드러워지고, 100% 이상의 값은 어택이 증가하여 사운드가 강해지는 것을 느낄 수 있습니다. 사운드를 분석하는 기준 레벨은 Threshold로 결정하며, 이 값 이상의 레벨만 조정됩니다.

가정교사

값을 미세하게 조정하고 싶다면, Shift키를 누른 상태로 드래그하거나 키보드의 좌/우 방향키를 이용합니다.

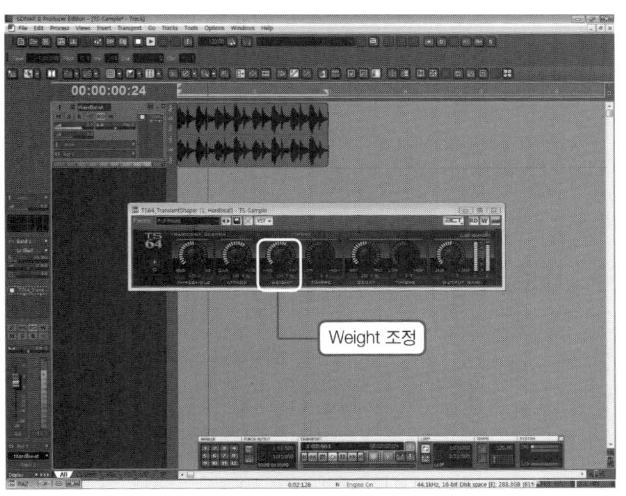

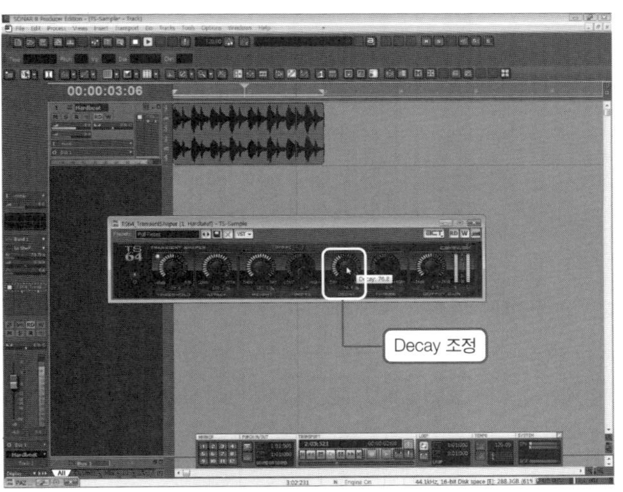

03 Weight 노브는 사운드가 -12dB로 감소하는 디케이 타임의 시작점을 조정하는 것으로 서스테인 구간에도 영향을 줍니다. 노브를 조정해보면, 100% 이하의 값에서 서스테인이 감소되고, 100% 이상의 값에서 증가되는 것을 느낄 수 있습니다.

가정교사

노브 아래쪽의 숫자를 더블 클릭하여 원하는 값을 직접 입력할 수 있습니다.

04 Decay 노브를 조정해봅니다. 100% 이하의 값에서 디케이가 감소되고, 100% 이상의 값에서 증가되는 것을 느낄 수 있습니다. 최소 값 25%로 설정을 하면, 100%를 기준으로 디케이가 4분의 1로 줄어드는 것이며, 최대 값 400%로 설정을 하면 4배로 증가하는 것입니다.

05 Weight및 Decay에는 각각의 음색을 조정하는 Timbre 노브가 있으며, 상단의 Timbre 버튼을 On/Off하여 사용 유무를 결정합니다. 각각의 노브를 Low쪽으로 돌리면 저음역이 많아지고, High 쪽으로 돌리면 고음역이 많아지는 것을 느낄 수 있습니다.

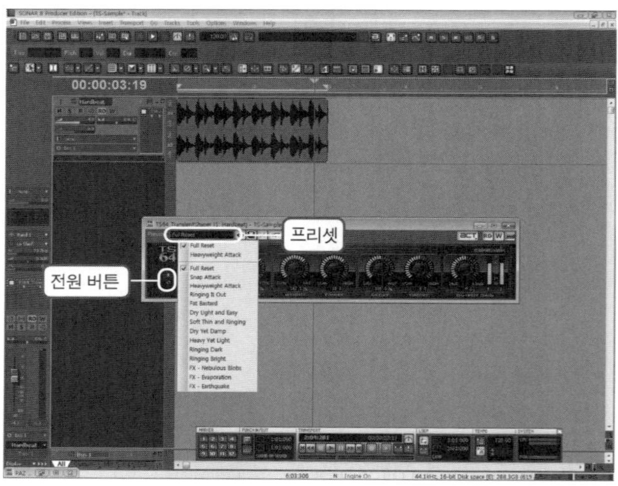

06 출력 레벨을 조정하는 Output Gain은 오른쪽에 레벨 미터를 확인하면서 빨간색의 피크 경고가 나타나지 않은 한도로 조정하는 것이 원칙입니다.

07 TS-64 Transient Shaper의 적용 전/후 사운드는 전원 버튼을 On/Off해가면서 비교해보고, 기본적으로 제공하는 프리셋들도 선택을 해보면서 TS-64 Transient Shaper에 익숙해지기 바랍니다.

2 TS-64 Tube Leveler

TS-64 Tube Leveler는 아날로그 사운드의 따뜻함을 재현한다는 야심 찬 기획으로 포함된 튜브 타입의 앰프입니다. 디지털 사운드는 너무 깨끗해서 생명력이 없다는 평가를 받아오고 있으겨, 대부분의 뮤지션들이 공감하는 부분입니다. TS-64 Tube Leveler를 이용하면, 진공관 앰프를 통해서 녹음한 듯한 아날로그 사운드의 따뜻함을 구현하여 디지털 사운드의 차가움을 보안할 수 있습니다.

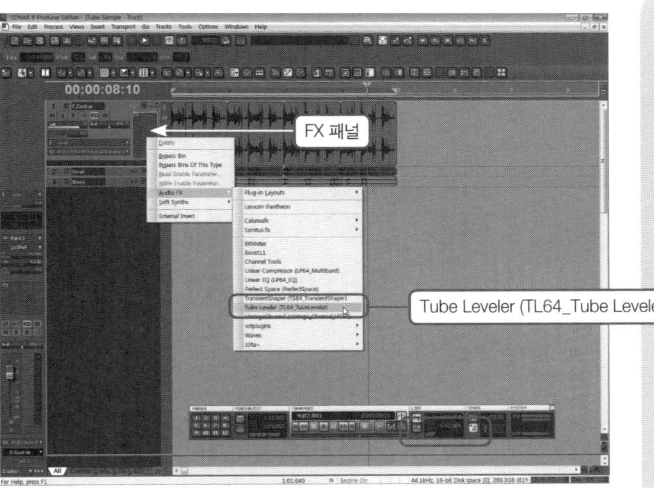

01 부록 CD의 Sample 폴더에서 Tube-Sample 파일을 불러옵니다. E.Guitar 가 녹음되어 있는 1 번 트랙의 FX 패널에서 마우스 오른쪽 버튼을 클릭하여 단축 메뉴를 열고, Audio FX의 Tube Leveler (TL64_Tube Leveler)을 선택합니다.

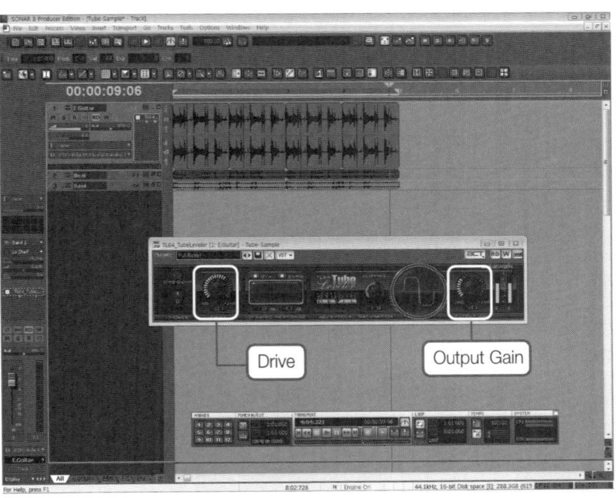

02 Space bar 키를 눌러 사운드를 연주하면서 Drive 노브를 조금씩 올려봅니다. 사운드 소스에 따라 다르지만, 샘플의 경우에는 15 dB이 넘어가면 진공관 앰프를 통해서 녹음했을 때의 따듯함을 확연하게 느낄 수 있습니다. Drive로 커진 사운드의 레벨은 Output Gain으로 줄입니다.

03 Dyn은 사운드에 영향을 줄 주파수 범위를 조정하며, CMPS는 처리된 저음역을 보상할 것인지, 차단할 것인지를 결정합니다. 주파수 범위는 그래프 창의 포인트를 드래그하거나 값을 직접 입력하여 조정할 수 있습니다. 포인트를 140Hz/-24dB정도로 조정하고, CMPS 버튼을 On/Off하면서 사운드를 비교해보기 바랍니다.

04 Advanced라는 글자를 클릭하면, 사운드를 세부적으로 조정할 수 있는 Offset과 Symtry 노브를 볼 수 있습니다. 사운드 파형의 베이스 라인을 조정하는 Offset 노브를 왼쪽으로 돌리면, 파형의 Positive(상단)에 영향을 주고, 오른쪽으로 돌리면 Negative(하단)에 영향을 줍니다. 조정 값은 파형 표시 창에서 확인할 수 있습니다.

가정교사

사운드 파형의 중심인 베이스 라인을 기준으로 위쪽의 파형을 Positive라고 하며, 아래쪽의 파형을 Negative라고 합니다.

05 Symtry 노브는 Positive 및 Negative의 차단 음역을 조정합니다. 파형 표시 창을 보면서 노브를 왼쪽으로 돌리면 Negative 파형의 최고점이 잘리는 것을 확인할 수 있으며, 오른쪽으로 돌리면 Positive 파형의 최고점이 잘리는 것을 확인할 수 있습니다.

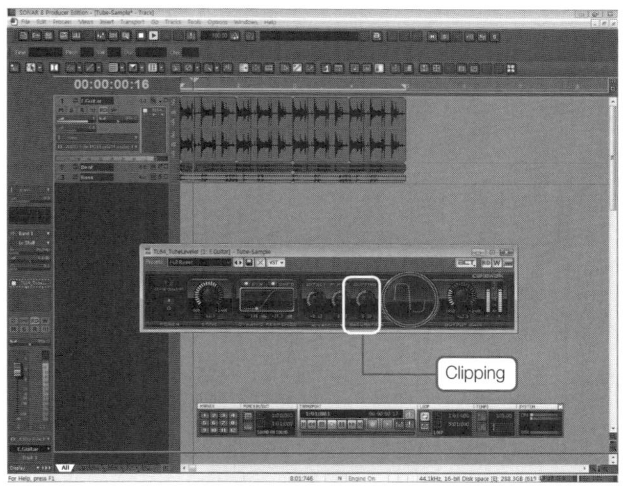

06 Clipping 노브는 Symtry가 적용되는 범위를 조정하며, 기본 값은 0.50입니다. 파형 표시 창을 보면서 노브를 왼쪽으로 돌리면, 차단 범위가 줄어들며, 오른쪽으로 돌리면 차단 범위가 많아 지는 것을 확인할 수 있습니다.

07 TL-64 Tube Leveler의 사운드 변화는 즉각적으로 느낄 수 있기 때문에 각 노브의 역할은 쉽게 이해할 수 있습니다. 전원 버튼 위쪽의 Over-Samp 버튼은 샘플링 과정에서 발생할 수 있는 잡음을 줄여주는 역할이므로, 시스템 사양이 허락한다면, 켜둘 것을 권장합니다.

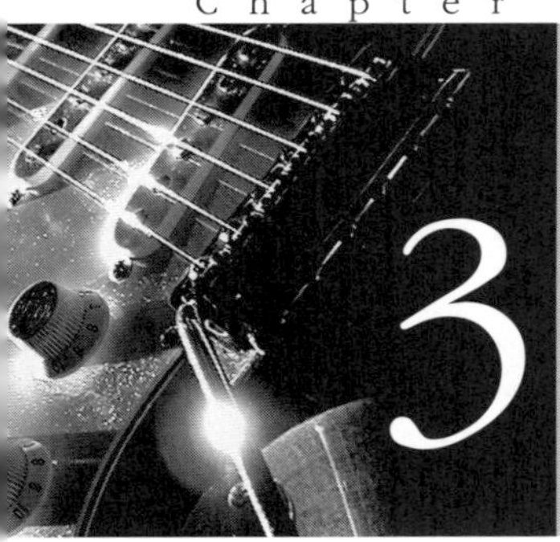

3 Channel Tools

Channel Tools은 스테레오 채널의 볼륨이나 지연 값을 조정하여 사운드의 입체감을 만드는 도구입니다. 마이크의 잘못된 배치로 스테레오 효과가 떨어지는 것을 보정하거나 실제로 두 번 이상을 녹음해야만 가능했던 보컬 및 Guitar와 같은 모노 입력 사운드를 스테레오 사운드로 연출하는 등의 다양한 목적으로 사용할 수 있습니다. 특히, 각 항목의 사용 여부를 개별적으로 On/Off 할 수 있기 때문에 사운드에 영향을 주지 않고, 한 쪽 채널에서만 발생하는 클립핑을 제거하거나 공간감을 보정하는 도구로도 응용이 가능합니다.

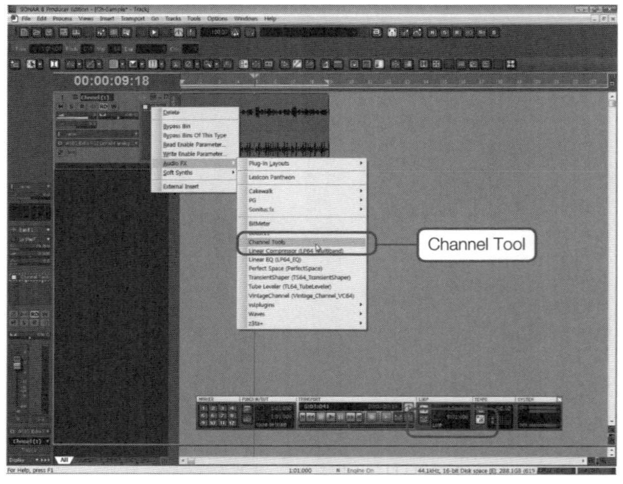

01 부록 CD의 Sample 폴더에서 Ch-Sample 파일을 불러옵니다. 학습의 이해를 돕기 위해 좌/우 채널이 다른 사운드가 녹음되어 있습니다. FX 패널에서 마우스 오른쪽 버튼을 클릭하여 단축 메뉴를 열고, Audio FX의 Channel Tool을 선택합니다.

02 왼쪽 채널은 Guitar, 오른쪽 채널은 Drums이 연주되고 있는 샘플을 모니터 하면서 Channel Tools 항목의 L과 R 그리고 Swap 버튼을 각각 클릭해봅니다. L과 R은 파형의 Positive와 Negative를 뒤집는 Invert 기능이고, Swap 버튼은 좌/우 채널을 바꾸는 기능입니다. 각각의 버튼은 잘못 녹음한 스테레오 사운드를 수정할 때 응용할 수 있습니다.

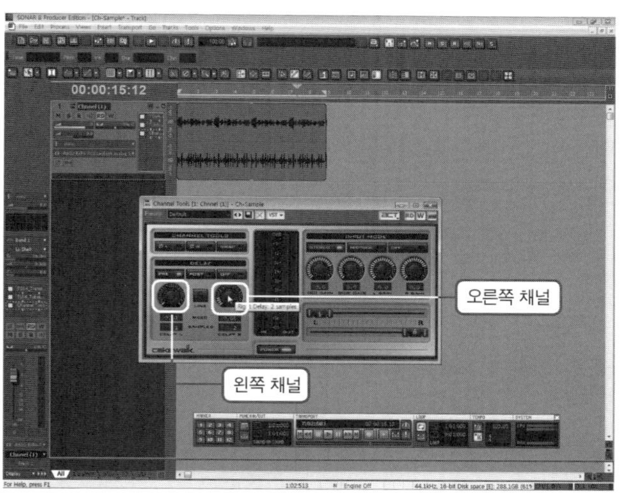

03 Delay 항목의 왼쪽과 오른쪽 노브를 조정하여 각 채널의 시작 타임을 조정합니다. 마이크를 잘못 배치한 경우는 물론이고, 보컬과 Guitar 등의 모노 입력을 스테레오로 만들 수 있습니다. 모노 입력은 스테레오 트랙에 녹음을 해도 사용자가 원하는 스테레오 효과를 얻을 수 없는데, 한쪽 채널의 타임을 변경하여 연출하는 것입니다.

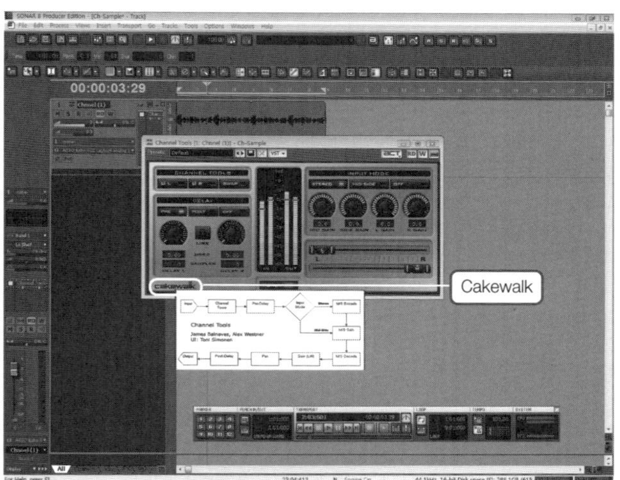

04 Pre와 Post 버튼은 딜레이 효과를 사운드 전(pre)에 적용할 것인지, 후(post) 에 적용할 것인지를 선택하는 것이며, Off는 Delay 적용 전/후 사운드를 비교해보는 Bypass 역할입니다. Channel Tools의 처리 경로는 Cakewalk 글자를 클릭하면 볼 수 있습니다.

05 Post 버튼을 클릭하여 사운드 이후에 Delay가 적용되게 하고, Guitar 연주가 녹음되어 있는 왼쪽 채널의 타임을 조정해 봅니다. 딜레이 타임은 최대 1,000(1초)까지 조정할 수 있으며, 모노 사운드를 스테레오 효과로 연출하기 위해서는 0.20를 넘지 않는 것이 좋습니다. 중앙의 Link 버튼을 좌/우 채널을 동시에 조정하게 하는 역할입니다.

가정교사

딜레이 타임을 조정하는 노브 아래쪽의 시간 단위(MSCE) 및 샘플 단위(Samples)를 더블 클릭하여 값을 입력할 수 있습니다.

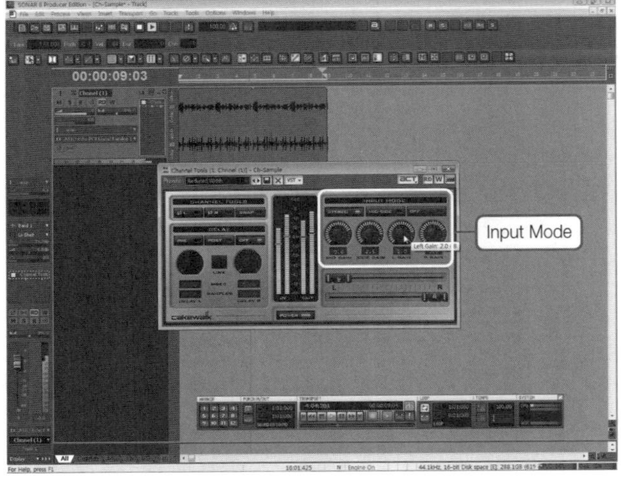

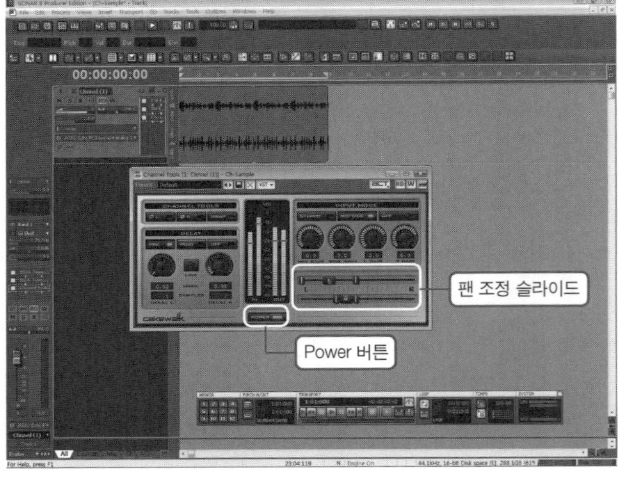

06 Input Mode에는 사운드를 스테레오 채널로 분리는 Stereo 버튼과 모노로 결합하는 Mid-Side 버튼이 있습니다. Mid Gain, Side Gain, L Gain, R Gain 노브는 각 채널의 볼륨을 조정합니다. Stereo 버튼을 선택하고, Side Gain노브를 올려 사운드를 완전히 좌/우로 벌립니다. 그리고 L Gain을 2dB 정도 높여 오른쪽 채널과 비슷한 레벨로 만들어봅니다.

07 Input 항목 아래쪽의 슬라이드는 왼쪽(L)과 오른쪽(R) 채널의 팬과 범위를 조정합니다. 드럼이 연주되고 있는 R 슬라이드를 왼쪽으로 이동하여 중앙에서 연주되게 하고, L 슬라이드 좌/우의 바를 드래그하여 Guitar 사운드의 범위를 조정해봅니다. Power 버튼으로 Channel Tools 적용 전/후의 사운드를 비교해볼 수 있습니다.

PART 3

그 밖의 새로운 기능

소나 8은 새롭게 추가된 VST Instruments와 Effects 외에 윈도우 비스타 시스템의 새르운 오디오 드라이버
표준으로 자리잡게 될 WASAPI 드라이버를 지원한다거나 64비트 운영체제를 지원하는 등, 높아진 하드웨어
사양에 맞추어 업그레이드된 부분이 많습니다. 물론, 하드웨어 및 운영체제가 이러한 것들을 지원해야 하며,
내부적인 변화이기 때문에 눈으로 확인할 수 있는 것들은 아닙니다. 여기서는 소나 8에서 달라졌거나 새롭게
추가된 기능들 중에서 눈으로 확인할 수 있는 것들을 살펴보겠습니다.

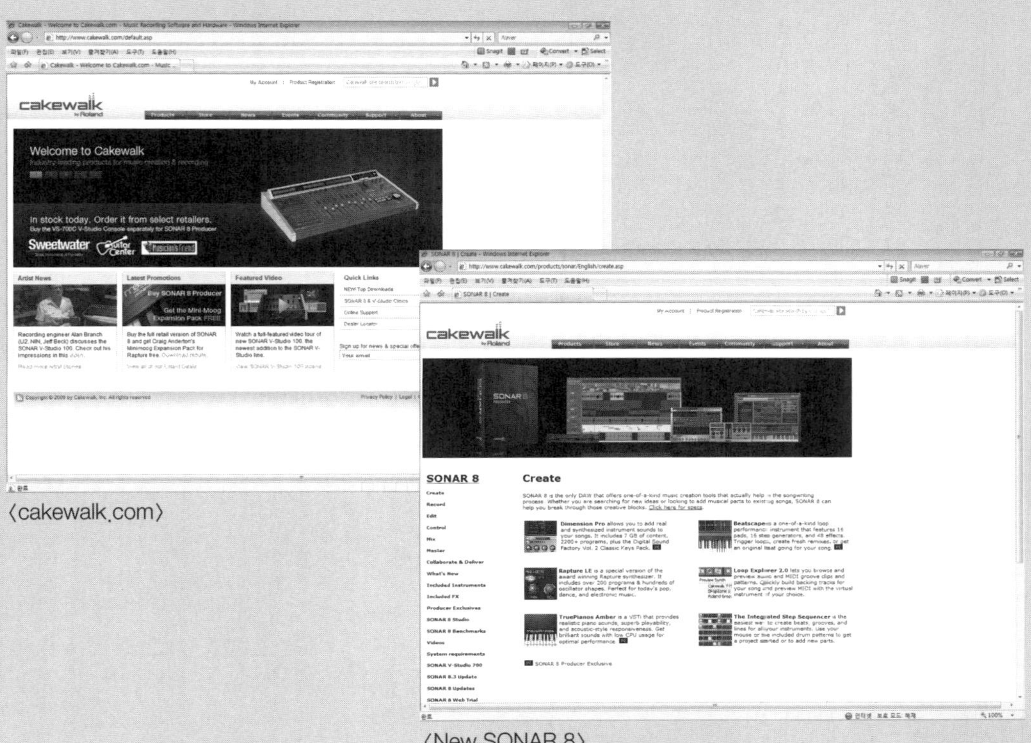

〈cakewalk.com〉

〈New SONAR 8〉

1 Global Bypass Effects Bins 메뉴

Process 메뉴에 Global Bypass Effects Bins 이 추가되었습니다.

믹싱 작업을 하면서 이펙트 적용 전/후의 사운드를 비교해보는 일은 빈번합니다. 개별적으로 이펙트 적용 전/후의 사운드를 비교해 볼 때는 해당 장치에서 제공하는 bypass 기능을 이용하면 되고, 하나의 트랙을 통째로 비교하고 싶은 경우에는 FX 패널의 On/Off 버튼을 이용하면 됩니다. 그러나 수 십 개의 트랙에서 수 많은 이펙트를 사용한 믹싱 결과를 비교하는 일은 어려웠습니다.

01 소나 8의 Process 메뉴에는 믹싱 작업에 사용 되고 있는 모든 이펙트를 Bypass하여 믹싱 전/후의 사운드를 비교해 볼 수 있는 Global Bypass Effects Bins 메뉴가 추가되었습니다. 이 기능은 많은 이펙트의 사용으로 녹음이 지연되는 현상을 일시적으로 해결하는 용도로도 이용할 수 있습니다

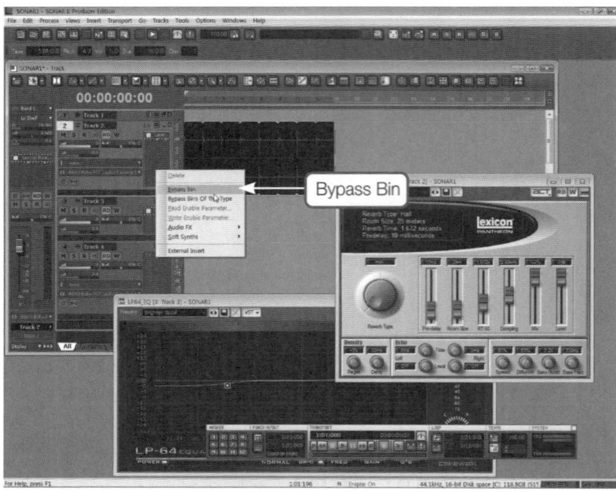

02 Process메뉴의 Global Bypass Effects Bins는 선택할 때마다 On/Off되는 스위치 방식의 메뉴이며, 단축키는 Ctrl + Shift + Y 입니다. Global Bypass Effects Bins 기능을 On으로 했을 때, FX 패널에서 마우스 오른쪽 버튼을 클릭하여 단축 메뉴를 열고, Bypass Bin을 선택하면, 해당 트랙은 Global Bypass Effects Bins 기능에서 제외 시킬 수 있습니다. 즉, 사용자가 원하는 트랙은 이펙트가 적용된 사운드를 모니터 할 수 있는 것입니다.

2 Live Input PDC Override 메뉴

Transport 메뉴에 Live Input PDC Override가 추가되었습니다.

소나는 VST Effects가 적용된 오디오 트랙에서 입력 사운드를 모니터 하면서 녹음을 할 때, 사운드가 지연되는 현상을 방지하기 위한 Plug-in Delay Compensation(PDC) 기능을 제공합니다. 하지만, 다른 트랙과의 동조에 문제가 생기는 경우가 있는데, 이를 해결하기 위한 Live Input PDC Override 메뉴가 추가되었습니다.

01 녹음을 하는 중에 다른 트랙과 어긋나면, Transport의 Live Input PDC Override를 선택하거나 단축키 Ctrl+D를 눌러 Plug-in Delay Compensation 기능을 해제합니다. 작업 표시줄에 D라는 문자가 표시되어 PDC 기능이 해제되었음을 알 수 있습니다.

02 Plug-in Delay Compensation 기능 다시 작동시키고 싶다면, 메뉴를 선택하거나 작업 표시줄의 D 문자를 클릭합니다. 참고로 Live Input PDC Override 메뉴를 선택하고, 녹음을 할 때는 오디오 파형이 지연될 수 있지만, 기록은 정상적으로 이루어집니다.

3 클립 편집 버튼

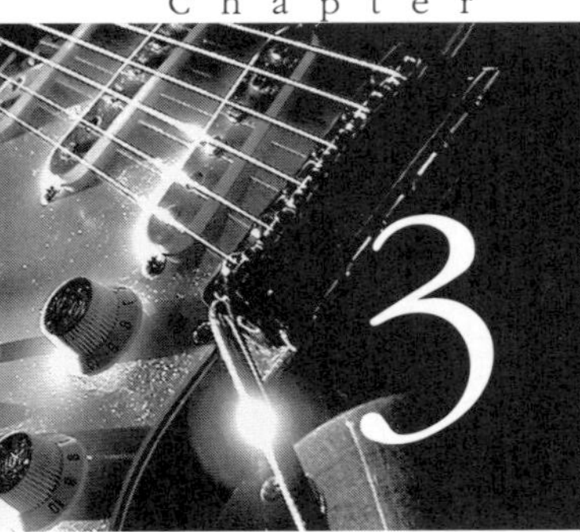

프로젝트 창의 도구 모음 줄에 Free Edit 버튼이 추가되었습니다.

소나는 클립의 일부분을 자르거나 붙이는 등의 편집 작업이 매우 불편했었습니다. 물론, 소나에 익숙해져 있는 사용자들은 불편함을 의식하지 못했을 수도 있지만, 소나 8에 추가된 Free Edit Tool을 사용한다면, 그 동안 얼마나 불편했었는지 느낄 수 있습니다.

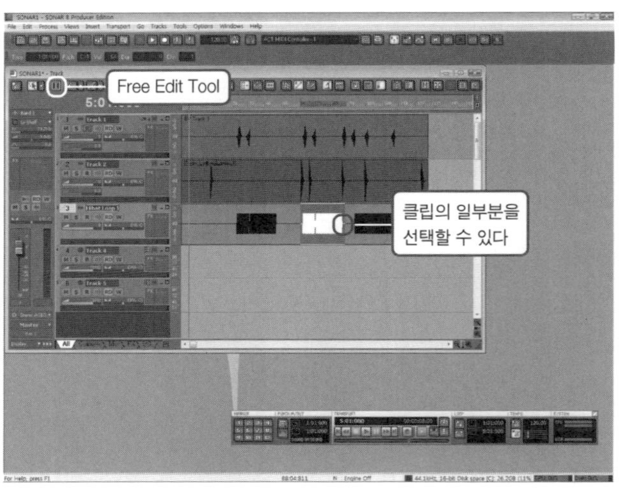

01 프로젝트 패널의 Free Edit Tool 을 선택하고, 클립의 일부분을 드래그하여 선택할 수 있습니다. 선택한 클립은 별다른 사전 작업 없이 마우스 드래그 및 Ctrl + X , Ctrl + C , Delete 등의 편집 명령을 적용할 수 있습니다.

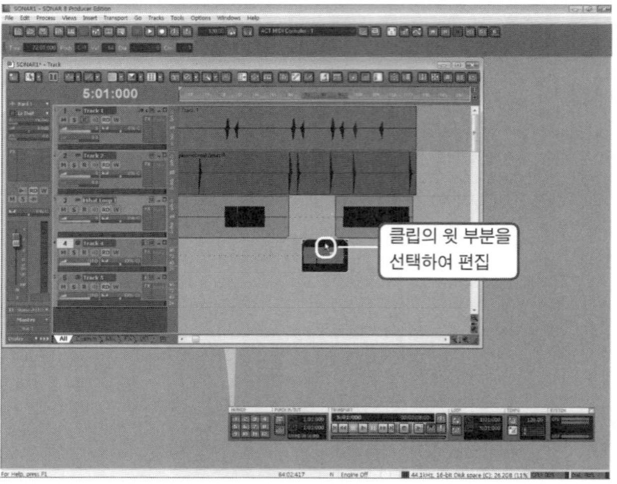

02 Free Edit Tool는 클립의 중간 부분을 드래그하여 일부분을 선택하는 것이 목적이지만, 클립의 위나 아래 부분으로 가져가면 클립을 선택하거나 이동, 복사 등의 편집 작업을 할 수 있는 선택 툴의 역할을 합니다.

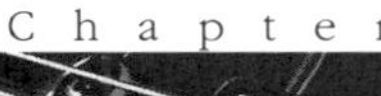

4 편집 위치 표시 버튼

프로젝트 창의 도구 모음 줄에 Ami Assist 버튼이 추가되었습니다.

프로젝트 창에 추가된 도구에는 앞에서 살펴본 Free Edit Tool 외에 Ami Assist라는 버튼이 있습니다. 이것은 마우스 및 클립 이동 위치를 흰색 라인으로 표시하여 편집 위치를 미리 확인할 수 있는 역할을 합니다. 클립의 일부분을 선택하거나 이동과 복사 등의 편집 작업을 할 때, 흰색 라인으로 표시되는 Ami Assist 라인을 참조하면 잘못된 위치로 편집하는 실수를 피할 수 있습니다.

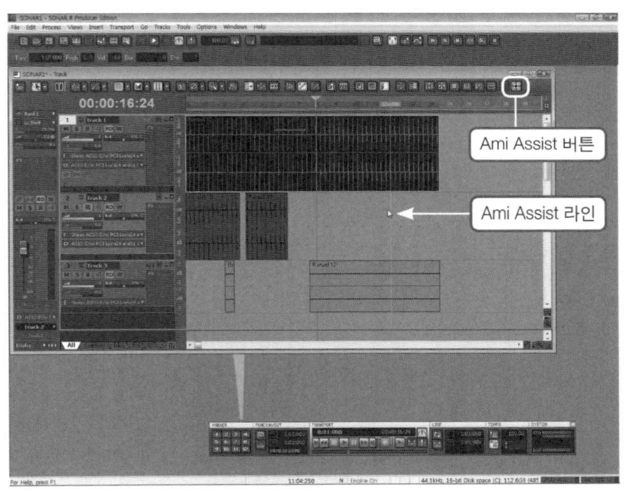

01 프로젝트 패널의 도구 모음 줄에서 Ami Assist 버튼을 클릭하여 On으로 하고, 마우스를 움직여 보면, 흰색 세로선과 함께 마우스의 위치를 나타내는 Ami Assist 라인을 볼 수 있습니다.

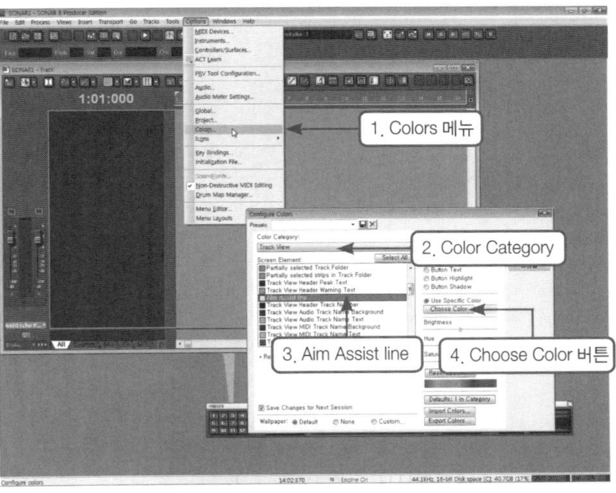

02 흰색의 Ami Assist 라인은 사용자가 원하는 색상으로 변경할 수 있습니다. Options 메뉴의 Colors를 선택하여 소나의 색상 및 바탕 화면을 변경할 수 있는 Configure Colors 창을 엽니다. 그리고 Color Category에서 Track View를 선택하고, Screen Element에서 Aim Assist line 목록을 찾아 선택합니다. 계속해서 Choose Color 버튼을 선택하여 색상을 변경할 수 있습니다.

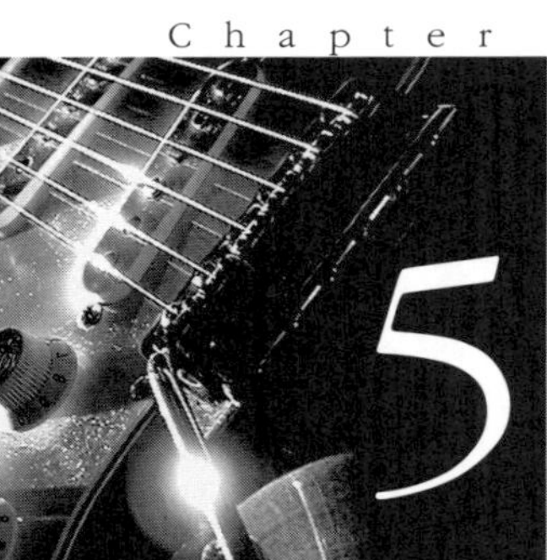

5 익스클루시브 솔로 버튼

기본 도구 모음 줄에 Exclusive Solo 버튼이 추가되었습니다.

음악을 믹싱하면서 가장 많이 사용하는 파라미터가 솔로 버튼일 것입니다. 하지만, 솔로로 연주하고 싶은 트랙을 바꿀 때마다 이전 트랙의 솔로 버튼을 수동으로 Off해야 하는 번거로움이 있었습니다. 소나 8에서는 Off 동작이 자동으로 이루어지게 하는 익스클루시브 솔로 버튼이 추가되었습니다.

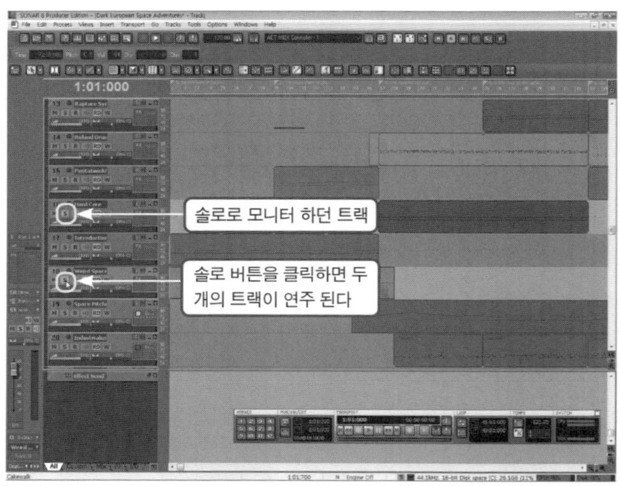

01 믹싱 작업을 하면서 트랙을 솔로로 모니터 할 일은 많습니다. 하지만, 하나의 트랙을 솔로로 모니터 하면서 다른 트랙을 솔로로 모니터 할 일이 있을 때는, 이미 솔로로 듣고 있던 트랙의 솔로 버튼을 Off로 했어야 했습니다.

02 도구 모음 줄의 익스클루시브 솔로 버튼을 On으로 하고, 트랙의 솔로 버튼을 클릭해 봅니다. 트랙을 옮길 때마다 이전 트랙의 솔로 버튼이 자동으로 Off 되어 매우 편리해졌다는 것을 확인할 수 있습니다. 솔로 버튼을 유지하고 싶은 트랙이 있다면, Shift 키를 누른 상태로 선택합니다.

6 트랜스포트 버튼

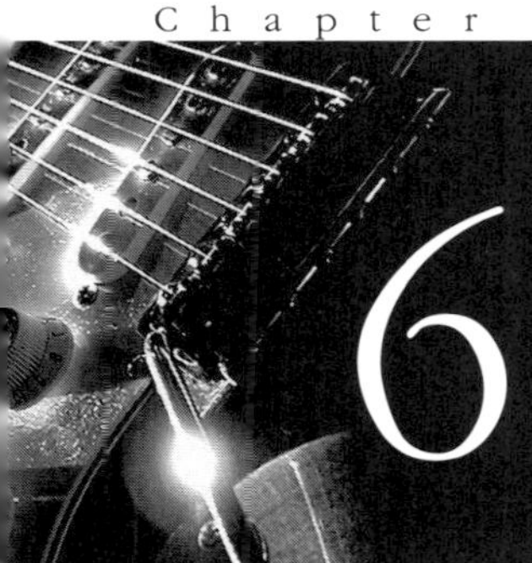

트랜스포트 패널에 앞/뒤로 이동, 일시 정지, 오디션의 4가지 버튼이 추가되었습니다.

송 포지션 라인의 위치를 빠르기 앞/뒤로 이동시키는 Rewind와 Forward 버튼, 일시 정지 시키는 Pause 버튼은 원래 있던 것으로 착각될 만큼 익숙할 것입니다. 소나는 기본적으로 곡을 정지시킬 때, 송 포지션 라인이 시작 지점으로 되돌아 갑니다. 이것이 불편한 사용자는 Global Options의 General 페이지에서 On Stop, Rewind to Now Marker 옵션을 해제하여 사용했겠지만, 간혹 기본값이 필요한 경우도 있기 때문에 조금 아쉬운 부분이었습니다.

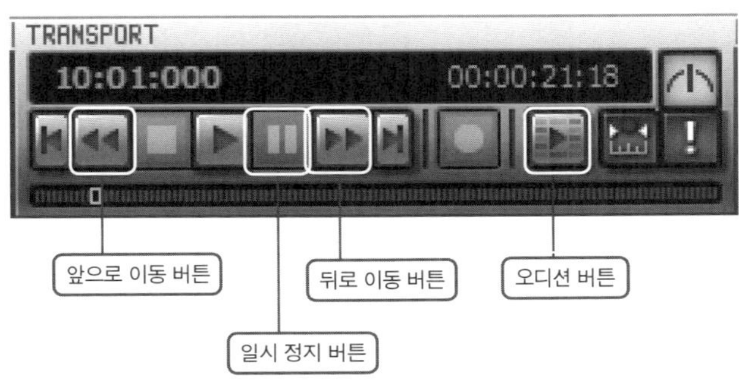

01 소나 8에서는 일시 정지 버튼이 추가되었기 때문에 시작 지점으로 되돌아가는 정지 버튼은 그대로 사용하고, 일시 정지 버튼을 이용해서 원하는 위치에 정지시킬 수 있게 되었습니다. 자주 사용하게 될 버튼이므로, Options 메뉴의 Key Bindings을 이용해서 단축키를 설정해두는 것이 좋습니다.

02 특히, 눈에 띄는 것은 선택한 클립의 사운드를 모니터 해볼 수 있는 오디션 버튼입니다. 클립을 선택하고, 오디션 버튼을 클릭하면 송 포지션 위치에 상관없이 선택한 클립의 사운드를 재생합니다. 반복 버튼과 함께 특정 클립을 모니터 하면서 작업할 때 유용할 것입니다.

7 녹음 준비 버튼 옵션

Allow Arm Changes During Playback/Record 녹음 옵션이 추가되었습니다.

소나 8에서는 음악을 재생하거나 녹음하는 도중에 트랙의 녹음 준비 버튼을 On/Off할 수 있는 옵션이 추가되어 시스템의 낭비를 최소화할 수 있습니다. 이전에는 멀티 녹음을 할 때에도 녹음 트랙을 on/off 할 수 없었기 때문에 녹음이 모두 끝날 때까지 기다릴 수 밖에 없었습니다. 이것은 녹음이 끝난 후에 클립을 정리해야 하는 번거로움 보다, 시스템 부족으로 녹음이 잘못될 수 있다는 문제점을 가지고 있습니다. 하지만, 이제는 낮은 시스템 사양에서도 편안함 마음으로 멀티 녹음을 할 수 있게 된 것입니다.

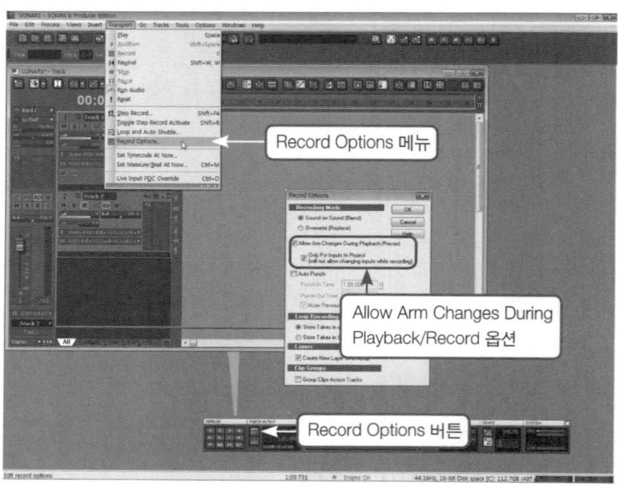

01 Allow Arm Changes During Playback/Record 기능을 사용하기 위해서는 Transport 메뉴의 Record Options을 선택하거나 트랜스포트 패널의 Record Options 버튼을 클릭하여 창을 열고, Allow Arm Changes During Playback/Record 옵션을 체크하면 됩니다.

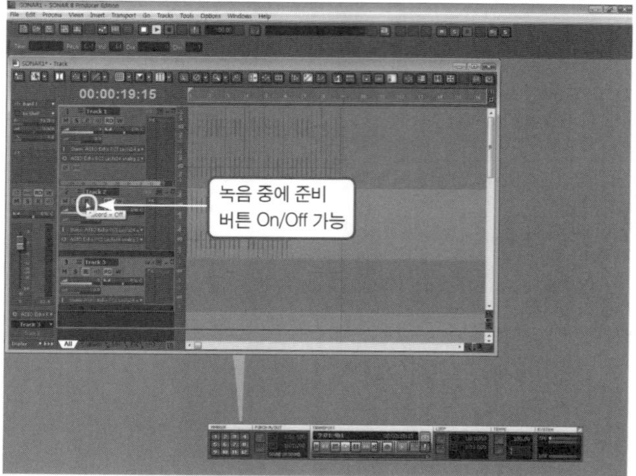

02 Allow Arm Changes During Playback/Record 옵션을 체크하면, 녹음을 진행하면서도 트랙의 녹음 준비 버튼을 On/Off시킬 수 있습니다. 즉, 녹음이 모두 끝난 후에 비어있는 클립을 정리할 필요가 없으며, 시스템 과부하로 사운드가 끊어지는 등의 오류를 피할 수 있게 된 것입니다.

8 AUD.ini 편집 옵션

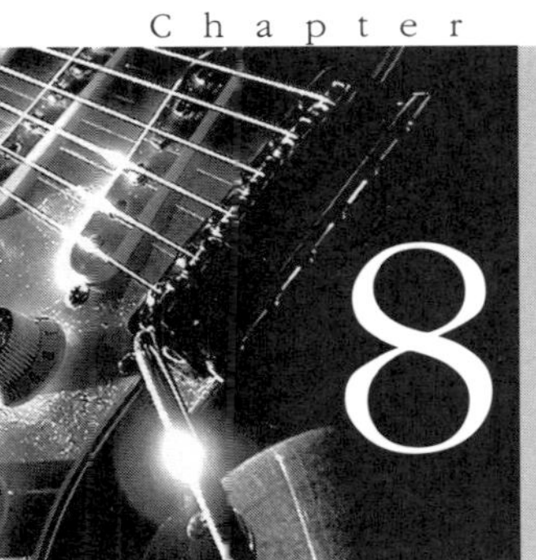

Audio Options의 Advanced 페이지에 configuration Settings 옵션이 추가되었습니다.

소나는 내부 환경을 설정할 수 있는 Cakewalk.ini, TTSSEQ.ini, AUD.ini의 3가지 시스템 파일을 제공합니다. 그 중에서 Cakewalk.ini 파일만 내부에서 편집할 수 있는 Options 메뉴의 Initialization File를 제공하고 있었으며, 나머지는 윈도우 메모장으로 외부에서 편집을 해야 했습니다. 소나 8은 프로그램을 다시 시작할 필요 없이 하드웨어 환경을 적용할 수 있게 업그레이드 되었으며, AUD.ini 파일을 내부에서 편집할 수 있는 Configuration Settings의 3가지 버튼이 추가되었습니다.

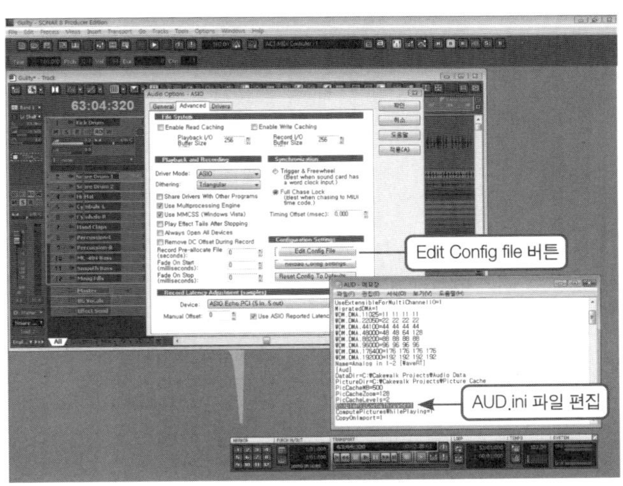

01 시스템에 오디오 드라이브를 설치하고, 소나를 실행하면 자동으로 최적의 환경을 구축하기 때문에 굳이 AUD.ini 파일을 편집할 이유는 없지만, 한 가지 예를 들어보겠습니다. 사용자 컴퓨터가 4개의 크어를 내장한 코어 2 쿼드 이상의 CPU가 장착된 것이라면, Edit Config file 버튼을 클릭하여 AUD.ini 파일을 열고, ThreadSchedulingModel=1을 찾아 값을 2로 변경합니다.

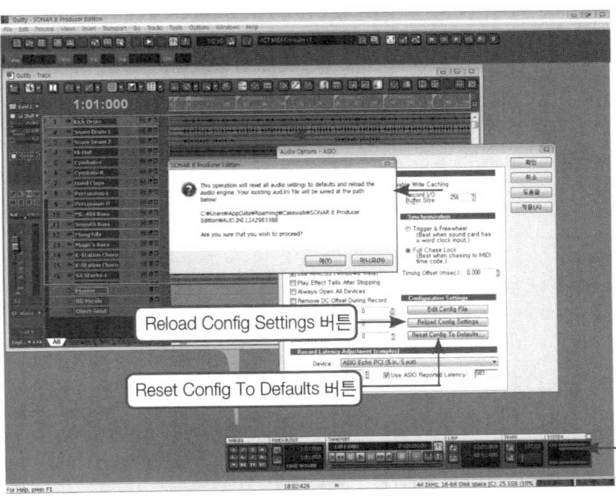

02 예전에는 소나를 다시 실행해야 했지만, AUD.ini 파일을 저장하고, Reload Config Settings 버튼을 클릭하면, 바로 적용됩니다. 확인 버튼을 클릭하여 Audio Options 창을 닫고, 작업을 진행해보면, CPU 레벨 미터에 여유가 생긴 것을 확인할 수 있습니다. 단, 코어 2 쿼드 이상의 시스템이 아니라면, 기본값으로 사용합니다. Reset Config To Defaults버튼은 AUD.ini 파일을 사용자 작업 폴더에 기본값으로 저장하며, 이전 파일은 복원이 가능하도록 숫자가 붙은 파일로 백업됩니다.

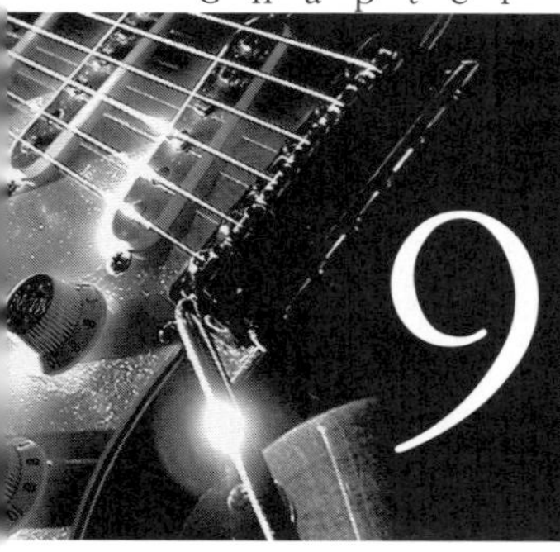

9 모노 출력 지원 옵션

Audio Options의 Drives 페이지에 Show Mono Outputs 옵션이 추가되었습니다.

이전 버전에서 스테레오 출력만 가능하던 오디오 트랙에 모노 출력이 가능한 옵션이 추가되었습니다. 이것은 모노 입력의 하드웨어 믹서를 사용할 때, 각각의 채널을 컨트롤 할 수 있도록 해줍니다. 모노 출력 기능을 이용하기 위해서는 Options 메뉴의 Audio를 선택하여 창을 열고, Drivers 페이지의 Show Mono Outputs 옵션을 체크하면 됩니다.

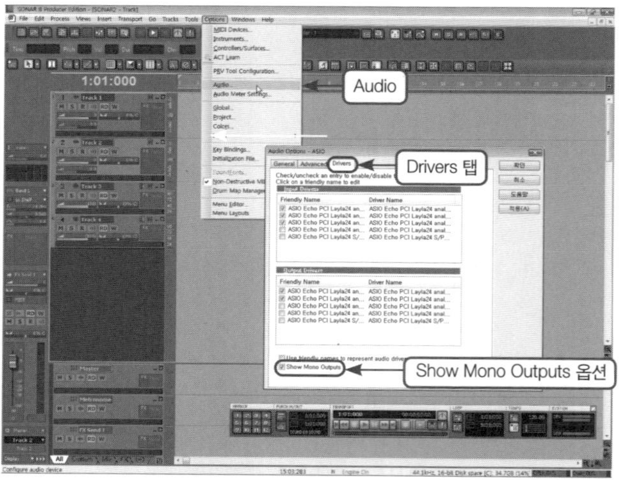

01 Options 메뉴의 Audio를 선택하여 창을 열고, Drivers 탭을 클릭하여 페이지를 엽니다. 그리고 아래쪽에 보이는 Show Mono Outputs 옵션을 체크하고, 확인 버튼을 클릭합니다.

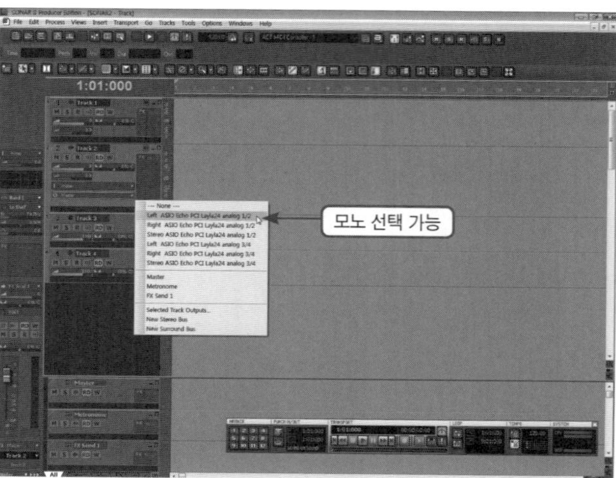

02 창을 닫고, 오디오 및 버스 트랙의 아웃 항목을 보면, 각각의 채널이 Left와 Right로 분리되어 모노 출력이 가능하다는 것을 확인할 수 있습니다. 소나 8은 오디오 환경을 변경하고, 재실행하지 않아도 된다는 점이 달라졌습니다.

10 그룹 클립 옵션

Global Options의 Editing 페이지에 Clips 옵션이 추가되었습니다.

Global Options의 Editing 페이지에는 그룹으로 만들어진 클립을 편집할 때 적용할 수 있는 3가지 옵션이 추가되었습니다. 소나 7에서 General 항목으로 분류되어 있던 Crossfade Audio Clips upon overlap 옵션이 Clip 항목으로 묶여있는 것에 착오 없길 바랍니다. 즉, 새로 추가된 3가지 옵션 외에 나머지의 역할은 동일합니다.

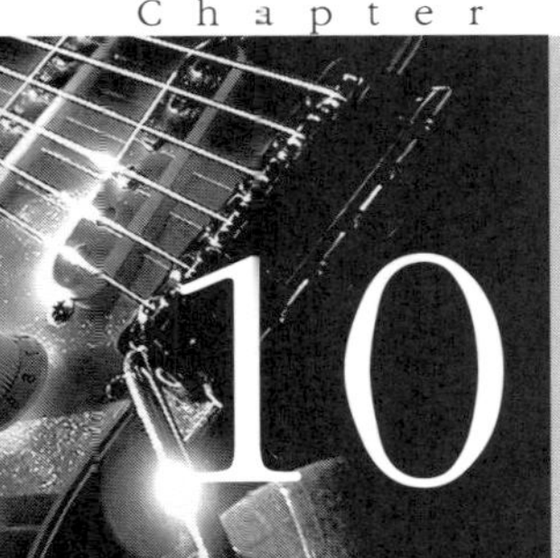

01 클립 옵션은 Options 메뉴의 Global을 선택하여 창을 열고, Editing 탭을 클릭하여 페이지를 열면 볼 수 있습니다. 새로 추가된 옵션은 Select all clips in clip groups, Selection after single split, When splitting clips in group, create new groups의 3가지 입니다.

Create selection group from selected clips

그룹에 속해있는 클립을 선택할 때, 해당 그룹의 모든 클립이 선택되게 합니다. 그룹은 클립을 마우스 오른쪽 버튼으로 클릭하여 단축 메뉴를 열고, Create selection group from selected clips를 선택하여 만들 수 있으며, Remove selected clips from groups 메뉴로 해제할 수 있습니다.

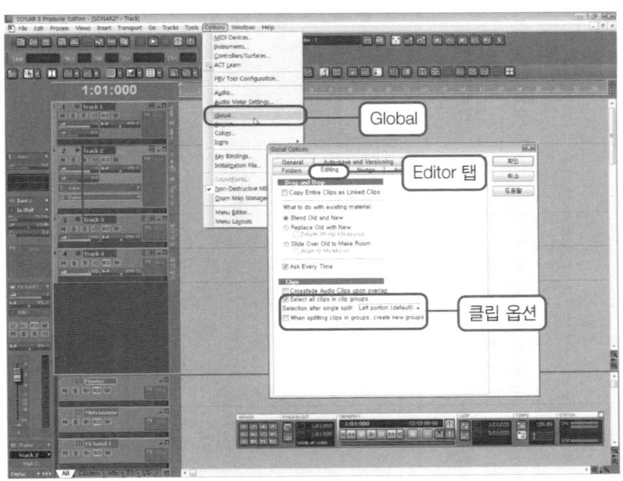

Selection after single split

S 키를 눌러 클립을 잘랐을 때, 양쪽으로 나뉜 클립 중에서
어느 쪽의 클립이 선택되도록 할 것인지를 결정합니다.
기본값은 왼쪽 클립(Left portion)으로 설정되어 있으며,
오른쪽(Right portion), 양쪽 모두(Both portions), 선택하지
않음(None)이 있습니다.

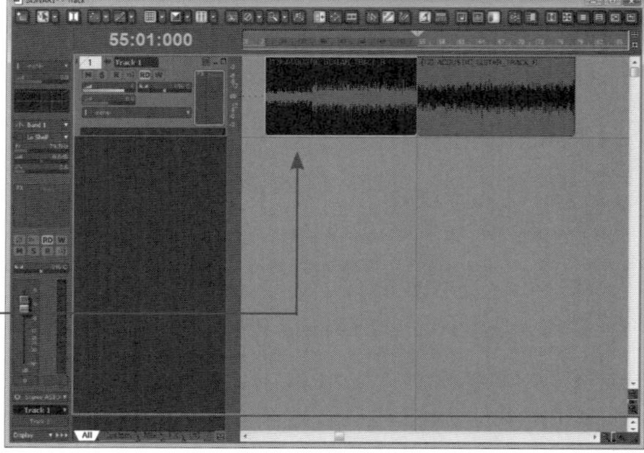

When splitting clips in group, create new groups

그룹으로 묶여있는 클립을 S 키로 자를 때, 새로운
그룹으로 만들어지게 합니다. 클립을 자르는 것과 상관없이
그룹 관계를 유지하고 싶다면, 옵션을 해제합니다. 그룹
클립은 클립의 이름 앞에서 괄호로 그룹의 번호가 표시되어
있어 쉽게 구분할 수 있습니다.

가정교사

소나 8에서는 녹음하는 클립을 그룹으로 만들어지게 하는 옵션이
추가되었습니다. Transport 메뉴의 Record Options을 선택하여 창을 열고,
Group Clips Across Tracks 옵션을 체크하면 됩니다.

11 라이브 인풋 옵션

Bounce to Track 및 Export Audio 창에 Live Input 옵션이 추가되어 있습니다.

Live Input 옵션은 트랙을 정리하거나 시스템을 절약하는 목적으로 사용하는 Edit 메뉴의 Bounce to Track을 실행하거나 완성된 곡을 WAV 및 MP3 파일로 믹스 다운하는 File 메뉴의 Export Audio를 실행할 때, 사운드를 모니터 할 수 있는 기능입니다.

바운스나 믹스 다운 한 결과를 모니터 해보면, 잡음이 섞여있거나 사운드가 끊어져 있는 등의 문제가 발생하는 경우가 있습니다. 그러면, 바운스나 믹스 다운을 다시 할 수 밖에 없었었는데, 소나 8에 추가된 Live Input 옵션을 이용하면 작업이 진행되는 과정을 모니터 할 수 있기 때문에, 문제가 발생할 때, ESC 키로 즉시 중단할 수 있습니다.

Live Input 옵션은 Bounce to Track 창이나 Export Audio 창에서 Fast Bounce 옵션을 해제하고 사용합니다. 결국, 음악 길이와 동일한 시간이 걸린다는 단점이 있습니다. 문제가 자주 발생하지 않는다면, Fast Bounce 옵션으로 빠르게 진행해도 좋습니다.

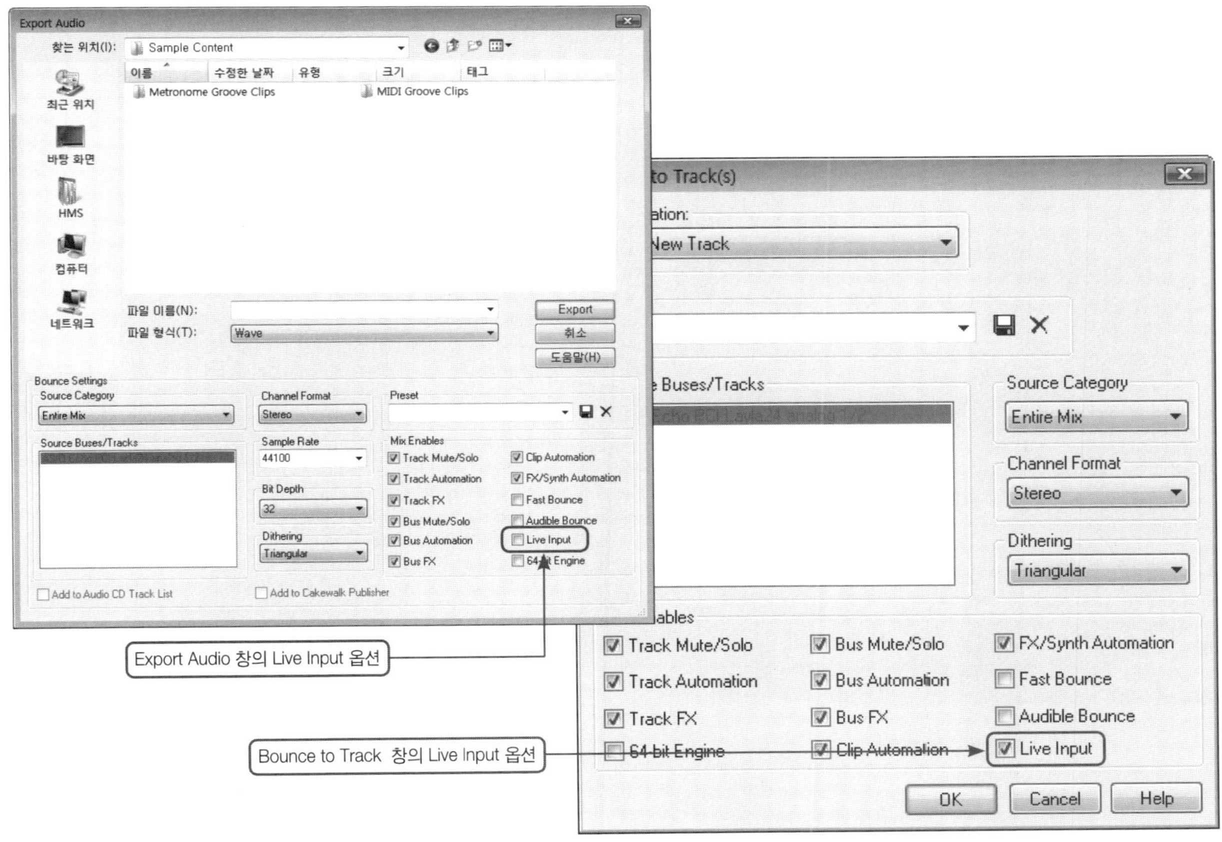

12 키보드 편집기능 사용하기

컴퓨터 키보드를 이용한 편집 기능이 업그레이드 되었습니다.

대부분의 소나 기능은 키보드를 이용하여 컨트롤할 수 있습니다. 마우스나 미디 컨트롤러 사용에 익숙한 경우에는 컴퓨터 키보드를 사용하는 것이 불필요하다고 여기는 경우도 있겠지만, 자주 사용하는 편집 기능 정도는 외워두는 것이 좋습니다. 단축키는 영어 단어를 외우듯이 암기 하는 것 보다는 생각나지 않는 단축키를 이용하고 싶을 때, 메뉴를 열어 확인하는 수고를 하더라도 자주 이용하다 보면, 어느새 메뉴를 확인하지 않아도 단축키를 이용하고 있는 자신을 발견하게 될 것입니다.

소나 8에서는 키보드 오른쪽의 숫자 열을 이용해서 클립을 편집할 수 있는 줌 모드, 선택 모드, 편집 모드의 3가지 기능이 할당되어 있습니다.

줌 모드

키보드 숫자열의 0번 키를 눌러 모드로 진입하고, 1번 키를 누르면, 줌 모드로 설정됩니다. 즉, 키보드 숫자 열이 클립을 확대하거나 축소할 수 있는 역할을 하는 것입니다. 모드 해제는 다시 0번 키를 누르면 됩니다.

줌 모드로 설정되면, 화면에 돋보기 모양의 커서가 깜빡이며, 숫자열의 2번과 8번 키를 이용해서 위/아래로 이동할 수 있고, 4번과 6번 키를 좌/우로 이동할 수 있습니다. 그리고 Ctrl 키를 누른 상태에서 2, 8, 4, 6 키를 누르면, 돋보기 모양의 커서가 있는 위치의 클립이 확대/축소됩니다.

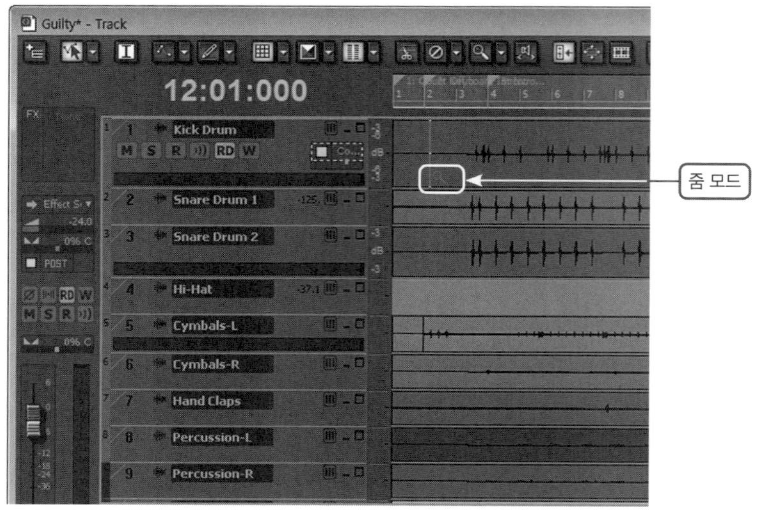

🎇 선택 모드

키보드 숫자 열이 모드 상태라면, ③번 키를 눌러 선택 모드로 바꿀 수 있으며, 모드가 해제된 경우라면, ⓪번 키를 눌러 모드 진입할 때 기본 설정되는 것이 편집 모드입니다.

선택 모드로 설정되면, 화면에 십자 모양의 커서가 깜빡이며, ②, ⑧, ④, ⑥번 키를 이용해서 이동시키고, Alt 키를 누른 상태에서 ②, ⑧, ④, ⑥키를 눌러 클립을 선택할 수 있습니다. 커서를 이동시킬 때, Ctrl 키를 누르면, 클립의 시작 위치로 이동하여 한 번에 선택할 수 있습니다.

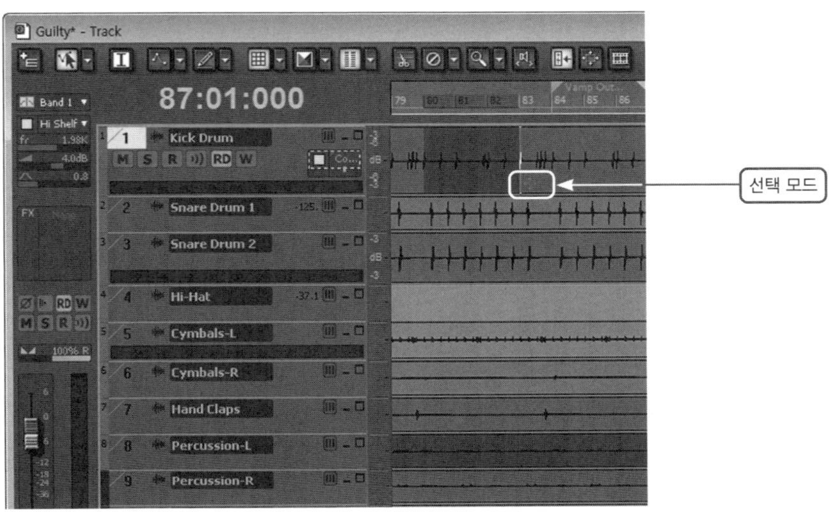

🎇 편집 모드

키보드 숫자 열이 모드 상태라면, ⑨번 키를 눌러 편집 모드로 바꿀 수 있으며, 모드가 해제된 경우라면, ⓪번 키를 눌러 모드로 진입한 후에 ⑨번 키를 눌러 설정합니다. 즉, ⓪번 키를 이용해서 모드 On/Off를 설정하는 것이고, ①, ③, ⑨키를 이용해서 어떤 모드로 사용할 것인지를 선택하는 것입니다.

편집 모드로 진입한 후에는 무엇을 편집할 것인지를 결정해야 합니다. ②번과 ⑧번 키는 페이드 인(8)과 아웃(2)을 편집하겠다는 것이며, ④번과 ⑥번 키는 클립의 시작(4)과 끝(6)의 길이를 조정하겠다는 것입니다. 그런 다음에 숫자열의 ＋/－키로 페이드 인/아웃 및 길이를 조정합니다. 즉, 편집 모드를 사용할 때는 선택 모드 상태에서 편집할 클립을 선택하고, ⑨번 키를 눌러 편집 모드로 바꾸고, ②, ⑧, ④, ⑥키로 무엇을 편집할지를 결정하고, ＋/－ 키로 편집하는 것입니다.

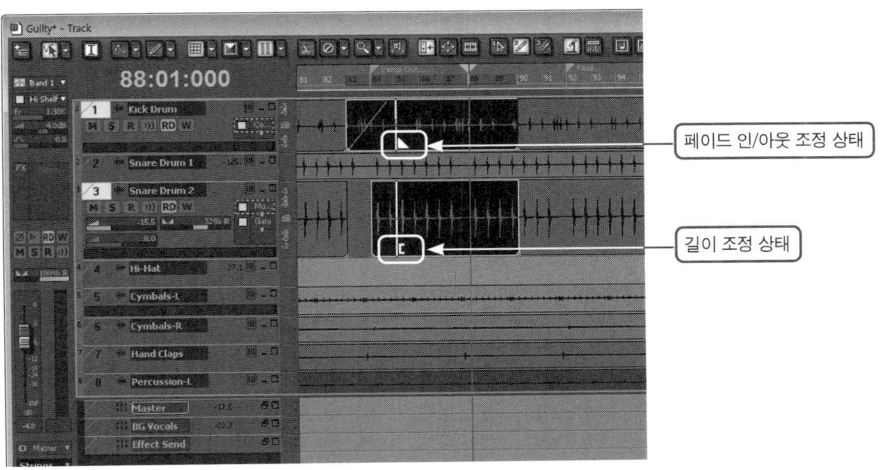

13 외장 이펙트 사용하기

하드웨어 이펙트를 플러그-인으로 사용할 수 있는 External Insert 기능이 업그레이드 되었습니다.
Send/Return 방식으로 많이 사용하는 리버브나 딜레이 또는 멀티 이펙트 등의 하드웨어 장비를 사용하기
위해서는 Aux 단자를 가지고 있는 믹서가 필요합니다. 하지만, 소나 사용자라면 멀티 오디오 카드
하나만으로도 외장 이펙트를 Send/Return 방식으로 이용할 수 있습니다.

01 외장 이펙트를 적용할 오디오 트랙의 FX 패널에서 마우스 오른쪽 버튼을 클릭하여 단축 메뉴를 열고, External Insert 를 선택합니다.

02 External Insert 패널이 열립니다. 왼쪽의 Send 목록에서 외장 이펙트의 In 단자에 연결한 오디오 카드의 아웃 포트를 선택하고, 오른쪽의 Return 목록에서 외장 이펙트의 Out 단자가 연결되어 있는 오디오 인 포트를 선택하면 됩니다.

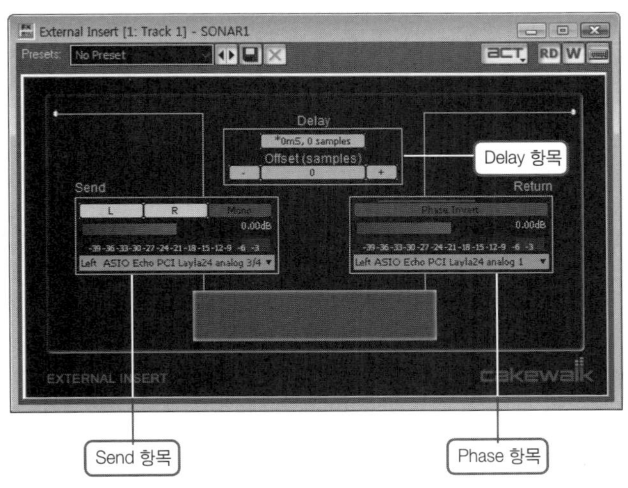

03 그 동안 방치허두었던 하드웨어 이펙트가 있다면, 소나의 External Insert 기능을 이용해서 효과적으로 이용해보기 바랍니다. External Insert 패널의 파라미터 역할은 다음과 같습니다.

◎ Send 항목

외장 이펙트의 In 포트로 전송하는 사운드를 컨트롤하는 Send 항목에는 채널 선택 버튼, 볼륨 조정 슬라이드, VU 레벨 미터, 포트 선택 메뉴의 4가지 파라미터가 있습니다.

채널: L, R, Mono의 3가지 버튼은 출력 채널을 선택하는 역할입니다. 기본적으로 L과 R 버튼이 On으로 되어 있는 스테레오 출력이지만, 각 채널을 개별적으로 On/Off 하거나 Mono로 모아서 출력할 수 있습니다.

볼륨: 출력 레벨을 조정하며, 아래쪽의 VU 레벨 미터로 값을 확인할 수 있습니다.

포트: 외장 이펙트의 In포트에 연결되어 있는 오디오 카드의 Out 포트를 선택합니다. 단, 트랙에서 사용되는 트랙은 제외됩니다.

◎ Return 항목

소나로 입력되는 사운드를 컨트롤하는 Retune 항목에는 Phase Invert 버튼, 볼륨 슬라이드, VU 레벨 미터, 포트 선택의 4가지 파라미터가 있습니다.

Phase Invert: 입력되는 사운드의 위상을 바꿉니다. 잘못 연결한 케이블의 극성을 수정하거나 반대 위상으로 인한 사운드의 손실을 보상할 때 이용합니다.

볼륨: 입력 레벨을 조정하며 아래쪽의 VU 레벨 미터로 값을 확인할 수 있습니다.

포트: 외장 이펙트의 Out 포트에 연결되어 있는 오디오 카드의 In 포트를 선택합니다. 단, 트랙에서 사용되는 트랙은 제외됩니다.

◎ Delay 항목

Delay 항목은 입/출력 사운드의 지연 값을 측정하여 보정할 수 있는 Delay 측정 버튼과 Delay Offset 슬라이드의 2가지 파라미터가 있습니다.

Delay 측정: 상단의 Delay 측정 버튼을 클릭하면 입/출력 사운드의 지연 값을 측정하여 표시합니다.

Delay Offset: 마우스 더블 클릭으로 값을 입력하여 입/출력 사운드의 지연 값을 보정할 수 있습니다. 간혹, 버퍼 사이즈를 조정하거나 오디오 카드를 바꿔야만 해결되는 경우도 있습니다.

14 미디 컨트롤러 사용하기

ACT MIDI Controller의 프리셋이 업그레이드 되었습니다.

미디 컨트롤러를 이용해서 소나를 조정할 수 있는 Controllers/Surfaces 설정은 제품을 선택하고, 컨트롤러가 연결되어 있는 미디 포트를 선택하면 됩니다. 그러나 소나에서 모든 제품을 지원하는 것이 아니기 때문에 대부분은 ACT MIDI Controller를 사용합니다.

소나 8의 ACT MIDI Controller에는 국내 수입되어 있는 대부분의 미디 컨트롤러를 프리셋으로 제공하고 있기 때문에 이전보다 쉽게 사용할 수 있게 되었습니다. ACT MIDI Controller의 프리셋 선택 방법, 기본 설정을 변경하는 방법, 소나를 지원하지 않은 제품 설정 방법까지 질문이 많았던 내용을 모두 살펴보겠습니다.

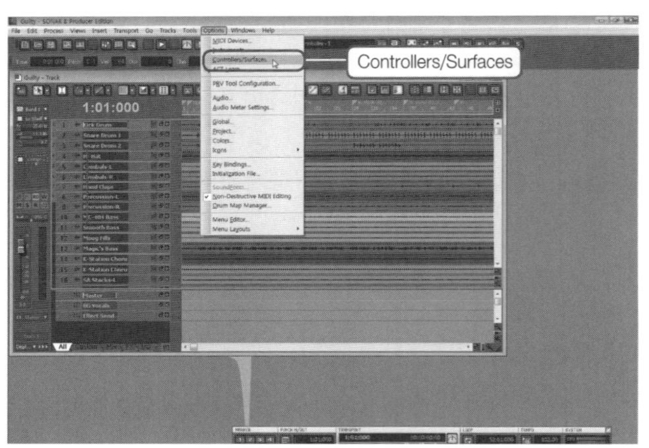

01 미디 컨트롤러를 이용해서 소나를 조정하겠다면, 사용하고 있는 미디 컨트롤러의 프리셋을 소나로 맞추고, Options 메뉴의 Controllers/Surfaces를 선택하여 창을 엽니다. 미디 컨트롤러의 프리셋 설정 방법은 제품마다 다르므로, 해당 설명서를 참고하기 바라며, 소나를 지원하는 않은 컨트롤러 사용자는 그냥 넘어갑니다.

02 사용하고 있는 미디 컨트롤러를 등록할 수 있는 Controllers/Surfaces 창이 열립니다. 노란색의 Add New Controllers/Surfaces 버튼을 클릭하여 Settings 창을 열고, 미디 컨트롤러의 종류와 장치가 연결되어 있는 미디 포트를 선택합니다.

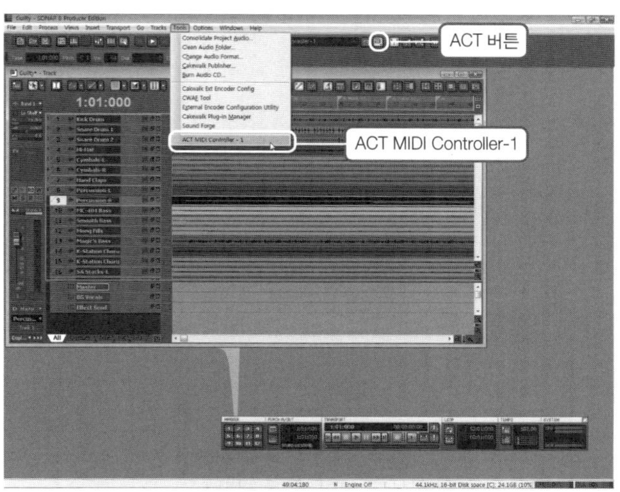

03 사용자가 가지고 있는 미디 컨트롤러가 목록에 없다면, ACT MIDI Controller를 선택하고, 창을 닫습니다. 그리고 Tools 메뉴에 등록된 ACT MIDI Controller-1을 선택하거나 도구 모음 줄의 ACT 버튼을 클릭하여 ACT MIDI Controller를 엽니다.

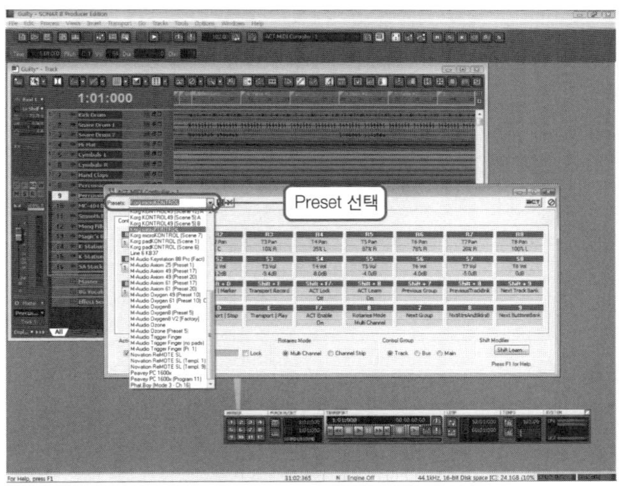

04 미디 컨트롤러의 파라미터를 설정하거나 변경하여 프리셋으로 저장할 수 있는 ACT MIDI Controller가 열립니다. Preset 목록을 선택하여 열어보면, 국내에 수입되어 있는 대부분의 미디 컨트롤러 목록을 볼 수 있습니다. 여기서 사용하고 있는 제품을 선택합니다. 목록에 없다면, Default나 같은 계열사의 제품을 선택합니다.

05 Preset으로 설정되어 있는 파라미터를 변경하거나 목록에 없는 제품을 사용하는 방법은 간단합니다. 설정하고 싶은 파라미터를 클릭하여 MIDI Learn 모드로 대기시키고, 사용하고 있는 컨트롤러의 노브 및 슬라이드를 움직여 인식시키면 됩니다.

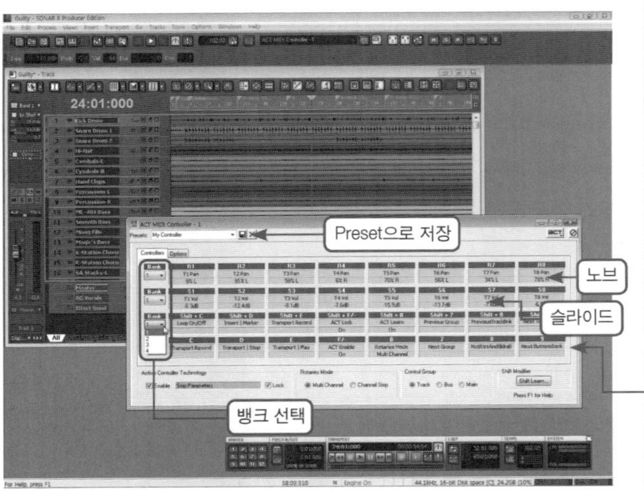

06 각각의 파라미터마다 MIDI Learn 과정을 반복하여 완성하고, Preset에 악기 이름을 입력하여 저장합니다. 첫 줄은 노브, 둘째 줄은 슬라이드, 넷째 줄은 버튼을 의미하여 각각 8채널씩 4개의 뱅크를 제공합니다. 셋째 줄은 버튼과 동일한 것을 사용하며, Shift 키를 누른 상태에서 작동되는 파라미터입니다. 각 줄의 라벨 이름은 마우스 클릭으로 변경할 수 있습니다.

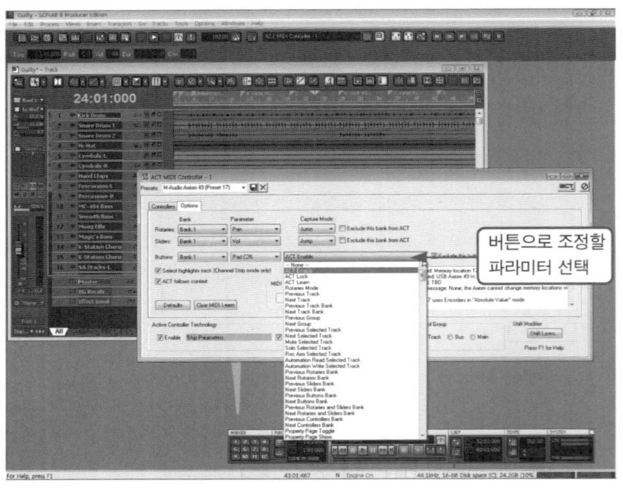

07 각 항목의 파라미터 속성을 변경할 필요가 있다면, Options 페이지에서 Parameter 값을 선택합니다. 노브와 슬라이드는 기본적으로 설정되어 있는 파라미터를 바꿀 이유가 없겠지만, 버튼은 사용자의 작업 스타일나 컨트롤러의 버튼 수에 따라 자주 사용하는 파라미터로 변경하는 것이 좋습니다.

08 미디 컨트롤러를 움직여보면, 각 파라미터에 설정된 트랙과 콘솔이 동작되는 것을 확인할 수 있습니다. 8번 이상의 채널을 컨트롤할 때는 트랙 번호 왼쪽의 WAI 표시 공간에서 마우스 오른쪽 버튼을 클릭하여 단축 메뉴를 열고, Move ACT MIDI Controller를 선택하여 WAI 색상을 이동시키면 됩니다.

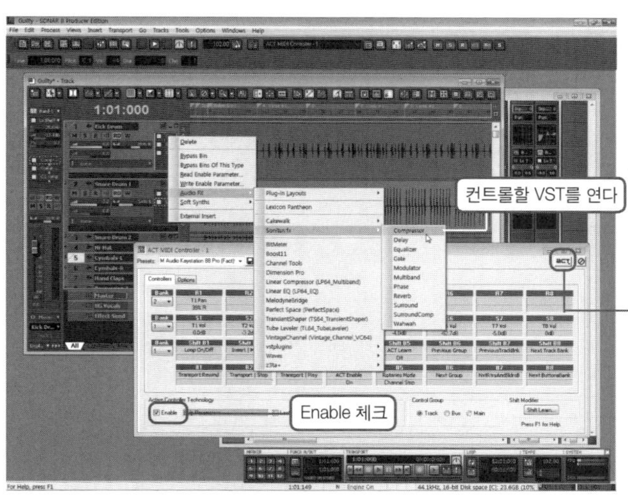

09 채널 파라미터 외에 VST Instruments나 VST Effects도 동일한 방식입니다. ACT MIDI Controller 창에서 Active Controller Technology 항목의 Enable 옵션을 체크하고 ACT 버튼을 On으로 합니다. 그리고 컨트롤 하고 싶은 VST Instruments나 VST Effects를 엽니다.

10 ACT MIDI Controller 창은 사용자가 로딩한 VST Instruments 또는 VST Effects의 파라미터가 표시됩니다. 방법은 채널 파라미터를 설정할 때와 동일합니다. 지정하고 싶은 항목을 클릭하여 MIDI Learn 상태로 만들고, 컨트롤러의 노브 및 슬라이드를 움직여 인식시키면 됩니다.

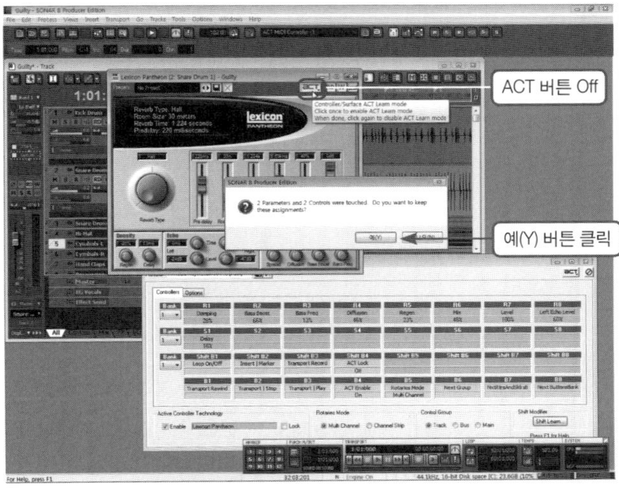

11 모든 설정이 끝나면, ACT 버튼을 Off합니다. 이때 변경된 설정을 유지할 것인지를 묻는 창이 열리면, 예(Y) 버튼을 클릭하여 닫습니다. 스나를 지원하지 않는 미디 컨트롤러 사용자는 지금까지와 같이 다소 번거로운 작업이 필요하지만, 한번만 해두면 편리하게 이용할 수 있습니다.

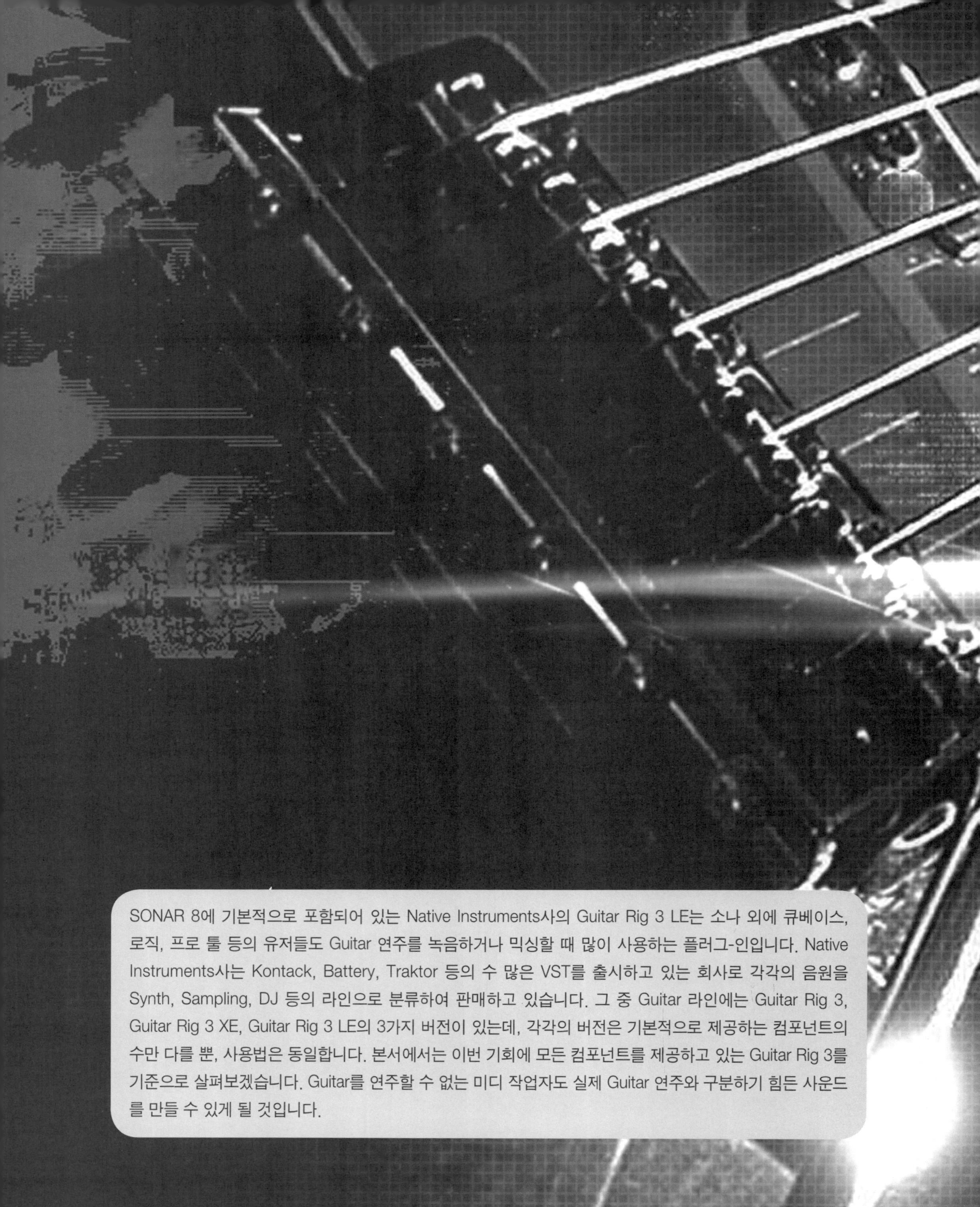

SONAR 8에 기본적으로 포함되어 있는 Native Instruments사의 Guitar Rig 3 LE는 소나 외에 큐베이스, 로직, 프로 툴 등의 유저들도 Guitar 연주를 녹음하거나 믹싱할 때 많이 사용하는 플러그-인입니다. Native Instruments사는 Kontack, Battery, Traktor 등의 수 많은 VST를 출시하고 있는 회사로 각각의 음원을 Synth, Sampling, DJ 등의 라인으로 분류하여 판매하고 있습니다. 그 중 Guitar 라인에는 Guitar Rig 3, Guitar Rig 3 XE, Guitar Rig 3 LE의 3가지 버전이 있는데, 각각의 버전은 기본적으로 제공하는 컴포넌트의 수만 다를 뿐, 사용법은 동일합니다. 본서에서는 이번 기회에 모든 컴포넌트를 제공하고 있는 Guitar Rig 3를 기준으로 살펴보겠습니다. Guitar를 연주할 수 없는 미디 작업자도 실제 Guitar 연주와 구분하기 힘든 사운드를 만들 수 있게 될 것입니다.

→ 제 2 부

Guitar Rig 3

PART 4

기본 익히기

Guitar 녹음과 믹싱 작업에 혁명을 가져다 준 Guitar Rig 3의 시스템과 설치 과정을 살펴보겠습니다. 라이브 연주자는 소프트웨어 외에도 프리셋을 발로 선택할 수 있는 Rig Control이 필요하겠지만, 라이브 연주가 필요 없는 홈 스튜디오 작업자는 컴퓨터 키보드나 미디 컨트롤러를 이용해도 좋습니다. 즉, 시스템을 구성할 때 체크해야 할 것은 남들이 어떤 것을 사용하고 있는지가 아니라 자신이 필요로 하는 작업이 무엇인지를 명확히 해야 한다는 것입니다.

〈Guitar Rig 3 + Rig Kontrol 3〉

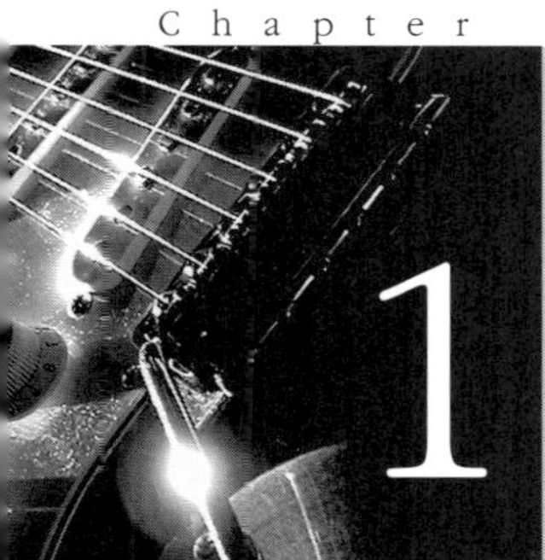

1 하드웨어

Guitar 연주자 또는 Guitar 사운드에 관심이 있는 컴퓨터 뮤지션들이 가장 선호하는 Native Instruments사의 Guitar Rig 3는 라이브 연주자를 위한 풋 컨트롤러와 홈 스튜디오 작업자를 위한 세션 I/O 하드웨어를 판매하고 있습니다. 풋 컨트롤러는 오디오 인/아웃은 물론이고, Guitar Rig 3의 프리셋을 발로 선택할 수 있는 장치로 라이브 연주자에게 최적화 되어있습니다.

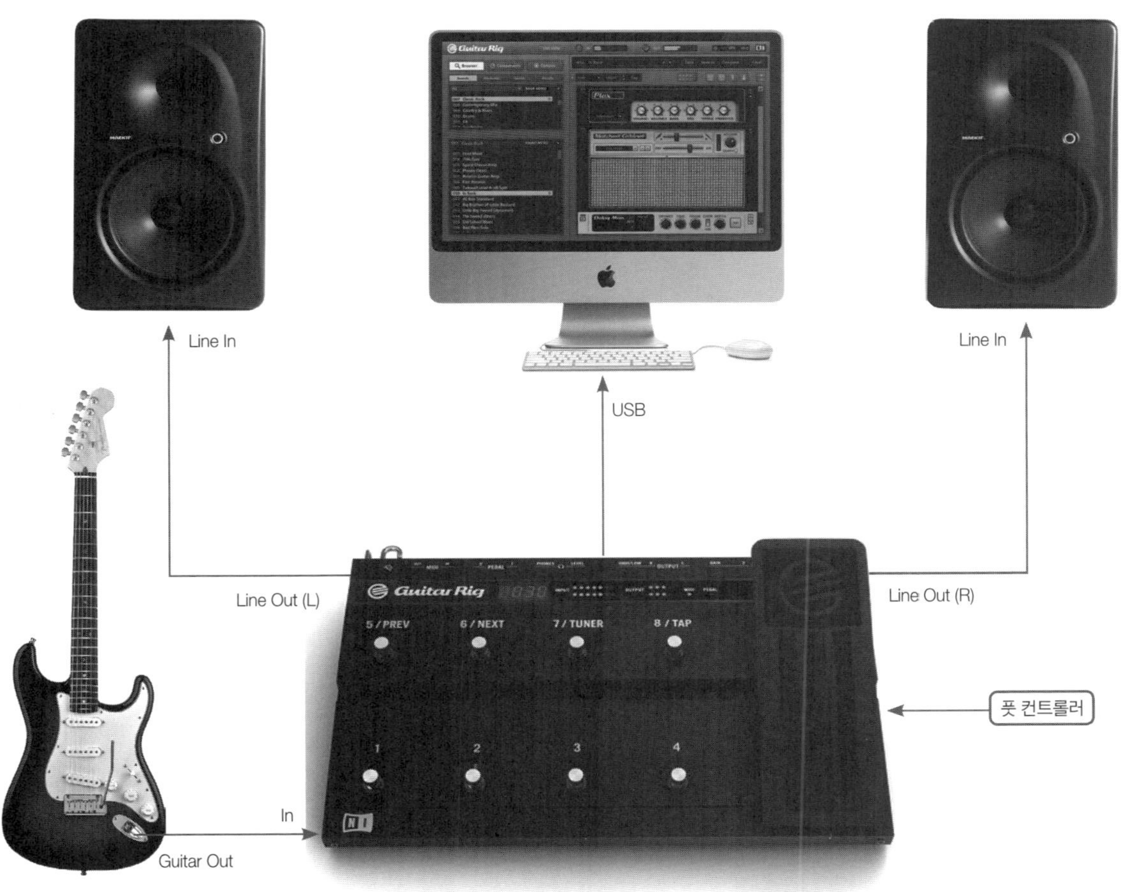

〈풋 컨트롤러 연결〉

세션 I/O는 Guitar 녹음뿐만 아니라 콘덴서 마이크 녹음을 위한 48V 팬텀 파워를 지원하는 프리 앰프가 장착된 오디오 인터페이스입니다. 이미 이러한 기능을 제공하는 오디오 인터페이스를 사용하고 있다면, 추가로 구매할 필요는 없지만, 오디오 인터페이스를 새로 구매할 계획이 있는 사용자라면, 제품 선택의 여부를 고려해보는 것도 좋습니다.

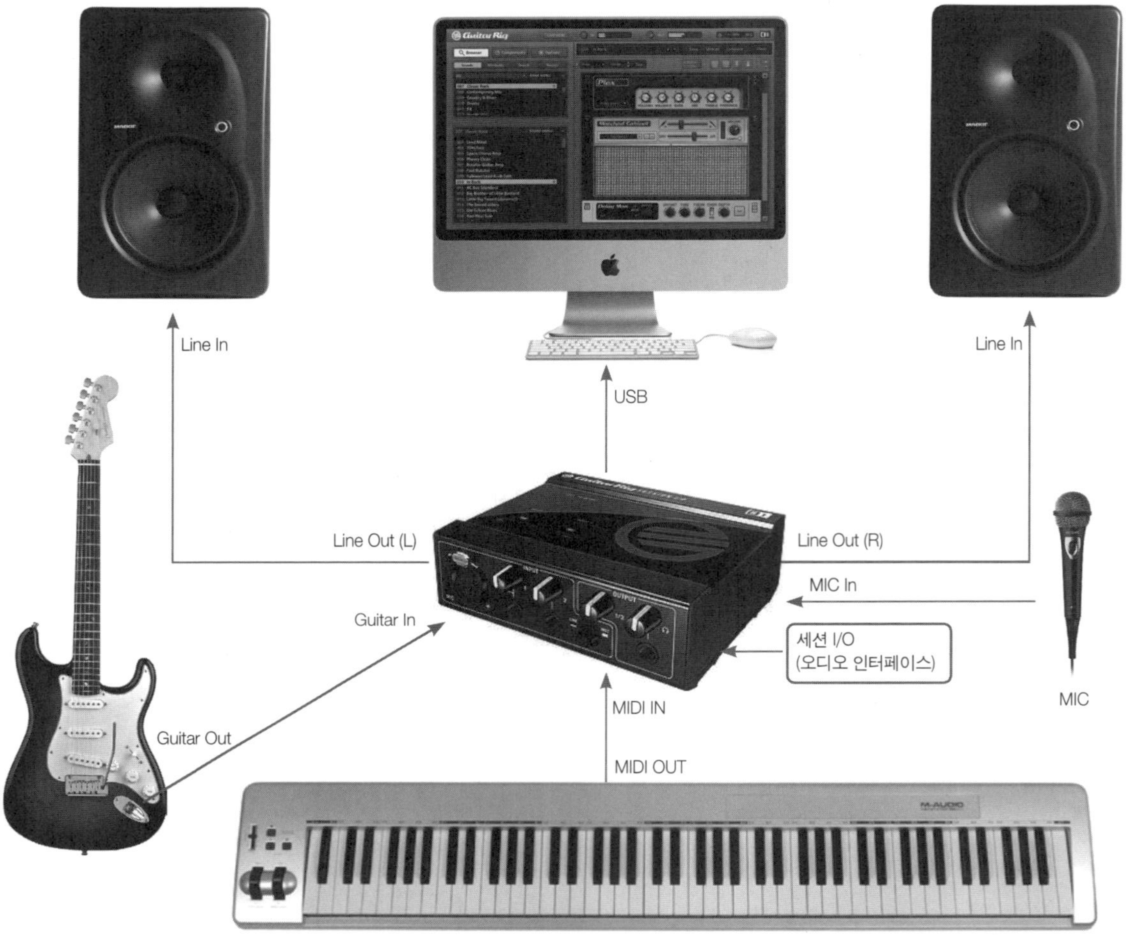

• 각 버전에서 제공하는 컴포넌트의 차이는 다음과 같습니다.

Amp	GUITAR RIG 3	GUITAR RIG 3 XE	GUITAR RIG 3 LE
Lead 800	+	+	+
Twang Reverb	+	+	+
AC Box	+	+	-
Gratifier	+	+	-
Citrus	+	+	-
Bass Pro	+	+	-

	GUITAR RIG 3	GUITAR RIG 3 XE	GUITAR RIG 3 LE
Ultrasonic	+	-	-
Plex	+	-	-
Tweedman	+	-	-
Tweed Delight	+	-	-
Jazz Amp	+	-	-
High White	+	-	-
Effect	GUITAR RIG 3	GUITAR RIG 3 XE	GUITAR RIG 3 LE
Skreamer	+	+	+
Demon	+	+	+
Chorus+Flanger	+	+	+
Phaser Nine	+	+	+
EQ Graphic	+	+	+
Autofilter	+	+	+
Real wah	+	+	+
Volume Pedal	+	+	+
Noise Gate	+	+	+
Studio Reverb	+	+	+
Delay Man	+	+	+
Cat	+	+	-
Transamp	+	+	-
Gain Booster	+	+	-
Electric Lady	+	+	-
Tremolo	+	+	-
Cry Wah	+	+	-
Stomp Compressor	+	+	-
Quad Delay	+	+	-
Distortion	+	-	-
Big Fuzz	+	-	-
Fuzz	+	-	-
Sledge Hammer	+	-	-
Mezone	+	-	-
Treble Booster	+	-	-
Ensemble	+	-	-
Stoned Phaser	+	-	-
Rotator	+	-	-

	GUITAR RIG 3	GUITAR RIG 3 XE	GUITAR RIG 3 LE
Ring Modulator	+	-	-
Oktaver	+	-	-
Pitch Pedal	+	-	-
Harmonic Synthesizer	+	-	-
EQ Shelving	+	-	-
EQ Parametric	+	-	-
Custom EQ	+	-	-
Pro Filter	+	-	-
Wahwah Pedal	+	-	-
Talkwah	+	-	-
Limiter	+	-	-
Noise Reduction	+	-	-
Tube Compressor	+	-	-
Spring Reverb	+	-	-
Tape Echo	+	-	-
Psychedelay	+	-	-
Helper	**GUITAR RIG 3**	**GUITAR RIG 3 XE**	**GUITAR RIG 3 LE**
Tapedeck 1 + 2	+	+	+
Tuner	+	+	+
Metronome	+	+	+
Loop Machine	+	-	-
Split	+	-	-
Crossover Mix	+	-	-
Modifier	**GUITAR RIG 3**	**GUITAR RIG 3 XE**	**GUITAR RIG 3 LE**
LFO	+	+	-
Input Level	+	+	-
Envelope	+	-	-
Step Sequencer	+	-	-
Analog Sequencer	+	-	-
Bank Manager	**GUITAR RIG 3**	**GUITAR RIG 3 XE**	**GUITAR RIG 3 LE**
	10 Category	1 Category	1 Category
Presets	**GUITAR RIG 3**	**GUITAR RIG 3 XE**	**GUITAR RIG 3 LE**
	500	150	50

2 화면 구성

Guitar Rig는 크게 컨트롤 센터, 브라우저, 랙의 3가지 프레임으로 구성되어 있습니다. 각 프레임의 구성 요소를 간단하게 살펴보겠습니다. 참고로 Guitar Rig를 단독으로 실행했을 때 볼 수 있는 File, Edit View, Help 메뉴들은 소나 및 큐베이스에서 플러그-인으로 사용할 때는 모든 설정 값들이 해당 프로그램에 종속되기 때문에 보이지 않습니다.

1 컨트롤 프레임

Guitar Rig 상단에 위치한 컨트롤 프레임은 Guitar 사운드의 인/아웃 레벨에서부터 프리셋 선택, 저장, 템포 설정 등, 전체적인 프레임을 컨트롤 할 수 있는 기능들로 구성되어 있습니다.

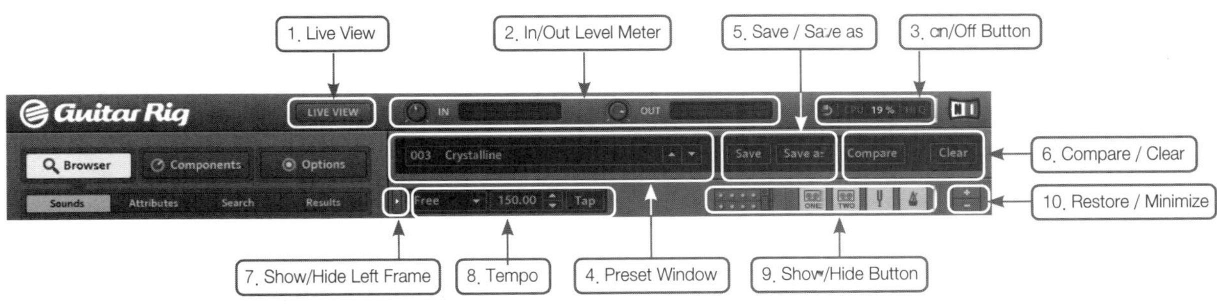

Live View 버튼 `LIVE VIEW`

라이브 연주자를 위해 프리셋 정보나 풋 컨트롤러 스위치에 적용된 기능을 먼 거리에서도 확인할 수 있도록 크게 표시합니다. 단축키는 F1 입니다.

In/Out Level Meter

입력과 출력 사운드의 레벨을 표시합니다. 각 레벨 미터 왼쪽에 보이는 노브를 이용해서 입/출력 사운드의 레벨을 조정할 수 있습니다.

On/Off Button

Guitar Rig를 On/Off 하여 컴포넌트가 적용된 사운드의 전/후를 모니터 할 수 있습니다. CPU Meter는 Guitar Rig가 차지하는 시스템 사용량을 표시하며, HI Q 버튼은 사운드의 질을 높입니다. 그러나 귀로 느껴질 만큼은 아니며, CPU 사용량만 두 배로 높아지기 때문에 권장하지는 않습니다.

Preset Windows

선택한 프리셋의 이름을 표시하며, 사용자가 원하는 이름으로 변경할 수 있습니다. 위/아래 방향의 삼각형은 프리셋을 순차적으로 선택하는 역할입니다.

Save/Save as

Save 버튼은 사용자가 변경한 프리셋의 설정을 같은 이름으로 저장하는 것이며, Save As는 원본 프리셋을 보존하고, 다른 이름으로 저장합니다.

Compare/Clear

Compare 버튼은 사용자가 변경한 프리셋을 초기화하며, Clear 버튼은 기본 장치를 제외한 모든 컴포넌트를 제거합니다.

Show/Hide Left Frame

템포 표시 창 왼쪽에 보이는 Show/Hide Left Frame버튼은 Guitar Rig 왼쪽의 브라우저 프레임을 닫거나 여는 역할의 버튼입니다. 단축키는 F2입니다.

Tempo

왼쪽에서부터 템포 모드, 템포 값, 템포 설정 Tap의 3가지 버튼으로 구성되어 있습니다. 모드에는 Free, Sound, Sync의 3가지가 있으며, Free는 Guitar Rig가 독립적인 템포 값을 갖게 하고, Sound는 프리셋에 템포 값을 함께 저장합니다. 그리고 Sync는 플러그-인으로 사용할 때, 마스터 프로그램의 템포 값을 따릅니다. 템포 값 오른쪽의 Tap 버튼은 마우스 클릭 속도로 템포 값을 설정하는 역할입니다.

Show/Hide Button

5개의 Show/Hide 버튼은 왼쪽에서부터 RIG KONTROL, TAPEDECK ONE, TAPEDECK TWO, TUNER, METRONOME의 장치를 화면에 표시하거나 감추는 역할을 합니다.

Restore / Minimize

+ 기호의 Restore 버튼은 모든 컴포넌트를 최대 크기로 표시하고, - 기호의 Minimize 버튼은 모든 컴포넌트를 최소 크기로 표시합니다. 사용자가 원하는 컴포넌트의 크기만 조정하고 싶다면, 해당 컴포넌트의 Restore(+) 와 Minimize(-) 버튼을 이용합니다. 각 컴포넌트의 Delete(X) 버튼은 랙에서 컴포넌트를 제거하는 역할입니다.

화면 오른쪽에 위치한 랙 프레임은 Guitar Rig에서 제공하는 Amps, Dist, Mod, EQ 등의 컴포넌트를 장착하는 공간입니다. 기본적으로 In/Output, Tapedeck One/Two, Tuner, Metronome의 6가지 컴포넌트가 있으며, 그 밖의 컴포넌트는 브라우저 프레임의 Components 에서 선택하여 장착할 수 있습니다.

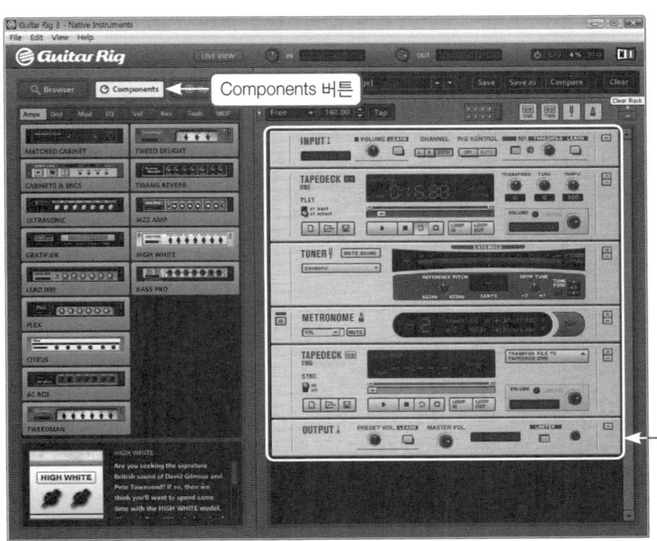

Guitar Rig는 기본적으로 500가지의 프리셋을 제공하고 있으며, native-instruments.com 을 방문하면, 세계적인 기타 리스트들이 만들어놓은 프리셋을 다운 받을 수 있기 때문에 개별적으로 컴포넌트를 장착하여 사용하기 보다는 Guitar Rig에서 제공하는 프리셋을 불러와 작업중인 음악에 어울리게 조정해서 사용하는 것이 일반적입니다.

화면 왼쪽에 뱅크와 프리셋 리스트를 표시하고 있는 프레임은 상단의 버튼을 이용해서 브라우저(Browser), 컴포넌트(Components), 옵션(Options) 페이지를 표시할 수 있습니다. 특히, 뱅크와 프리셋 목록을 표시하는 브라우저는 Guitar Rig에서 가장 많이 사용하게 될 페이지가 될 것입니다.

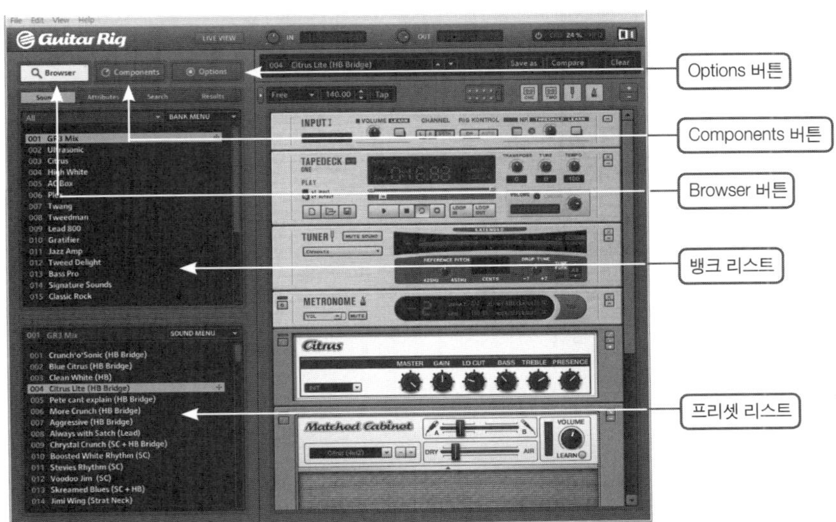

🪐 브라우저 페이지

브라우저 페이지는 뱅크와 프리셋 리스트로 표시되는 Sounds, 선택한 프리셋의 속성을 살펴볼 수 있는 Attributes, 사용자가 원하는 프리셋을 찾을 수 있는 Search, 찾은 결과를 표시하는 Results 의 4가지 탭으로 구성되어 있습니다.

◎ Sounds

Guitar Rig에서 제공하는 뱅크 목록을 모두 표시하는 All 카테고리가 선택되어 있으며, Guitar Amps, Bass Amps, Artist Sounds 등의 10가지 카테고리로 구분하여 표시할 수 있습니다. 뱅크 목록에서 선택한 프리셋은 화면 아래쪽에 표시되며, 기본적으로 제공하는 500가지의 프리셋을 모니터 해보는 일도 만만치 않을 것입니다.

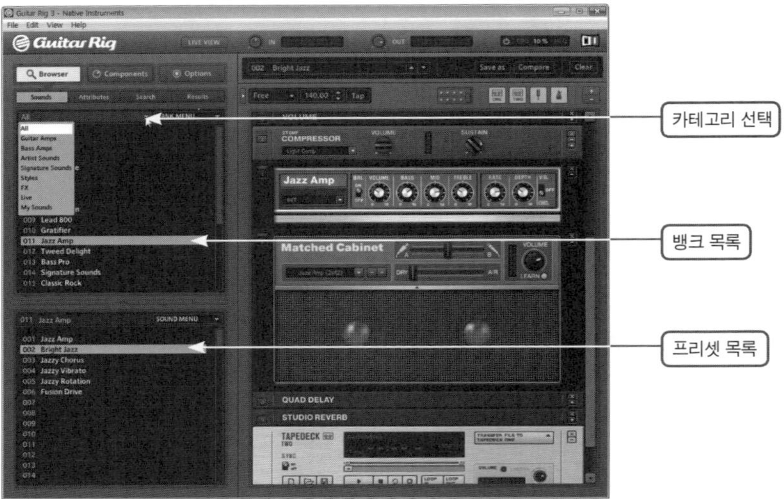

1. 뱅크 메뉴

Sounds 탭의 뱅크 목록에는 새로운 뱅크를 만들거나 초기화하는 등의 역할을 하는 뱅크 메뉴가 있습니다.

- New - 새로운 뱅크를 만듭니다.

- Save As - 선택한 뱅크를 다른 이름으로 저장합니다.

- Import - 뱅크 파일(*.bnk)을 불러옵니다.

- Export - 뱅크 파일(*.bnk)로 저장합니다.

- Rename - 선택한 뱅크의 이름을 변경합니다.

- Protect -선택한 뱅크의 프리셋들이 변경되는 것을 방지합니다.

- Category - 뱅크 목록에 표시할 카테고리를 선택합니다.

- Remove Bank (delete from disk) -뱅크를 삭제합니다.

- Refresh Bank List -뱅크 목록을 초기화 합니다.

2. 프리셋 메뉴
Sounds 탭의 프리셋 목록에는 프리셋을 관리하는 역할의 메뉴가 있습니다.

- New - 새로운 프리셋을 만듭니다.

- Save - 프리셋을 저장합니다.

- Save As - 프리셋을 다른 이름으로 저장합니다.

- Cut - 프리셋을 제거하고 클립보드에 저장합니다.

- Copy - 프리셋을 복사하여 클립보드에 저장합니다.

- Paste - Cut 또는 Copy 메뉴로 클립보드에 저장한 프리셋을 붙입니다.

- Select all - 모든 프리셋을 선택합니다.

- Rename - 선택한 프리셋의 이름을 변경합니다.

- Undo - 작업한 내용을 취소합니다.

- Redo - 취소한 작업을 복구합니다.

- Remove Sound (delete from disk) - 프리셋을 삭제합니다.

- Clean up (erase empty) - 비어있는 목록을 정리하고, 재정렬합니다.

◎ Attributes

Sounds 탭에서 선택한 프리셋의 이름, 제작자, 날짜 등의 카테고리 정보를 확인하거나 수정할 수 있는 페이지
입니다. 카테고리는 Style, Tone, Instruments의 3단계로 구성되어 있습니다.

- Sound Name - 프리셋의 이름을 표시합니다.

- Author - 프리셋을 만든 제작자의 이름을 표시합니다.

- Modified - 프리셋을 제작한 날짜를 표시합니다.

- Info - 그 밖의 정보를 표시합니다.

- Favorite - 옵션을 클릭하여 즐겨 찾기 목록에 등록합니다.

◎ Search

이름, 제작자, 카테고리 형식으로 프리셋을 찾는 역할의 페이지입니다. 찾고자 하는 프리셋의 이름 중에서
일부분을 Quicksearch 항목에 입력하거나 Style, Tone, Instruments 등의 카테고리를 선택하고, Find 버튼을
클릭하면, 음악 스타일에 어울리는 프리셋을 쉽게 찾을 수 있습니다. Reset 버튼은 Search 항목을 초기화 합니다.

◎ Results

Search 탭에서 Fine 버튼을 클릭하여 찾은 프리셋을 표시합니다. Guitar Rig에서 제공하는 프리셋들을 모니터 하다가 마음에 들었던 것을 찾고자 할 때 유용합니다.

컴포넌트

Guitar Rig에서 제공하는 컴포넌트들을 Amps, Dist, Mod, EQ, Vol, Rev, Tools, MDF의 8가지 탭으로 분류하여 표시합니다. 컴포넌트는 마우스 더블 클릭으로 랙에 장착하거나 마우스 드래그로 사용자가 원하는 위치에 장착할 수 있습니다.

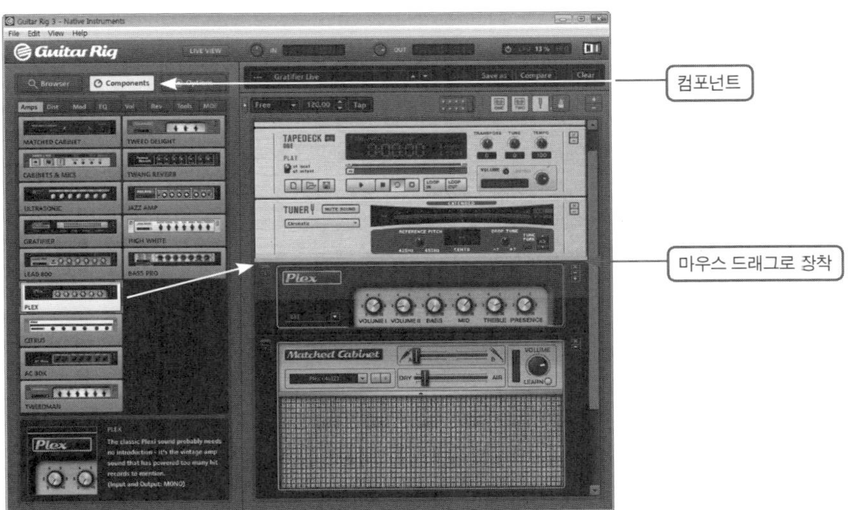

Options

옵션 페이지는 풋 컨트롤러 및 미디 컨트롤러의 설정을 담당하는 Controller 탭과 Guitar Rig의 기본 설정을
담당하는 Preferences 탭으로 구성되어 있습니다.

◎ Controller

Guitar Rig를 컨트롤할 풋 컨트롤러 또는 미디 컨트롤러의 연결을 설정합니다. 페달 및 스위치 이름의 Not Assigned
목록을 클릭하여 컨트롤하고자 하는 파라미터를 선택합니다. 미디 컨트롤러를 이용할 때는 Learn 버튼을 On으로
하고, 조정할 미디 컨트롤러의 슬라이드나 노브를 움직이면 자동으로 인식됩니다. Setup Menu에는 새로운 환경을
설정하기 위한 New, 환경을 저장 하기 위한 Save와 Save As, 환경 설정 파일(*.shm)을 불러오거나 저장할 수 있는
Import/Export 메뉴가 있습니다.

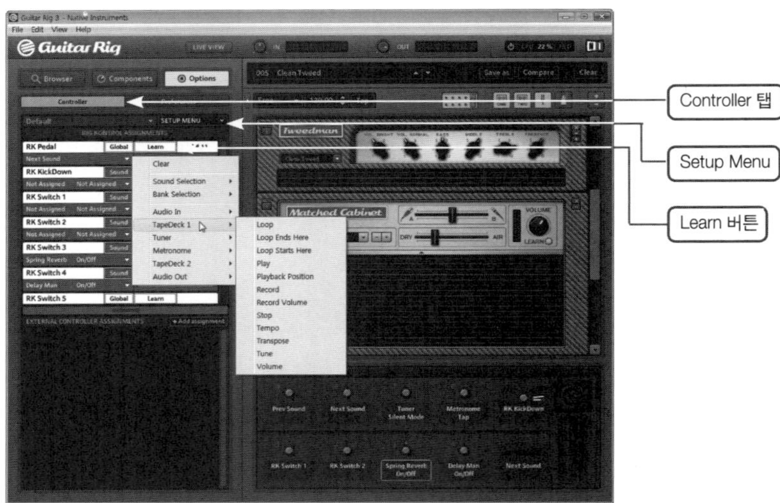

◎ Preferences

Guitar Rig의 화면 크기, 풍선 도움말의 표시 여부 등, Guitar Rig의 기본 환경을 설정할 수 있는 페이지입니다.

- Windows Height - Guitar Rig의 화면 크기를 선택합니다. 기본 크기는 Medium의 802px 입니다.

- Midi Channel - 미디 입력 채널을 선택합니다. omni를 선택하면 채널에 상관없이 미디 신호를 수신할 수 있습니다.

- Midi Learn Popup window - 미디 정보를 인식시킬 때, 팝업 창의 표시 여부를 선택합니다.

- Show Help Hints - 각 버튼의 도움말 표시 여부를 선택합니다.

- Virtual Rig control Style - 라이브 뷰에 표시되는 컨트롤러의 버전을 선택합니다.

- Rig Kontrol 1 - 초기 버전의 풋 컨트롤러를 사용할 것인지의 여부를 선택합니다. On으로 선택하면 Input 컴포넌트에 풋 컨트롤러를 감지하도록 하는 Rig Kontrol 버튼이 표시됩니다.

- Rig Kontrol Pedal Parameter Mode - 페달 파라미터의 취급 모드를 선택합니다. 프리셋에 저장된 값을 사용하겠다면 Preset을 선택하고, 컨트롤 페달의 기본값을 사용하겠다면 Pedal을 선택합니다.

- Rig Kontrol Pedal / Ext Calibration - 풋 컨트롤 및 미디 컨트롤러의 연결 상태를 초기화 합니다.

- Rig Kontrol 3 Ext Pedal 1/2 Mode - 풋 컨트롤러 및 미디 컨트롤러의 페달 타입을 선택합니다. 기본적으로 슬라이드 타입으로 이용할 수 있는 Pedal - Tip Active or Pedal로 선택되어 있는데, On/Off 방식의 스의치 타입으로 이용하겠다면, Switch - Closing or Switch를 선택합니다.

- External Switch Mode - 미디 컨트롤러의 스위치 모드를 선택합니다. Toggle은 입력되는 미디 컨트롤 값이 127인 경우에만 On/Off되고, Switch는 127에서 On, 0에서 Off됩니다.

- Choose Preset Banks Directory - 프리셋이 저장되어 있는 폴더를 표시하며, 역삼각형 버튼을 클릭하여 위치를 변경할 수 있습니다.

4 라이브 뷰

F1 키를 눌러 Guitar Rig를 Live View 상태로 표시하면, 왼쪽에는 선택한 뱅크의 프리셋 목록이 표시되고, 오른쪽에는 Attributes 페이지의 Info 정보와 메트로놈(Metronome), 튜너(Tuner), 루프 머신(Loop Machine)을 선택 표시할 수 있는 화면이 보입니다. 아래쪽에는 Native Instruments사의 풋 컨트롤러 그림이 표시되며, Active 버튼으로 풋 컨트롤러의 사용 여부를 On/Off 합니다.

◎ 프리셋 목록

브라우저 프레임의 뱅크 목록에서 선택한 프리셋 목록이 보입니다. 라이브 연주자라면 자신만의 프리셋을 모아두는 뱅크를 따로 만들어서 관리하는 것이 좋습니다.

◎ 프리셋 이름

선택되어 있는 프리셋의 이름을 표시하며, Attributes 페이지의 Info 항목에 간단한 메모를 입력한 프리셋을 선택한 경우에는 입력한 정보가 표시됩니다. 단, 한글을 사용할 수 없다는 아쉬움이 있는 부분입니다.

◎ 선택 버튼

Info 정보를 표시하는 화면 아래쪽에는 Metronome, Tuner, Loop Machine의 3가지 버튼이 있으며, 각각의 버튼을 클릭하여 해당 장치를 화면에 표시할 수 있습니다.

• METRONOME

Guitar Rig의 템포 값을 표시하거나 TAP 버튼을 클릭하여 템포를 설정할 수 있는 메트로놈 화면을 표시합니다. 자세한 내용은 Basic컴포넌트의 Metronome편에서 살펴보겠습니다.

• TUNER

라이브 연주자가 가장 선호하는 화면으로 Guitar 음정을 조율하는데 필요한 튜너를 표시합니다. 자세한 내용은 Basic 컴포넌트의 Tuner 편에서 살펴보겠습니다.

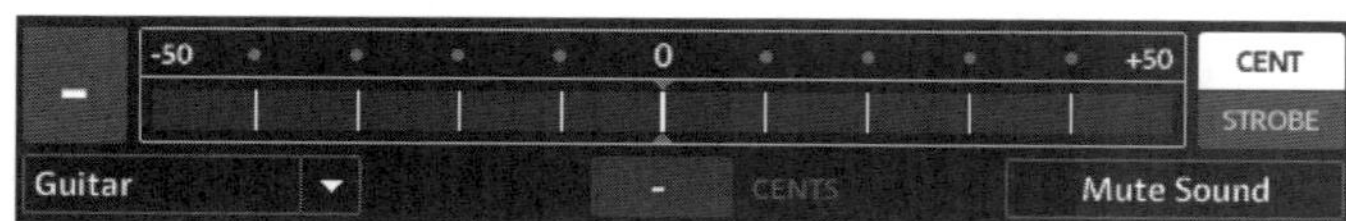

• LOOP MACHINE

사용자 연주를 녹음하고, 재생하여 코러스 및 딜레이 효과를 연출할 수 있는 루프 머신을 표시합니다. 단, 랙에 루프 머신이 장착되어 있는 경우에만 이용할 수 있습니다. 자세한 내용은 Tools 컴포넌트의 Loop Machine 편에서 살펴보겠습니다.

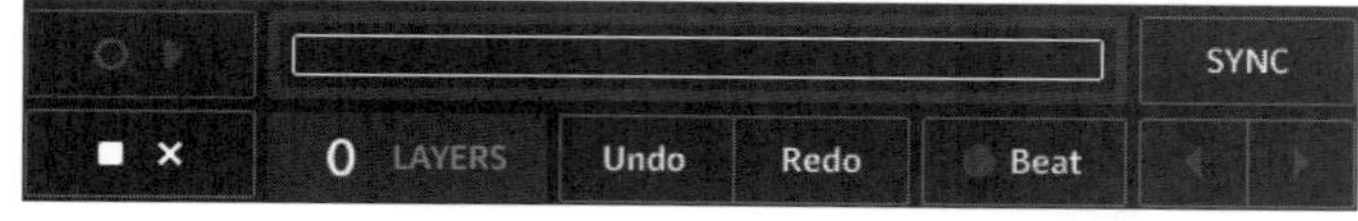

◎ 풋 컨트롤러

Native-Instruments 사의 풋 컨트롤러 화면이며, 모두 9개의 버튼과 1개의 페달로 구성되어 있습니다. 1번에서 8번까지는 연결되어 있는 장치의 On/Off을 선택하며, 5번과 6번은 이전/다음 프리셋을 선택하는 기능으로 설정되어 있습니다. 8번 오른쪽의 버튼은 페달로 연결되어 있는 장치의 On/Off 기능이며, 4번 오른쪽의 미터는 페달의 동작 상태를 나타냅니다. 각각의 버튼과 페달은 사용자가 원하는 장치를 연결할 수 있으며, 다른 회사의 풋 컨트롤러를 사용해도 좋고, 미디 컨트롤러 및 마스터 건반을 이용해도 좋습니다.

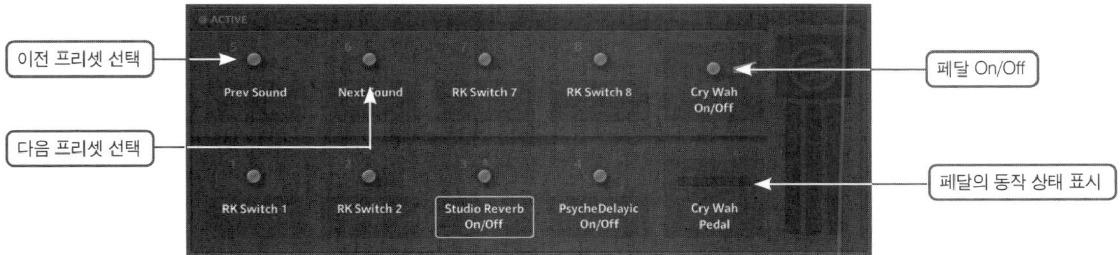

장치의 연결은 브라우저 프레임의 Options 페이지에서 설정하거나 연결할 장치의 파라미터에서 마우스 오른쪽 버튼을 클릭하여 단축 메뉴를 열고, Remote 메뉴에서 풋 컨트롤러의 버튼이나 페달을 선택합니다. 다른 회사의 미디 컨트롤러를 이용하고 있다면, Learn 메뉴를 선택하고, 장치를 눌러 인식시킵니다. Clear은 연결된 파라미터를 해제하는 것이고, Modifiers는 MDF 컴포넌트의 조정 폭을 조정합니다. 자세한 내용은 MDF 컴포넌트 편에서 살펴보겠습니다.

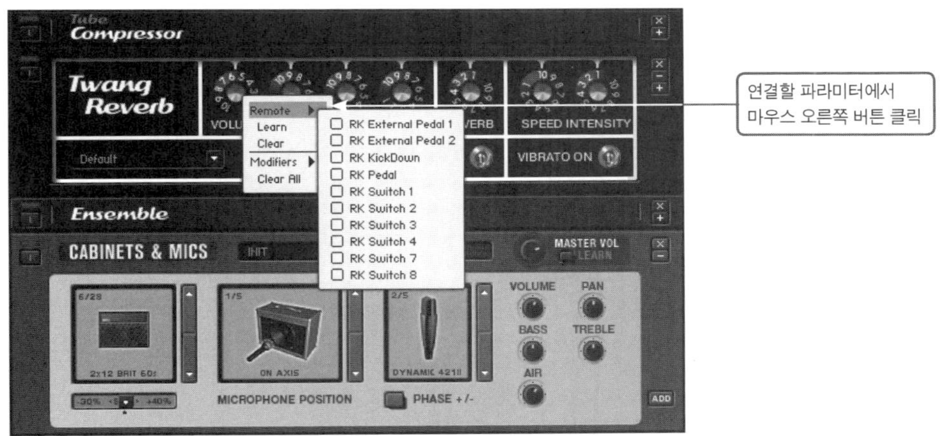

Guitar Rig를 단독으로 사용할 때는 File, Edit, View, Help의 메뉴를 볼 수 있습니다. 소나 및 큐베이스에서 플러그-인으로 사용할 때는 의미 없지만, 단독 사용자를 위한 메뉴의 역할을 간단하게 살펴보겠습니다.

1. File 메뉴

새로운 프리셋을 만들거나 뱅크를 불러오는 등의 역할을 하는 기능들로 구성되어 있습니다. 오디오 및 미디 설정을 할 수 있는 Audio and MIDI setup 메뉴 외에는 Bank Menu와 Sound Menu에서 설명한 내용과 동일합니다. Audio and MIDI setup 메뉴를 선택하면 오디오 인/아웃 및 미디 인/아웃을 설정할 수 있는 창이 열립니다.

◎ Audio

사용자 컴퓨터에 설치되어 있는 사운드 카드를 선택합니다. Guitar의 입/출력에 사용되는 사운드 카드를 선택하는 것입니다.

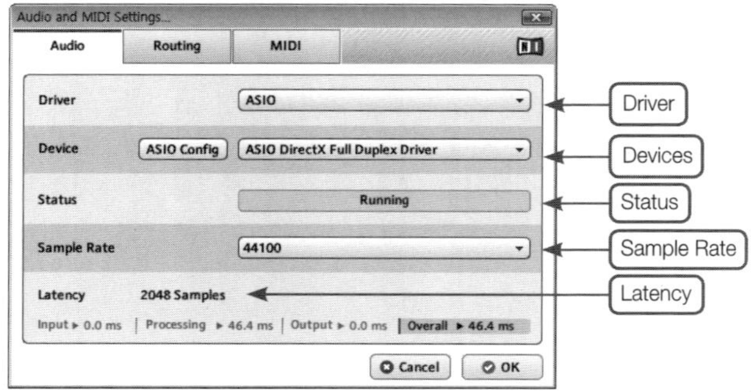

• Driver

사운드 카드의 드라이버 종류를 선택합니다. AISO 를 권장하지만, 사운드 카드가 ASIO 드라이버를 지원해야만 합니다.

• Devices

사용자 컴퓨터에 설치되어 있는 사운드 카드를 선택합니다. AISO Config 버튼을 클릭하여 버퍼 사이즈를 조정할 수 있는 컨트롤 창을 열 수 있습니다. 컨트롤 창은 사용하고 있는 사운드 카드의 종류에 따라서 차이가 있으므로, 해당 장치의 설명서를 참조하기 바랍니다.

• Status

사운드 카드가 정상적으로 인식되었는지의 여부를 표시합니다. 정상적으로 연결된 경우에는 Running이 표시되며, 연결되지 않은 경우에는 Stopped가 표시됩니다.

• Sample Rate

샘플 레이트를 선택합니다. 일반적으로 44100이나 48000을 많이 사용하지만, 사운드 카드에서 지원 가능한 값을 선택해야 합니다.

• Latency

입력 사운드가 출력될 때까지의 시간을 샘플 단위로 표시하며, 아래쪽에서 입력 시간(input), 처리 시간(Processing), 출력 시간(Output), 전체 시간(Overall)을 1000분의 1초인 ms 단위로 확인할 수 있습니다.

◎ Routing

사운드의 입/출력 포트를 선택할 수 있는 Inputs과 Outputs의 탭으로 구성되어 있습니다. Inputs에서 Guitar를 연결한 인 포트를 선택하고, Outputs에서 모니터 스피커가 연결되어 있는 아웃 포트를 선택합니다.

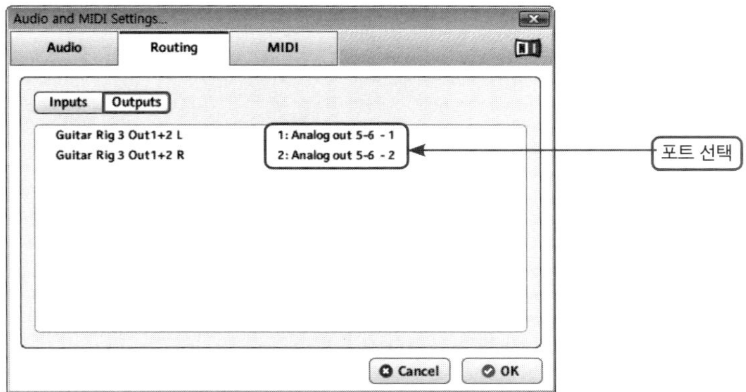

◎ MIDI

Guitar Rig를 미디 정보로 컨트롤 하기 위한 마스터 건반 및 미디 컨트롤러가 연결되어 있는 미디 인/아웃 포트를 선택합니다. Status 칼럼의 Off를 클릭하면 사용 여부를 선택하는 On/Off 목록이 열립니다.

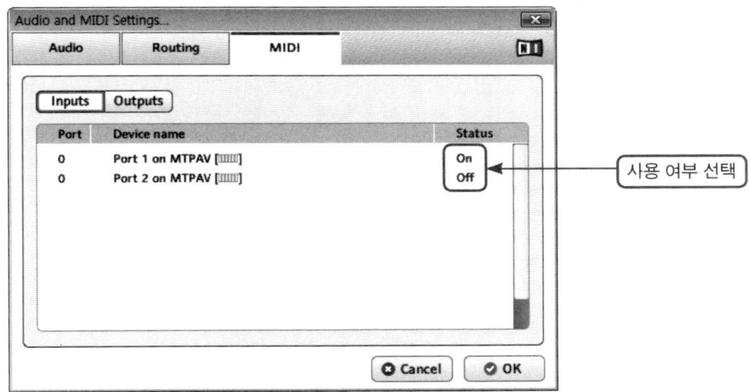

2. Edit 메뉴

선택한 프리셋 또는 컴포넌트를 잘라내거나 복사하여 붙이는 역할의 편집 관련 메뉴로 구성되어 있습니다. 일반적으로 메뉴를 이용하기 보다는 편집할 프리셋 또는 장치 위에서 마우스 오른쪽 버튼을 클릭하면 열리는 단축 메뉴를 이용합니다.

3. View메뉴

전체 화면으로 볼 것인지, 왼쪽 프레임을 닫을 것인지, Live View로 표시할 것인지 등의 Guitar Rig 화면 표시 상태를 선택하는 기능들로 구성되어 있습니다.

4. Help

Guitar Rig의 도움말이나 버전 정보를 확인할 수 있는 메뉴들로 구성되어 있습니다. Visit Guitar Rig 3 on the Web 메뉴로 Native-Instruments 사를 방문하여 유명인들이 만들어놓은 프리셋을 다운 받아 사용해보기 바랍니다.

컴포넌트의 종류

Guitar Rig 3는 6가지의 기본 장치와 66가지의 컴포넌트를 제공하고 있지만, 기본 장치(Basic), Amps, Dist, Mod, EQ, Vol, Rev, Tools, MDF의 9가지 카테고리로 구분되어 있기 때문에 목적에 맞는 컴포넌트를 쉽게 찾아 쓸 수 있습니다. 여기서는 기본 장치를 포함하여 Guitar Rig 3에서 제공하는 72가지의 컴포넌트를 모두 살펴보겠습니다. 단, 본서를 읽는 대부분의 독자가 소나 7 및 큐베이스 4 서적을 읽고 있을 것이므로, 이펙트의 특징이나 원리는 생략하고, 각 장치에서 제공하는 노브와 버튼들의 역할만 간단하게 정리하겠습니다.

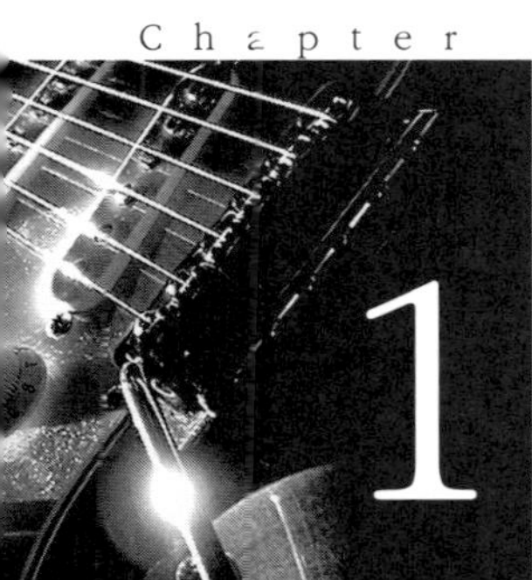

1 | Basic

Guitar Rig는 입/출력 레벨을 조정할 수 있는 인터페이스와 Guitar를 튜닝할 수 있는 튜너, 그리고 사운드를 디자인하거나 Guitar 연주를 연습할 때 유용한 데크 등의 6가지 기본 장치를 제공합니다.

1 Input

Guitar의 입력 레벨을 조정합니다. Guitar를 연주하고 있지 않을 때는 자동으로 소리를 차단하여 잡음이 발생되지 않도록 하는 노이즈 게이트(NR) 기능이 포함되어 있습니다.

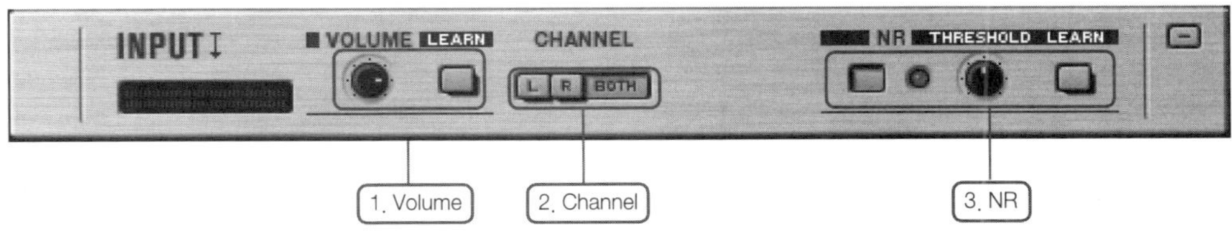

1. Volume
입력 레벨을 조정합니다. Guitar의 레벨을 최대로 놓고, 연주를 해보면서 레벨 미터의 붉은 색이 보이지 않는 한도로 최대한 크게 입력될 수 있게 Volume 노브를 조정합니다. Volume 노브 오른쪽의 Learn 버튼을 클릭하여 On으로 하고, Guitar를 연주하면 입력 레벨이 자동으로 조정되게 할 수 있습니다.

2. Channel
입력 신호 채널을 선택합니다. L은 왼쪽 채널, R은 오른쪽 채널을 의미하며, Both는 스테레오 채널을 의미합니다.

3. NR
노이즈 게이트의 사용 여부를 On/Off 합니다. 노이즈 게이트는 Guitar를 연주하고 있지 않을 때, 입력 사운드를 차단하여 잡음이 발생하지 않게 하는 역할을 합니다. Threshold는 노이즈 게이트가 작동되게 할 레벨을 조정하는 것이며, Threshold에서 설정한 레벨 이하의 사운드가 감지되면, LED에 빨간 불이 들어와 노이즈 게이트가 작동되고 있음을 표시합니다. Guitar를 뮤트시키고, Learn 버튼을 On으로 하면, Threshold 값이 자동으로 조정되게 할 수 있습니다.

Wav, Aif, MP3 포맷의 파일을 재생하거나 사용자 연주를 녹음할 수 있는 테이프 데크 입니다. 사용자 연주를 녹음하여 톤을 만드는 역할 외에 음악을 불러와 Guitar 연주를 연습 할 때도 유용한 장치가 될 것입니다.

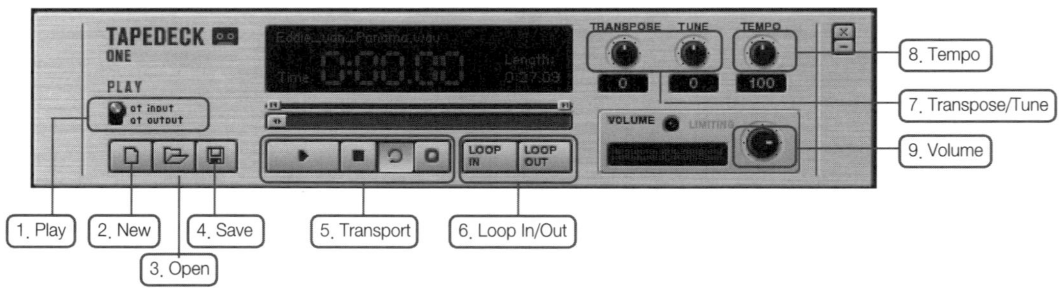

1. Play

스위치가 at Input이면 프리셋 사운드를 모니터 할 수 있고, at output이면 원본 사운드를 모니터 합니다. 사용자 연주를 녹음하여 Guitar 사운드를 만들 때는 at Input으로 사용하고, 음악을 불러와 연습을 할 때는 at Output으로 사용합니다.

2. New

새로운 파일을 불러오거나 녹음을 할 수 있도록 테이프 데크를 초기화 합니다.

3. Open

Wav, Aif, Mp3 포맷의 파일을 불러올 수 있는 창을 엽니다. Guitar Rig에서 제공하는 연주 파일을 불러와 톤을 만드는데 응용할 수 있고, 연습 곡을 불러와 연주시킬 수 있습니다.

4. Save

사용자가 녹음한 연주를 Wav 파일로 저장합니다.

5. Transport

가정용 오디오의 트랜스포트와 같은 역할입니다. Play는 연주, Stop은 정지, Loop 는 반복 연주, Record는 녹음 기능입니다.

6. Loop In/Out

반복을 시작할 위치(Loop In)와 끝 위치(Loop Out)를 버튼으로 설정합니다. 연주 위치를 표시하는 슬라이드 바 위쪽의 인/아웃 포인트를 드래그하여 설정해도 좋습니다.

7. Transpose/Tune

사운드의 음정을 조정합니다. Transpose는 반음 단위이며, Tune는 100분의 1음 단위입니다.

8. Tempo

사운드의 템포를 조정합니다. 속주로 연주되는 연습곡을 조금 느리게 재생시킨다면, 훌륭한 연습 장비가 될 것입니다.

9. Volume

재생 사운드의 볼륨을 조정합니다. LED에 빨간 불이 들어오면, 볼륨을 줄여 사운드가 찌그러지지 않게 합니다.

3 Tuner

Guitar의 음정을 맞추는데 사용하는 튜너입니다. Guitar 연주자라면 최소 한 두 대쯤은 가지고 있을 텐데, Guitar Rig를 사용한다면 기존에 사용하던 튜너가 필요 없을 것입니다.

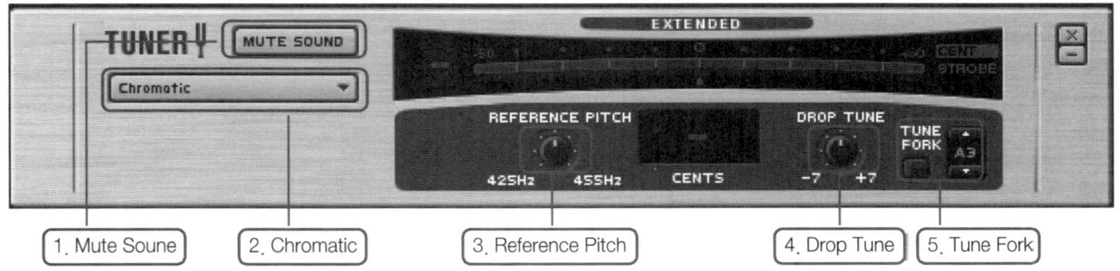

1. Mute Sound
Guitar의 음정을 맞추는 동안 출력 사운드를 차단하는 역할을 합니다.

2. Chromatic
기본 값은 크로매틱 스케일로 설정되어 있으며, 메뉴를 클릭하여 Guitar 또는 Bass용 튜너로 설정하거나 개방 현 D, E 음정으로 선택할 수 있습니다.

3. Reference Pitch
기본 값은 세계 표준인 440Hz로 설정되어 있으며, 필요에 따라 425Hz에서 455Hz 범위로 설정할 수 있습니다.

4. Drop Tune
Cents 음정을 설정합니다. 1의 값이 반음 이므로, -7은 완전 5도를 낮추는 것이고, +7은 완전 5도를 높이는 것입니다.

5. Tune Fork
튜닝 사운드를 재생합니다. 재생 음정은 오른쪽에서 선택한 음정을 기준으로 합니다.

4 Metronome

메트로놈 사운드를 연주합니다. 메트로놈의 작동 여부는 왼쪽 코너에 있는 On/Off 버튼으로 결정합니다.

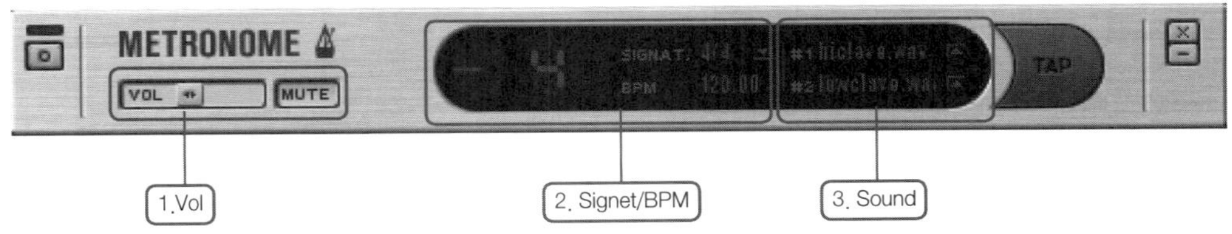

1. VOL
메트로놈 사운드의 레벨을 조정합니다. 오른쪽의 Mute 버튼을 On으로 하여 메트로놈 사운드를 뮤트 시킬 수 있습니다.

2. Signet/BPM
기본 값은 4분의 4박자이며, 메뉴를 클릭하여 다양한 박자를 선택할 수 있습니다. 그리고 BPM은 템포를 의미합니다. 템포는 값을 직접 입력하거나 오른쪽의 Tap 버튼을 클릭하여 설정할 수 있습니다.

3. Sound
Wave, Aif, MP3 포맷의 메트로놈 사운드를 선택할 수 있는 창이 열립니다. #1은 첫 박자를 의미하며, #2는 나머지 박자를 의미합니다.

5 Tapedeck Two

Tapedeck One과 동일한 역할입니다. Sync 스위치는 Tapedeck one과 동기 시킬 것인지의 여부를 On/Off하며, Transfer File to Tapedeck One 버튼은 Tapedeck One의 Transpose와Tempo 변화 값을 초기화하고, 시작 위치를 맞춥니다.

6 Output

Guitar Rig의 최종 출력 레벨을 조정합니다. 과도한 출력으로 사운드가 찌그러지는 클립핑 현상을 제거하기 위한 리미터 기능이 포함되어 있습니다.

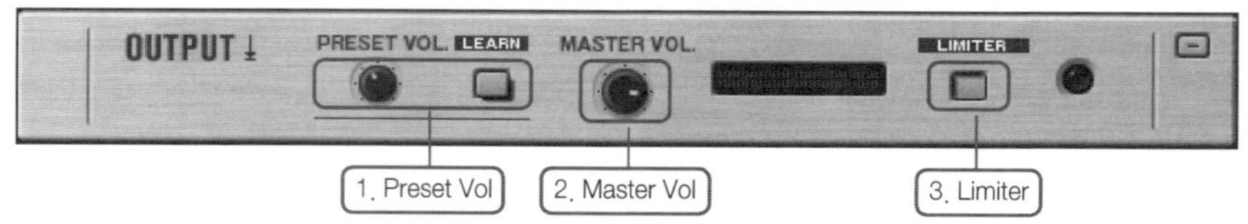

1. Preset Vol
프리셋 음량을 조정합니다. 이 값은 프리셋과 함께 저장할 수 있습니다.

2. Master Vol
Guitar Rig의 최종 출력 레벨을 조정합니다.

3. Limiter
리미터 기능을 On/Off 합니다. 출력 사운드가 너무 클 경우에는 사운드가 찌그러지는 클립핑 현상이 발생할 수 있는데, 이것을 방지하는 것입니다. 만일, 빨간색 LED가 자주 표시된다면, Master Vol을 줄여야 할 것입니다.

2 Amps

Guitar Rig 3는 너무나도 유명한 14가지 모델의 앰프를 제공합니다. 앰프는 사운드를 결정하는 중요한 요소이므로, 각각의 앰프를 랙에 장착하여 사운드의 특성을 파악해 놓는 것이 좋습니다. Guitar Rig에서 제공하는 모든 앰프와 캐비닛은 사용자가 원하는 모델로 조합할 수 있으므로, 다양한 실험이 필요할 것입니다. + 기호의 확장 버튼을 가지고 있는 앰프는 전압 공급 상태에 따라 미묘하게 변하는 투브 사운드를 시뮬레이션 할 수 있는 옵션을 제공합니다. 실제 앰프의 경우에는 공급되는 전압이 얼마나 안정적인가에 따라 톤이 좌우 될 만큼 중요하기 때문에 전력을 많이 사용하는 공연장 및 스튜디오에서는 별도의 전압 조정 장치를 사용한다거나 앰프를 예열시키는 등의 충분한 준비가 필요합니다. 하지만, 일부러 전압을 낮추어 몽롱한 사운드를 연출한다거나 디스토션을 증가시키는 등의 테크닉을 구사하는 기타리스트들도 있는데, Guitar Rig는 이러한 물리적 상황을 시뮬레이션 할 수 있는 옵션을 제공하고 있는 것입니다.

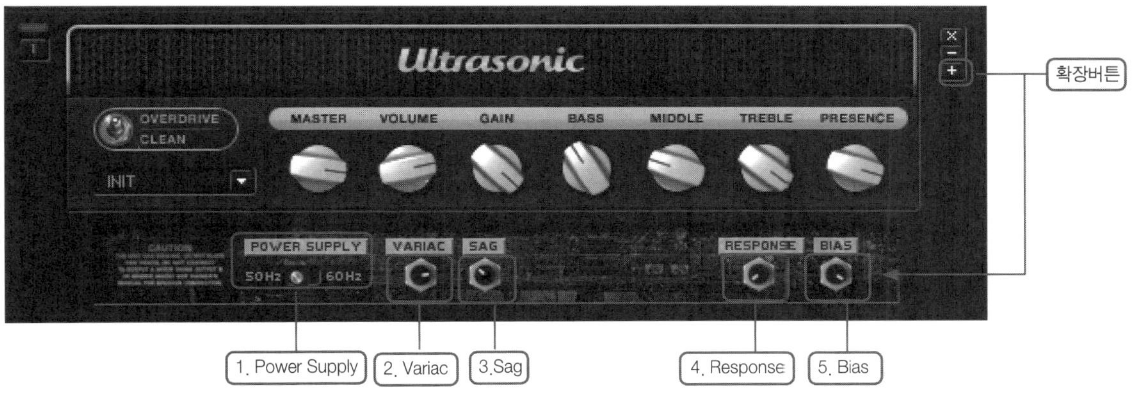

1. POWER SUPPLY
공급 전력을 50Hz 또는 60 Hz 중에서 선택할 수 있습니다.

2. VARIAC
슬라이닥스라고 불리는 전압 조정 장치로 앰프에 공급되는 전압을 조정합니다.

3. SAG
전압 변화의 감지 범위를 시뮬레이션 하는 내부 회로입니다.

4. RESPONSE
전압 변화의 감지 속도를 시뮬레이션 하는 내부 회로입니다.

5. BIAS
전압 보상 범위를 시뮬레이션 하는 내부 회로입니다.

Matched Cabinet

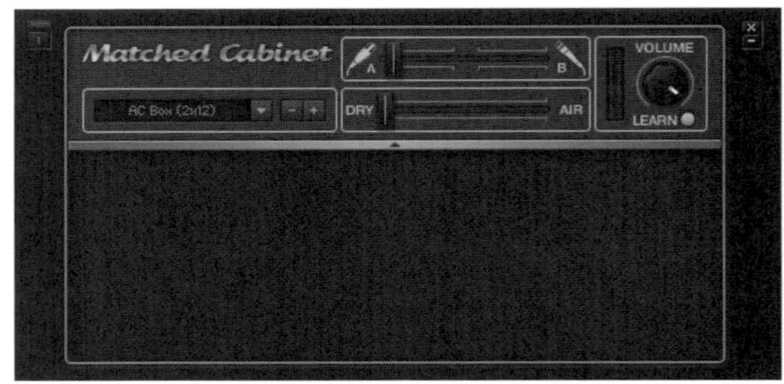

앰프를 랙에 장착하면 해당 앰프에 최적화되어 있는 캐비닛이 자동으로 장착되며, 사용자가 원하는 모델로 변경할 수 있습니다. Cabinets & Mics제외한 모든 것들은 프리셋 메뉴, 마이크 타입, 거리, 볼륨 등을 조정할 수 있는 공통된 파라미터로 구성되어 있으므로, 각각의 앰프를 살펴볼 때, 추가 설명은 필요 없을 것입니다.

- 전원 버튼: 캐비닛의 전원을 On/Off합니다.
- 프리셋 메뉴: Guitar Rig에서 제공하는 캐비닛의 종류를 선택합니다.
- 마이크: A와 B의 두 가지 타입이 있으며, 슬라이드로 각 마이크의 비율을 선택합니다.
- DRY/AIR: 마이크와 캐비닛의 거리를 조정합니다. DRY는 가까운 거리로 직접 음을 수음하며, AIR는 먼 거리로 사운드의 잔향을 함께 수음하는 방식입니다.
- VOLUME: 볼륨을 조정합니다. LEARN 버튼을 On으로 하고, Guitar를 연주하여 최적의 볼륨이 자동으로 설정되게 할 수 있습니다.

2 Cabinets & Mics

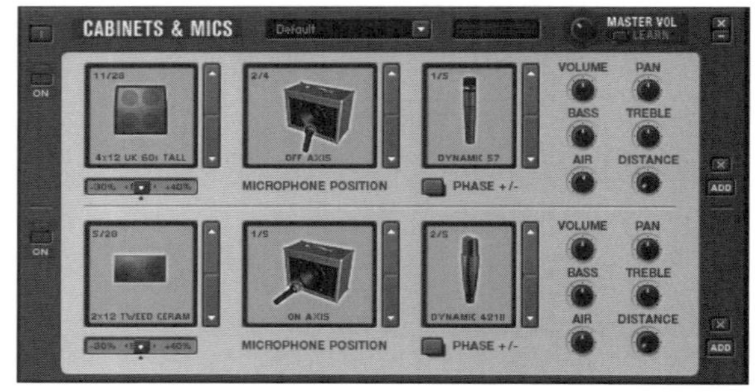

마이크 수음 방식을 시뮬레이션하는 캐비닛으로 오른쪽 하단의 Add 버튼을 클릭하여 최대 8개까지 중복시킬 수 있습니다. 캐비닛을 중복한 경우에는 Add 버튼 위쪽에 닫기(X)버튼이 보이며, 이것을 클릭하여 제거할 수 있습니다.

- 캐비닛 선택

첫 번째 박스는 캐비닛의 종류를 선택합니다. Guitar와 Bass, 그리고 다이렉트 박스(DI BOX)를 포함하여 총 28가지를 제공하고 있으며, 아래쪽의 Size 슬라이드를 드래그하여 캐비닛 그림의 크기를 -30%~+40% 범위로 조정할 수 있습니다. 2x12와 같은 숫자는 12인치 스피커 2개가 장착되어 있다는 의미이며, 숫자 오른쪽에는 Fender Tweed, Vox AC30, Roland JC-120, 60s Marshall 등의 모델 이름이 표시됩니다.

- 마이크 위치

두 번째 박스는 마이크의 위치를 선택합니다. 스피커의 중심인 On Axis, 중심에서 벗어난 off Axis, 가장자리의 Edge, 먼 거리의 Far, 뒷면의 Back까지 총 5가지 위치 선정이 가능합니다.

• 마이크 선택

세 번째 박스는 마이크의 종류를 선택합니다. Shure SM57, Sennheiser 421과 606, Neumann's U87, Vintage Tube Condenser의 5가지 모델을 제공하고 있으며, Phase 버튼을 클릭하여 극성을 바꿀 수 있습니다.

• 컨트롤 노브

마이크 선택 박스 오른쪽에는 볼륨을 조정하는 Volume, 사운드의 연주 방향을 조정하는 Pan, 저음역의 레벨을 조정하는 Bass, 고음역의 레벨을 조정하는 Treble, 캐비닛이 놓여있는 위치와 벽면과의 거리를 조정하는 Air의 5가지 노브가 있습니다. Air를 공간의 크기로 이해해도 좋습니다.

3 Ultrasonic

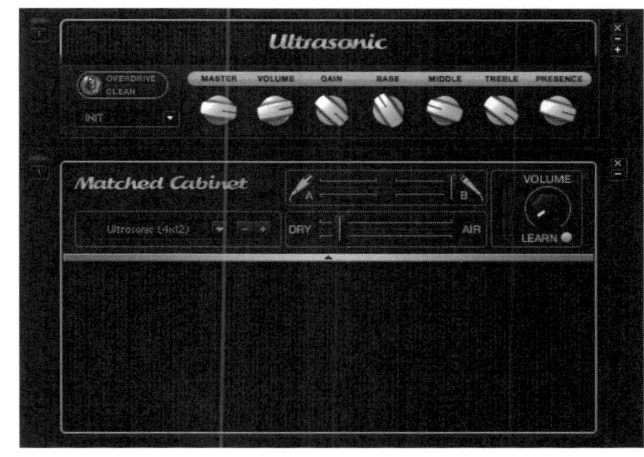

Guitar Rig에서 제공하는 앰프들 중에서 가장 현대적인 사운드를 제공합니다. 이름에서도 짐작할 수 있듯이 높은 게인으로 폭발적인 사운드를 얻을 수 있으며, Overdrive 및 Clean 선택 스위치로 음색을 선택할 수 있다는 특징이 있습니다.

• Overdrive/Clean

앰프의 채널을 오버 드라이브 및 클린 중에서 선택하는 스위치입니다.

• MASTER

Ultrasonic의 출력 볼륨을 조정합니다.

• VOLUME

스위치로 선택한 채널의 레벨을 조정합니다.

• GAIN

입력 사운드의 이득 값을 조정합니다.

• BASS ~ TREBLE

저음(Bass), 중음(Middle), 고음(Treble)역의 레벨을 조정합니다.

• Presence

중음역 이상의 주파수 범위를 조정합니다. 이 값에 따라 Middle과 Treble의 조정 범위가 달라지며, 값을 올릴수록 고음역이 영향을 받습니다.

Metallica, Carlos Santana 등의 기타리스트들이 즐겨 사용하던 Mesa Dual Rectifier 앰프를 시뮬레이션 하고 있는 모델입니다. 깨끗한 Clean 사운드에서부터 강렬한 하드 락 사운드를 연출하는 Modern까지 4가지 모드를 제공하고 있습니다.

- CLEAN ~ MODERN: 사운드의 일그러짐을 Clean, Raw, Vintage, Modern 순으로 증가시킵니다.
- MASTER: Gratifier의 출력 볼륨을 조정합니다.
- GAIN: 입력 사운드의 이득 값을 조정합니다.
- BASS ~ TREBLE: 저음(Bass), 중음(Mid), 고음(Treble)역의 레벨을 조정합니다.
- Presence: 중음역 이상의 주파수 범위를 조정합니다.

메탈 사운드의 표준이라고 불리는 Marshall JCM 800을 시뮬레이션 하고 있는 모델입니다. 입력 사운드를 증폭시키는 Boost스위치와 Pre-Amp가 내장되어 있기 때문에 강렬한 디스토션 사운드를 구사하면서도 선명함을 유지할 수 있다는 장점을 가지고 있습니다.

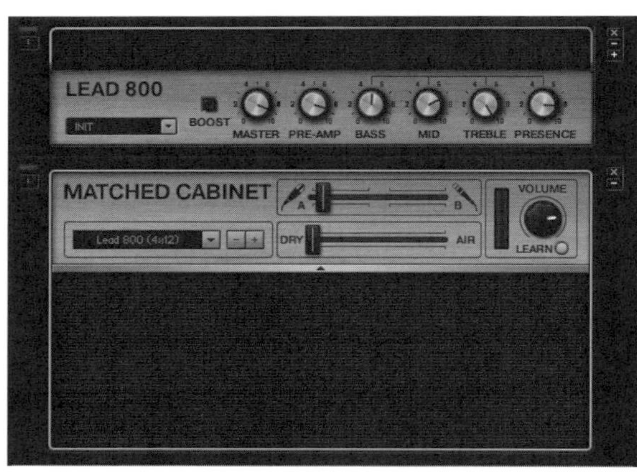

- BOOST: 입력 사운드를 증폭시킵니다.
- MASTER: Lead 800의 출력 볼륨을 조정합니다.
- PRE-AMP: 입력 게인 값을 조정합니다.
- BASS ~ TREBLE: 저음(Bass), 중음(Mid), 고음(Treble)역의 레벨을 조정합니다.
- Presence: 중음역 이상의 주파수 범위를 조정합니다.

Eric Clapton, Jeff Beck, Jimmy Page, Jimi Hendrix 등,
기타 연주를 공부하는 사람들에게 교본처럼 숭배되고
있는 기타리스트들이 즐겨 사용하던 Marshall Plexi를
시뮬레이션 하고 있는 모델입니다. 단단한 미들 톤과
부드러운 하이 톤으로 Rock 및 Blues 연주자들이 가장
선호하는 모델이며, 볼륨을 1과 2로 나누어 컨트롤
함으로써 배킹과 솔로의 구분 없이 사용할 수 있습니다.

- VOLUME 1: 하이 톤의 볼륨을 조정합니다.
- VOLUME 2: 저음 톤의 볼륨을 조정합니다.
- BASS ~ TREBLE: 저음(Bass), 중음(Mid), 고음(Treble)역의 레벨을 조정합니다.
- Presence: 중음역 이상의 주파수 범위를 조정합니다.

70년대 영국 사운드를 그대로 재현하고 있는 모델로 클린
톤과 오버 톤 모두 깔끔한 사운드를 얻을 수 있다는
장점이 있습니다. 오베이션 Guitar 사용자라면, 맑고
따뜻한 느낌의 어쿠스틱 사운드를 쉽게 구현할 수 있을
것입니다.

- MASTER: Citrus의 출력 볼륨을 조정합니다.
- Gain: 입력 게인 값을 조정합니다.
- LO CUT: 저음역의 차단 값을 조정합니다.
- BASS/TREBLE: 저음(Bass)과 고음(Treble)역의 레벨을 조정합니다.
- Presence: 중음역 이상의 주파수 범위를 조정합니다.

Beatles, Rolling Stones 등의 기타리스트들이 즐겨 사용하던 Vox AC30 앰프를 시뮬레이션하고 있는 모델입니다. 작은 볼륨으로도 강렬한 디스토션 사운드를 얻을 수 있으며, 두 개의 볼륨 컨트롤로 각기 다른 사운드를 연출할 수 있습니다. 그리고 Mid 컨트롤이 없기 때문에 두꺼운 사운드를 만들기는 어렵지만, 맑은 사운드를 얻을 수 있다는 특징을 가지고 있습니다.

- VOLUME: Normal은 기본적인 볼륨을 조정하며, BRILLIANT는 Treble와 Bass의 범위를 조정합니다.
- TONE: 고음역(TREBLE)과 저음역(BASS)을 조정하며, TONE CUT으로 출력 주파수 범위를 조정합니다.
- TREMOLO: 트레몰로의 속도(Sped)와 폭(Depth)을 조정합니다.

Jimi Hendrix, Bob Dylan 등의 기타리스트들이 즐겨 사용하던 60년대 베이스 앰프인 Bassman을 시뮬레이션하고 있는 모델입니다. Bass Guitar는 물론이고, 베이스가 풍부하면서도 하이톤이 밝은 Guitar 사운드를 얻을 수 있습니다.

- VOL. BRIGHT: 하이톤의 볼륨을 조정합니다.
- VOL. NORMAL: 입력 볼륨을 조정합니다.
- BASS~TREBLE: 저음(Bass), 중음(Mid), 고음(Treble)역의 레벨을 조정합니다.
- Presence: 중음역 이상의 주파수 범위를 조정합니다.

10 Tweed Delight

방모직물의 일종인 트위드로 제작된 Tweedman을
개량한 모델로 컨트롤 노브를 최소화하여 음색 조정을
간편화 시킨 것이 특징입니다. 가장 미국적인 사운드를
가지고 있다는 평가를 듣고 있습니다.

- VOL. BRIGHT: 하이톤의 볼륨을 조정합니다.
- VOL. NORMAL: Tweed Delight의 출력 볼륨을 조정합니다.
- TONE: 저음(왼쪽) 및 고음(오른쪽)을 증가하여 톤을 조정합니다. 마우스로 노브를 더블 클릭하면 기본값(중앙)으로 설정됩니다.

11 Twang Reverb

전통적인 Fender Twin Reverb 앰프를 시뮬레이션 하고
있는 모델입니다. Twin Reverb는 따뜻한 음질을 가진
앰프에 리버브가 적용된 타입으로 Chuck Berry, Nirvana
등의 기타리스트들이 즐겨 사용하던 모델이며, Guitar
Rig에서 제공하는 Amp 중에서 하드웨어에 가장 가까운
음질을 구현하고 있다는 평가를 받고 있습니다.

- VOLUME: Twang Reverb의 출력 볼륨을 조정합니다.
- TREBLE~BASS: 고음(Treble), 중음(Mid), 베이스(Bass) 음역을 조정합니다.
- REVERB: 리버브의 양을 조정합니다.
- SPEED/INTNSITY: 비브라토의 속도(Speed)와 진폭(Intensity)을 조정합니다.
- SWITCH: Bright, Reverb On, Vibrato On의 각 스위치는 해당 기능을 사용할 것인지의 유무를 On/Off합니다.

Albert King, Mark Stern 등의 기타리스트들이 즐겨
사용하던 Roland Jazz Chorus JC-120을 시뮬레이션 하고
있는 모델입니다. 코러스 및 트레몰로 효과를 독립적으로
출력할 수 있는 스테레오 타입으로 깨끗한 오버드라이브
톤이 필요한 재즈 연주에 적합합니다.

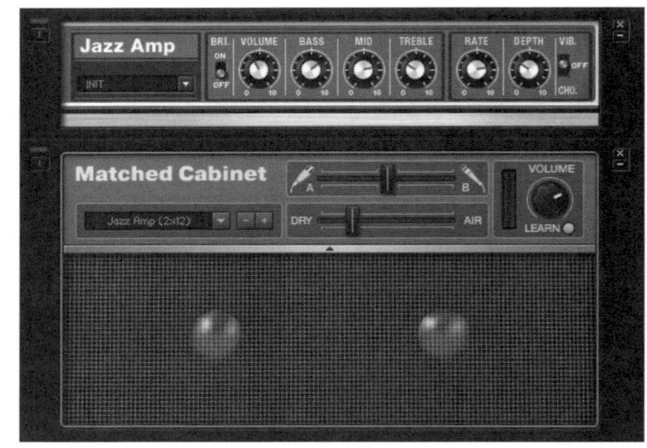

- BRI: 밝은 톤의 추가 여부를 On/Off합니다.
- VOLUME: Jazz Amp의 출력 볼륨을 조정합니다.
- BASS ~ TREBLE: 저음(Bass), 중음(Mid), 고음(Treble)역의 레벨을 조정합니다.
- LATE/DEPTH: 비브라토 및 코러스의 비율과 폭을 조정합니다.
- VIB/CHO: 비브라토 및 코러스의 사용 여부를 On/Off합니다.

13 High White

Pink Floyd, Pete Twonsend 등의 영국 사운드를 그대로
재현하고 있다는 평가를 받고 있는 모델입니다. 앰프의
색상에서 느낄 수 있듯이 밝은 하이 톤을 특징으로 하고
있으며, 두 개의 입력 채널을 개별적으로 컨트롤할 수
있어 마이크 수음 효과를 얻을 수 있습니다.

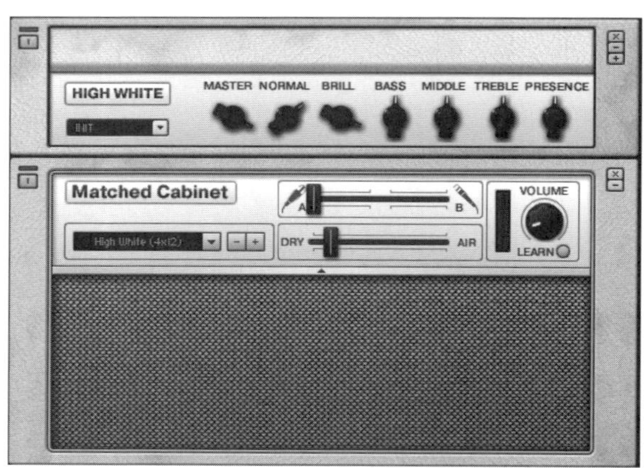

- MASTER: High White의 출력 볼륨을 조정합니다.
- NORMAL: 혼의 중앙인 기본 채널의 볼륨을 조정합니다.
- BRILL: 혼의 가장자리인 2차 채널의 볼륨을 조정합니다.
- BASS ~ TREBLE: 저음(Bass), 중음(Middle), 고음(Treble)역의 레벨을 조정합니다.
- Presence: 중음역 이상의 주파수 범위를 조정합니다.

Bass Guitar 연주자를 위한 베이스 앰프입니다. Guitar Rig가 앰프를 시뮬레이션 하는 프로그램이기 때문에 악기의 구분 없이 사용할 수 있지만, 베이스 전용 앰프에서 느낄 수 있는 저음역의 단단함을 얻을 수 있습니다.

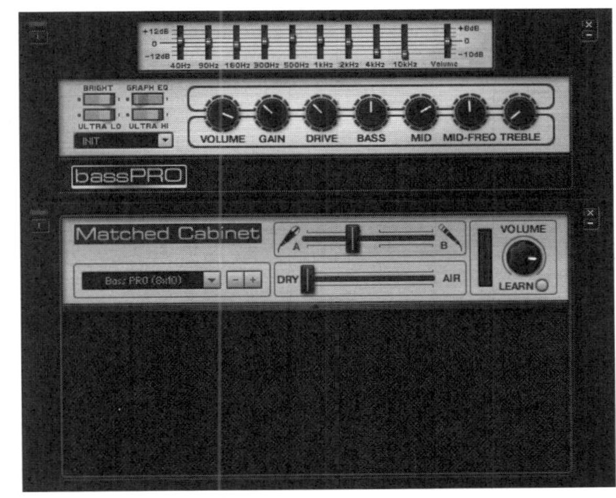

- EQ: 40Hz에서 10KHz까지 9밴드로 구성된 그래픽 EQ를 제공하여 보다 섬세한 톤 컨트롤이 가능합니다.
- BRIGHT: 고음역 강조 On/Off 스위치입니다.
- GRAPH EQ: 그래픽 EQ의 사용 여부를 결정하는 On/Off 스위치입니다.
- ULTRA LO/HI: 저음역(LO) 및 고음역(HI)의 확장 여부를 선택하는 On/Off 스위치입니다.
- VOLUME: Bass Pro의 출력 볼륨을 조정합니다.
- GAIN: 입력 게인을 조정합니다.
- DRIVE: 미들 음역의 레벨을 조정하여 오버 톤을 만듭니다.
- BASS ~TREBLE: 고음(Treble), 중음(Mid), 베이스(Bass) 음역을 조정하며, 미들 음역의 중심 주파수를 설정할 수 있는 MD-FREQ가 포함되어 있습니다.

3 Dist

일렉 기타의 가장 큰 매력이라면, 현란하게 일그러지는 디스토션 사운드일 것입니다. Guitar Rig 3는 디스토션 사운드를 만드는 11가지의 컴포넌트를 제공하며, + 기호의 버튼을 클릭하여 확장 패널을 열면, 톤을 조정할 수 있는 EQ 노브를 제공하는 것들도 있습니다.

1 Cat

ProCo's Rat Distortion 페달을 시뮬레이션 하고 있는 모델입니다. 블루스 계열의 오버 톤에서부터 강렬한 메탈 사운드까지 다양한 장르에 어울리는 음색을 연출할 수 있습니다.

- VOLUME: CAT의 출력 볼륨을 조정합니다.
- FILTER: 톤을 조정합니다. 값이 클수록 차단 주파수가 많아지는 필터 방식입니다.
- DISTORTION: 디스토션 레벨을 조정합니다.
- BALLS: 저음역의 증/감 폭을 조정합니다.
- BASS/TREBLE: 저음(Bass)과 고음(Treble)역의 레벨을 조정합니다.
- TONE: Filter의 중심 주파수를 조정합니다.

블루스 사운드의 필수 이펙트로 불리는 Ibanez Tube Screamer 페달을 시뮬레이션하고 있는 모델입니다. 블루스 계열의 연주자들이 선호하는 부드러운 오버 톤에서부터 펑키 리듬 연주까지 폭 넓게 사용할 수 있습니다.

- VOLUME: Skreamer의 출력 볼륨을 조정합니다.
- TONE: 톤을 조정합니다. 왼쪽으로 돌리면 저음이 많아지고, 오른쪽으로 돌리면 고음이 많아지는 EQ 방식입니다.
- DRIVE: 디스토션 레벨을 조정합니다.
- BASS/MID/TREBLE: 저음(Bass), 중음(Mid), 고음(Treble)역의 레벨을 조정합니다.

3　Distortion

꾹꾹이의 대명사인 Boss DS-1 Distortion 페달을 시뮬레이션하고 있는 모델입니다. 국내 기타 연주자들이 많이 사용하는 이펙트이기 때문에 사운드가 익숙하고, 초보자도 쉽게 컨트롤 할 수 있다는 장점이 있습니다.

- VOLUME: Distortion의 출력 볼륨을 조정합니다.
- TONE: 톤을 조정합니다. 왼쪽으로 돌리면 저음이 많아지고, 오른쪽으로 돌리면 고음이 많아지는 EQ 방식입니다.
- Distortion: 디스토션 레벨을 조정합니다.
- BASS/MID/TREBLE: 저음(Bass), 중음(Mid), 고음(Treble)역의 레벨을 조정합니다.

4

Big Fuzz

Electo-Harmonix's Big Muff 페달을 시뮬레이션 하고 있는 모델입니다. 70년대 펑크 계열의 연주자들이 즐겨 사용하던 이펙트로 약간은 둥근 느낌의 디스토션 사운드를 만들 수 있습니다.

- VOLUME: Big Fuzz의 출력 볼륨을 조정합니다.
- SUSTAIN: 디스토션 사운드의 유지 시간을 조정합니다.
- TONE: 톤을 조정합니다. 왼쪽으로 돌리면 저음이 많아지고, 오른쪽으로 돌리면 고음이 많아지는 EQ 방식입니다.
- BASS/ TREBLE: 저음(Bass)과 고음(Treble)역의 레벨을 조정합니다.

Fuzz

디스토션 사운드의 전설이라고 불리는 Dallas Arbiter Fuzz Face 페달을 시뮬레이션하고 있는 모델입니다. 지미 핸드릭스의 오버 톤을 쉽게 연출할 수 있습니다.

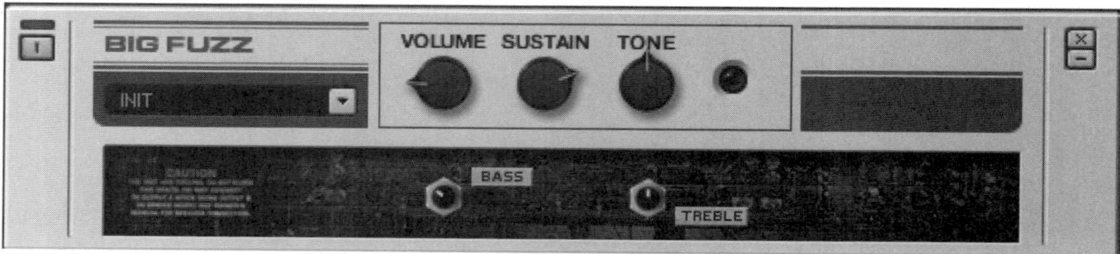

- VOLUME: Fuzz의 출력 볼륨을 조정합니다.
- FUZZ: 디스토션 레벨을 조정합니다.
- BASS/ TREBLE: 저음(Bass)과 고음(Treble)역의 레벨을 조정합니다.

Sledge Hammer

Native Instrument사의 독창적인 기술로 개발된 Sledge Hammer는 입력 사운드에 디스토션 사운드를 추가하는 방식의 컴포넌트입니다. 다른 장치에 비해서 좀 더 맑은 디스토션 사운드를 만들 수 있으며, 디스토션과 드라이브 중에서 선택 가능한 스위치를 가지고 있습니다.

- VOL: Sledge Hammer의 출력 볼륨을 조정합니다.
- BASS/TREB: 저음역(Bass)과 고음역(Treb)의 레벨을 조정합니다.
- CONTOUR: Sledge Hammer에 의해서 추가되는 사운드의 레벨을 조정합니다.
- FREQ: Contour에 의해서 추가되는 주파수 영역을 설정합니다.
- GAIN: 입력 게인의 레벨을 조정합니다.
- DIST/DRIVE: Sledge Hammer을 디스토션(Dist)으로 작동 시킬 것인지 드라이브(Drive)로 작동 시킬 것인지를 선택합니다.

7 Mezone

Boss MT-2 Metal Zone 페달을 시뮬레이션하고 있는 모델입니다. 동일 제작사의 Boss DS-1 보다 강렬한 디스토션 사운드를 만들 수 있다는 특징으로 많은 사랑을 받고 있는 제품입니다.

- VOLUME: Mezone의 출력 볼륨을 조정합니다.
- BASS ~TREBLE: 저음(Bass), 중음(Mid) 고음(Treble)역을 조정하며, 미들 음역의 중심 주파수를 설정할 수 있는 • MID FREQ가 포함되어 있습니다.
- DISTORTION: 디스토션의 레벨을 조정합니다.
- BASS ~TREBLE: 저음(Bass), 중음(Mid) 고음(Treble)역을 조정하며, 미들 음역의 중심 주파수를 설정할 수 있는 MID FREQ와 대역폭을 설정할 수 있는 MID-Q가 포함되어 있습니다.

8　Demon

MXR Demon Distortion 페달을 시뮬레이션하고 있는 모델입니다. BOSS Metal Zone과 더불어 국내 사용자들이 많은 디스토션입니다. Demon은 디스토션 주파수 대역을 분리하여 디자인 할 수 있기 때문에 파워 코드는 물론, 리드 연주에도 어울리는 사운드를 만들 수 있습니다.

- VOLUME: Demon의 출력 볼륨을 조정합니다.
- BASS/MID/TREBLE: 저음(Bass), 중음(Mid), 고음(Treble)역의 레벨을 조정합니다.
- Gain: 입력 이득 레벨을 조정합니다.
- Scoop: 미들 음역의 디스토션 여부를 On/Off합니다.
- BOTTOM: 저음역의 디스토션 범위을 조정합니다.
- BOOST: 미들 음역의 디스토션 범위을 조정합니다.
- BASS/MID/TREBLE: 저음(Bass), 중음(Mid), 고음(Treble)역의 레벨을 조정합니다.
- BRIGHT: 고음역의 디스토션 범위을 조정합니다.

9　Transamp

Tech 21 Sans Amp 페달을 시뮬레이션하고 있는 모델입니다. 튜브 앰프에서 만들어지는 따뜻한 느낌의 디스토션 사운드를 연출할 수 있으며, 마이크 수음 방식의 아날로그 효과를 얻을 수 있습니다.

- VOLUME: TRANS AMP의 출력 볼륨을 조정합니다.
- BASS/TRABLE: 저음(Bass)과 고음(Trable)의 레벨을 조정합니다
- DRIVE: 디스토션의 레벨을 조정합니다.
- AMP: TRANS AMP의 톤을 TWEED(트위드로 제작된 앰프), BRIT(영국에서 제작된 앰프), CALIF(미국에서 제작된 앰프) 중에서 선택하거나 믹스합니다.
- CLEAN: 디스토션 사운드에 클린 톤을 추가할 것인지의 여부를 On/Off 합니다.

- CAB&MIC: 마이크 수음 방식을 시뮬레이션 할 것인지의 여부를 On/Off 합니다.
- MICPOS: CAB&MIC를 동작시킬 경우에 마이크의 위치를 조정합니다.
- HOT: CAB&MIC를 동작시킬 때의 효과를 증/감합니다.

10 Treble Booster

Vox AC30이나 Marshall Plexi와 같이 고음역의 게인을 가지고 있지 않은 앰프를 사용할 때의 아쉬움을 보충할 수 있는 컴포너트 입니다. 해당 앰프를 즐겨 사용하던 Eric Clapton이나 Brian May 등의 기타리스트들이 밝은 느낌의 디스토션 사운드를 만들기 위해 자주 사용했었습니다.

- BOOST: 입력 게인의 증폭 값을 조정합니다.
- BIRGHT: 고음역의 주파수 대역을 조정합니다.

11 Gain Booster

Treble Booster와 같은 방식으로 앰프의 입력 게인을 추가하고자 할 때 사용할 수 있는 컴포넌트입니다. 입력 게인이 없는 앰프나 게인을 추가하여 좀 더 박력 있는 디스토션 사운드를 얻고자 할 때 유용합니다. 파라미터는 입력 게인을 조정하는 Boost뿐입니다.

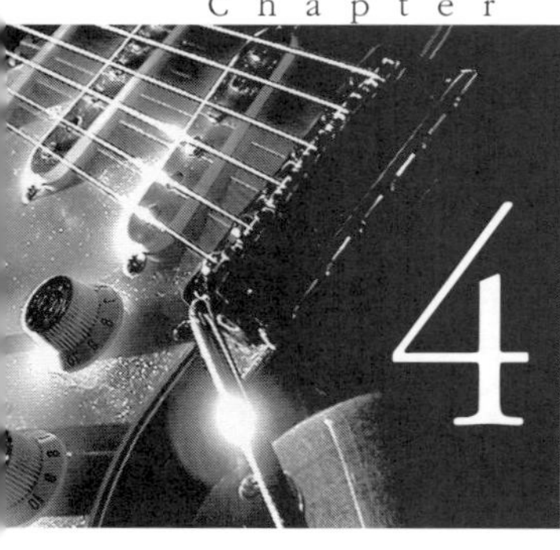

4 Mod

코러스, 페이저, 트레몰로 등, 사운드의 위상이나 피치를 변조하여 특별한 효과를 연출하는 11가지의 컴포너트를 제공합니다. Harmonic Synthesize를 제외한 모든 장치는 + 기호의 버튼을 클릭하여 확장 패널을 열면, 세부적인 설정이 가능한 파라미터를 볼 수 있습니다.

1 Chorus+Flanger

짧은 딜레이 타임으로 사운드를 반복하여 합창 효과를 만드는 코러스와 입력 사운드와 반복되는 사운드를 믹스시킬 때 발생하는 위상 변조로 독특한 사운드를 만드는 플랜저의 역할을 합니다. 반복되는 사운드의 피치를 변화하여 떨림 효과를 만드는 모듈레이션으로도 이용할 수 있습니다. 한 가지 장치로 코러스, 플랜저, 모듈레이션의 3가지 효과를 만들 수 있는 멀티 컴포넌트입니다.

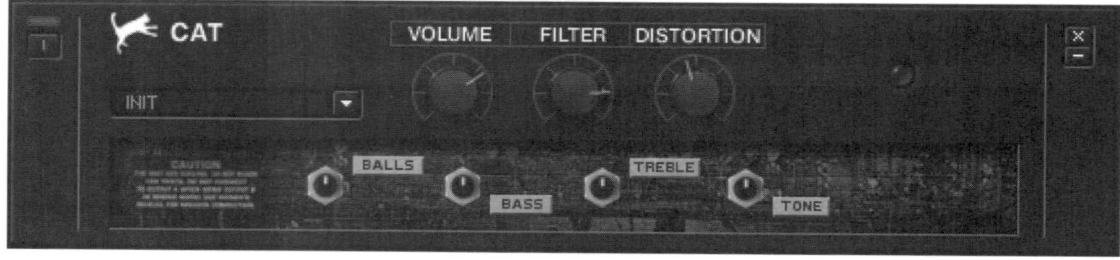

- SPEED: 코러스(Chorus) 모드일 경우에는 지연 속도, 플랜저(Flanger) 모드일 경우에는 변조 속도, 모듈레이션(Pitch Modulation) 모드일 경우에는 떨림 속도를 조정합니다.
- INTENSITY: 각 모드의 효과가 적용되는 강도를 조정합니다.
- WIDTH: 각 모드의 변조 범위를 조정합니다. 코러스(Chorus) 모드일 경우에는 반복되는 양, 플랜저(Flanger) 모드일 경우에는 변조되는 주파수 범위, 모듈레이션(Pitch Modulation) 모드일 경우에는 피치의 폭이 조정되는 것입니다.
- MODE: Chorus, Pitch Modulation, Flanger의 사용 모드를 선택하는 스위치 입니다.

• SYNC: 코러스 및 플랜저의 변조 속도를 템포에 일치시키는 On/Off 스위치입니다. 버튼이 On일 경우에는 Speed가 비트 단위로 조정됩니다.

• STEREO: 사운드를 좌/우로 벌려 스테레오 효과를 연출하는 On/Off 스위치입니다.

2 Ensemble

짧은 딜레이 타임으로 사운드를 반복하여 합창 효과를 만드는 코러스와 비슷한 역할을 합니다. Ensemble은 코러스 효과뿐만 아니라 반복되는 사운드의 진폭을 변조하여 떨림 효과를 만드는 비브라토 모드로도 이용할 수 있습니다.

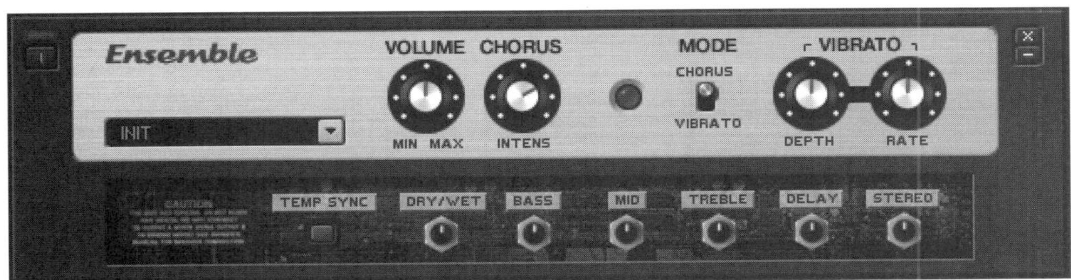

• VOLUME: Ensemble의 출력 레벨을 조정합니다.

• CHOURS: Mode가 Chorus일 때, 코러스의 양의 조정합니다.

• MODE: Chorus 및 Vibrato 중에서 Ensemble의 사용 모드를 선택합니다.

• VIBRATO: Mode가 Vibrato일 때, 폭과 속도를 조정할 수 있는 Depth와 Rate 노브가 있습니다. TEMP SYNC: 비브라토 속도를 템포에 일치시키는 On/Off 스위치입니다.

• DRY/WET: 입력 사운드와 Ensemble 사운드의 비율을 조정합니다.

• BASS/MID/TREBLE: 저음(Bass), 중음(Mid), 고음(Treble)역의 레벨을 조정합니다.

• DEALY: 반복되는 사운드의 지연 타임을 조정합니다.

• STEREO: Ensemble 사운드의 좌/우 폭을 조정합니다.

3 Electric Lady

Electric Lady라는 이름에서 짐작할 수 있듯이 화려하고 여성적인 플랜저입니다. 플랜저가 만들어지는 원리는 다른 장치와 비슷하지만, 짧은 딜레이 타임으로 만들어지는 코러스 사운드의 위상을 변조한다는 차이점이 있기 때문에 리듬 보다는 리드 파트에 효과적입니다.

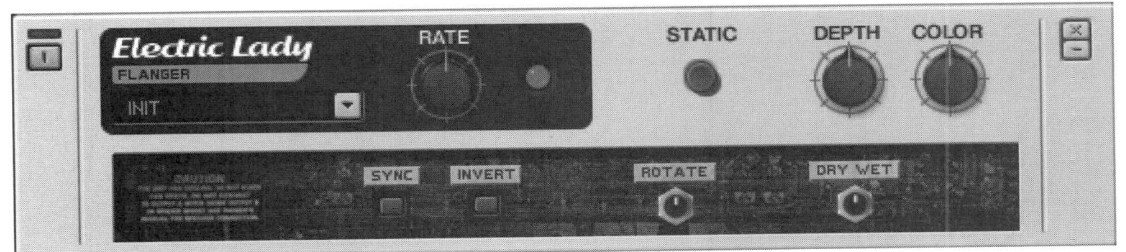

- RATE: 변조 속도를 조정합니다.
- STATIC: 변조 효과를 정지시킬지의 여부를 선택하는 On/Off 버튼입니다.
- DEPTH: 변조 폭을 조정합니다.
- COLOR: 사운드의 톤을 조정합니다.
- SYNC: 변조 속도를 템포에 일치시키는 On/Off 버튼입니다.
- INVERT: 플랜저 사운드의 위상을 바꾸는 On/Off 버튼입니다.
- ROTATE: 좌/우 채널의 플랜저 사운드를 조정합니다.
- DRY/WET: 입력 사운드와 플랜저 사운드의 비율을 조정합니다.

4 Phaser Nine

플랜저와 비슷한 컴포넌트로 반복되는 사운드와 입력 사운드 사이에서 발생하는 위상을 변조시켜 독특한 사운드를 만드는 페이저입니다. 플랜저보다 반복 타임이 짧고, 저주파수가 합성되는 방식이기 때문에 플랜저와는 전혀 다른 사운드를 얻을 수 있습니다.

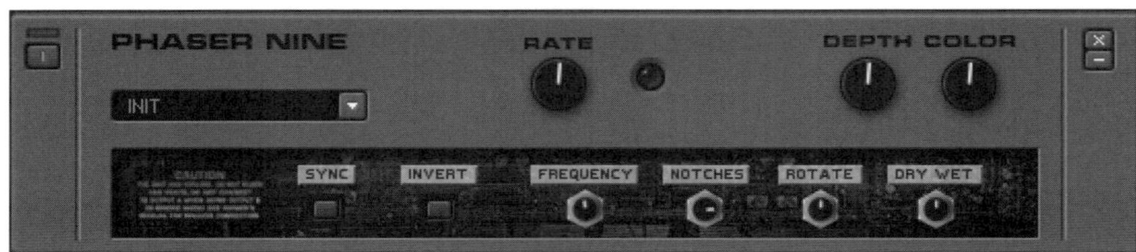

- RATE: 변조 속도를 조정합니다.
- DEPTH: 변조 폭을 조정합니다.
- COLOR: 변조되는 주파수 대역을 조정하여 전체적인 색깔을 변화시킵니다.
- SYNC: 변조 속도를 템포와 일치시키는 On/Off 스위치입니다.
- INVERT: 변조되는 파형의 위상을 바꾸는 On/Off 스위치입니다.
- FEQUENCY: 변조되는 중심 주파수를 설정합니다.
- NOTCHES: 변조되는 주파수 범위를 조정합니다.
- ROTATE: 좌/우 채널의 위상을 바꿔 스테레오 효과를 연출합니다.
- DRY WET: 입력 사운드와 페이저 사운드의 비율을 조정합니다

전통적인 방식의 페이저로 70년대 사운드를 구현할 수 있습니다. 방식이나 원리는 앞에서 살펴본 Phaser Nine과 동일하지만, 사운드의 결과는 다소 차이가 있습니다. Guitar Rig의 이전 버전에서부터 소개되었던 컴포넌트로 Phaser Nine의 형님 뻘입니다.

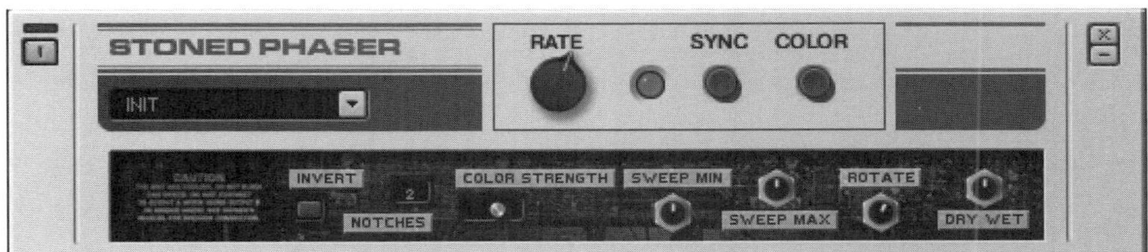

- RATE: 변조 속도를 조정합니다.
- SYNC: 변조 속도를 템포와 일치시키는 On/Off 스위치입니다.
- COLOR: 변조되는 주파수 대역을 강조하여 사운드를 변화시키는 On/Off 스위치입니다.
- INVERT: 페이저의 위상을 바꿉니다.
- NOTCHES: 변조되는 주파수 대역을 1~5범위로 입력하여 선택합니다.
- CLOLOR STREGNTH: COLOR 스위치가 적용되는 주파수 대역을 선택합니다.
- SWEEP MIN/MAX: 변조되는 범위의 최소값(Sweep Min)과 최대값(Sweep Max)을 조정합니다.
- ROTATE: 좌/우 채널의 위상을 바꿔 스테레오 효과를 연출합니다.
- DRY WET: 입력 사운드와 페이저 사운드의 비율을 조정합니다.

6 Rotator

60~70년대 Leslie rotating speaker 사운드를 시뮬레이션 하고 있는 장치로 사운드를 좌/우로 이동시키는 효과를 만듭니다. 소나 및 큐베이스 사용자는 Guitar 뿐만 아니라 다양한 악기에 사용해 보기 바랍니다. 사운드를 디자인하는데 많은 아이디어를 얻을 수 있을 것입니다.

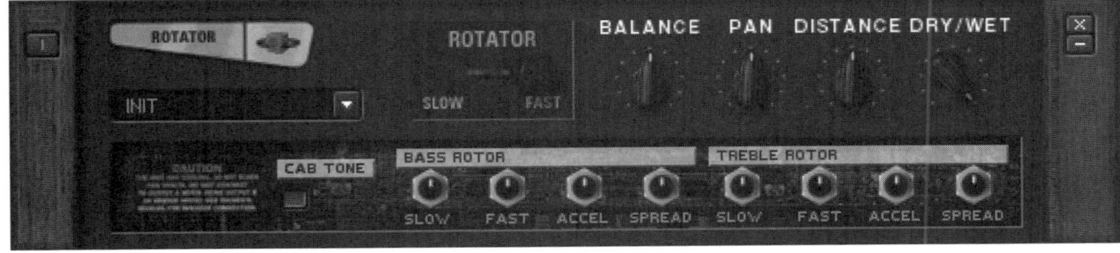

- ROTATOR: 사운드의 이동 속도를 Slow 또는 Fast 중에서 선택하는 스위치입니다.
- BLANCE: 고음역과 저음역의 비율을 조정합니다.
- PAN: 이동되는 고음역과 저음역의 방향을 조정합니다.
- DISTANCE: 캐비닛과 마이크와의 거리를 조정합니다.

• DRY/WET: 입력 사운드와 Rotator 사운드의 비율을 조정합니다.

• CAB TONE: Bass 및 Treble 스피커의 추가 여부를 On/Off 합니다.

• BASS/TREBLE ROTOR: CAB Tone의 사용으로 스피커를 추가할 경우에 각각의 이동 속도와 거리를 조정할 수 있는 4개의 노브로 구성되어 있습니다. Slow와 Fast는 Rotator 스위치에서 선택된 속도를 조정하는 것이고, Accel은 가변 속도를 조정합니다. Spread는 이동되는 거리를 조정합니다.

<h2>7   Tremolo</h2>

입력 사운드에 Low-frequency Oscillator(LFO)를 걸어 떨림 효과를 만듭니다. 현을 연속으로 피킹하여 만드는 트레몰로 주법과 현을 위/아래로 움직이는 비브라토 주법과는 많은 차이가 있으므로, 사운드를 충분히 모니터 해두는 것이 좋습니다.

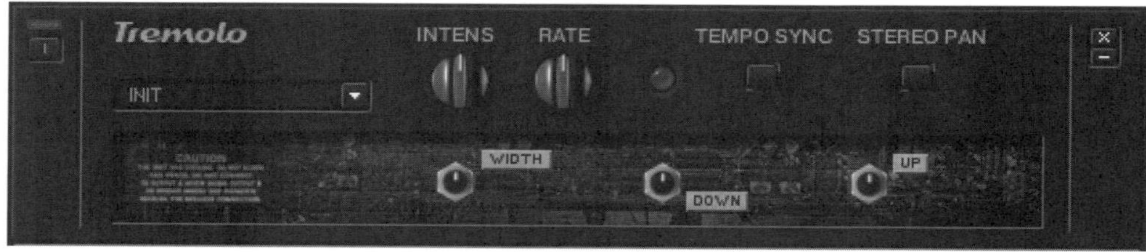

• INTENS: 트레몰로 효과의 강도를 조정합니다.

• RATE: 트레몰로 효과의 속도를 조정합니다.

• TEMPO SYNC: 트레몰로 속도를 템포에 일치시키는 On/Off 스위치 입니다. 이 버튼이 On일 경우에는 Rate 값이 비트 단위로 조정됩니다.

• STEREO PAN: 트레몰로 사운드를 좌/우로 패닝 시킵니다.

• WIDTH: 트레몰로 사운드를 패닝 시킬 때의 좌/우 폭을 조정합니다.

• DOWN/UP: 트레몰로 효과의 변조 폭을 설정합니다.

<h2>8   Ring Modulator</h2>

Ring Modulator는 입력 사운드에 모듈레이션 효과를 추가한 사운드와 LFO 효과를 추가한 두 개의 사운드 믹스하여 전혀 새로운 형태의 모듈레이션 효과를 만드는 컴포넌트입니다. 약간은 코믹스러운 솔로 연주가 필요할 때 이용을 해보면, 의외의 결과를 얻을 수 있습니다.

- RING: 입력 사운드와 모듈레이션 사운드의 비율을 조정합니다.
- FM: 주파수를 변조하는 FM 방식의 추가 비율을 조정합니다.
- FREQ: 변조되는 주파수 범위를 선택합니다. 아래쪽의 LO/HI 선택 스위치는 FM 변즈가 추가될 때의 주파수 범위를 선택하는 스위치입니다.
- AMOUNT: LFO의 변조 량을 조정합니다 아래쪽의 사인파/사각파 선택 스위치로 LFO의 파형을 선택합니다.
- RATE: LFO 파형의 주기 속도를 조정합니다.
- S•YNC: LFO의 주기 속도를 템포에 일치시키는 On/Off 스위치입니다.
- EDGE: 사인파 또는 사각파의 형태를 변형시키는 정도를 조정합니다.

9 Oktaver

Boss OC-3 Super Octave 페달을 시뮬레이션 하고 있는 장치로 입력 사운드를 1옥타브 및 2 옥타브 아래의 사운드를 만들어 연주합니다. 싱글 노트에서 효과를 나타내는 컴포넌트이므로, 코드 연주는 물론이고, 리버브나 딜레이와 같은 잔향 장치들을 사용하지 않는 것이 좋습니다.

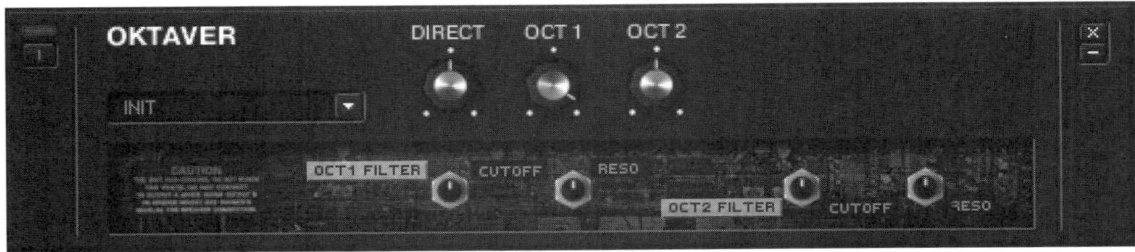

- DIRECT: 입력 사운드의 볼륨을 조정합니다.
- OCT1/2: 각 옥타브 사운드의 볼륨을 조정합니다.
- OCT1/2 FILTER: 각 옥타브 사운드의 필터 주파수(Cutoff)와 공명(Reso)을 조정합니다.

10 Pitch Pedal

DigiTech Wammy 페달을 시뮬레이션 하는 장치로 입력 사운드의 음정을 변조시킵니다. 페달을 이용할 수 있는 컴포넌트이므로, Native instruments의 풋 컨트롤러나 마스터 건반의 볼륨 페달을 가지고 있는 사용자는 라이브 연주가 가능합니다. 라이브 연주가 필요 없는 사용자는 소나 및 큐베이스의 오토메이션 기능을 이용하거나 별도의 미디 컨트롤러를 이용해도 좋습니다.

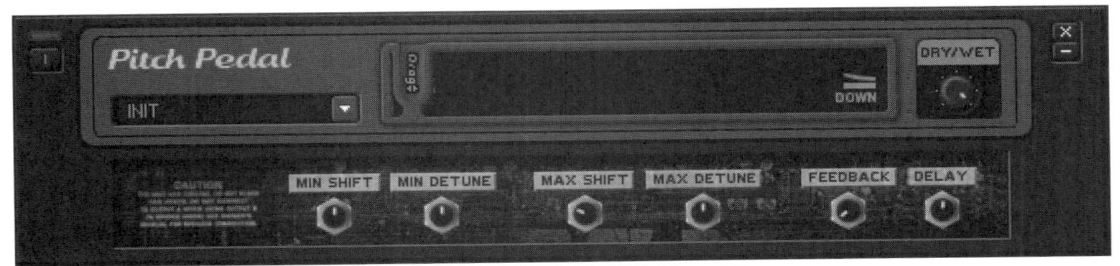

- DRY/WET: 입력 사운드의 Pitch Pedal 사운드의 비율을 조정합니다.
- MIN SHIFT/DETUNE: 음정이 변하는 최소 값을 반음(SHIFT)과 100분 1음(DETUNE) 단위로 조정합니다.
- MAX SHIFT/DETUNE: 음정이 변하는 최대 값을 반음(SHIFT)과 100분 1음(DETUNE) 단위로 조정합니다.
- FEEDBACK: 출력 사운드가 반복되는 양을 조정합니다.
- DELAY: 피드 백 사운드의 지연 값을 10~50ms 범위로 조정합니다.

11 Harmonic Synthesizer

입력되는 사운드에 전자 음을 믹스하여 신지사이저와 같은 사운드를 연출할 수 있는 컴포넌트입니다. Harmonic Synthesizers는 입력 사운드를 분석해서 하모니를 만들어내는 장치이기 때문에 입력 사운드를 정확히 분석할 수 있는 Guitar와 Bass의 선택 스위치를 가지고 있습니다.

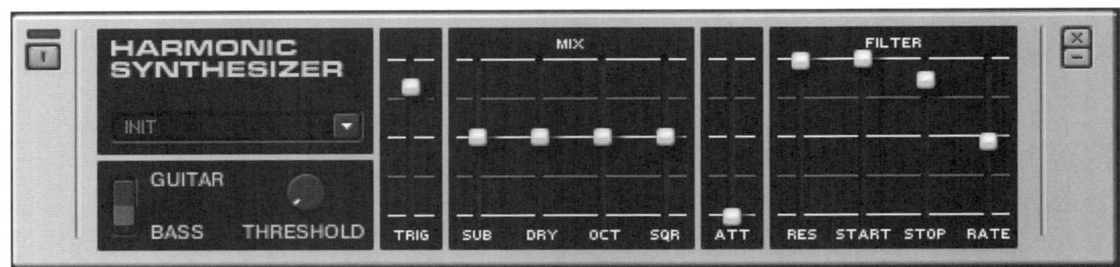

- GUITAR/BAS: 입력 사운드의 소스를 선택하는 스위치입니다.
- THRESHOLE: 사운드가 입력되지 않을 때의 차단 레벨을 조정합니다.
- TRIG: Harmonics Synthesizer의 적용 레벨을 조정합니다.
- SUB: 하모닉 사운드의 레벨을 조정합니다.
- DRY: 입력 사운드의 레벨을 조정합니다.
- OCT: 하모닉 사운드가 만들어지는 분석 범위를 조정합니다.
- SQR: 하모닉 사운드에 믹스되는 사각 파형의 레벨을 조정합니다.
- ATT: 입력 사운드가 분석되는 시작 타임을 조정합니다.
- RES: 하모닉스가 적용되는 주파수 범위를 조정합니다.
- START/STOP: 필터가 적용되는 주파수의 시작 지점(start)과 끝 지점(Stop)을 설정합니다
- RATE: 필터의 시작 지점과 끝 지점의 적용 속도를 조정합니다.

5 EQ

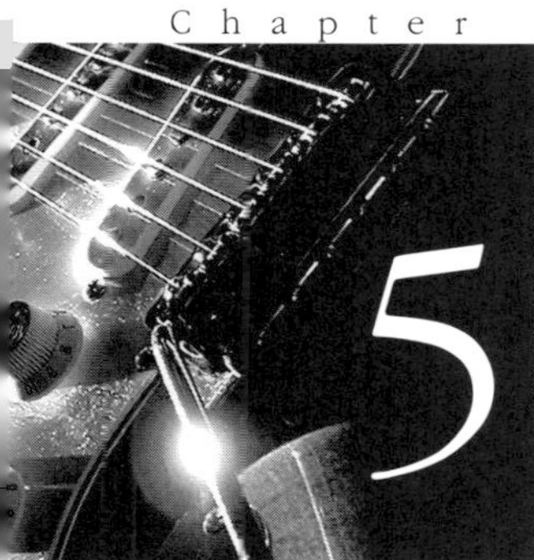

Guitar를 연주하면서 저음이 조금 많다거나 부족하다는 느낌이 들 때, 이것을 수정할 수 있는 컴포넌트가 EQ입니다. Guitar Rig에서 제공하는 앰프나 디스토션을 살펴보면서 EQ에 대해서는 어느 정도 익숙해졌겠지만, 실전에 응용하기까지는 많은 학습이 필요한 장치입니다. 그리고 Guitar 음질의 근본은 실제로 연주하고 있는 Guitar 톤에서 결정되기 때문에 Guitar Rig에서 제공하는 EQ를 사용하기 전에 사용자가 연주하는 Guitar 톤을 점검할 필요가 있으며, EQ의 잘못된 사용으로 오리지널 음질을 망치는 부작용을 피할 수 있도록 많은 실습을 해보기 바랍니다. Guitar Rig는 10가지의 EQ를 제공하고 있으며, 세부 설정이 가능한 확장 패널을 제공하고 있는 것들도 있습니다.

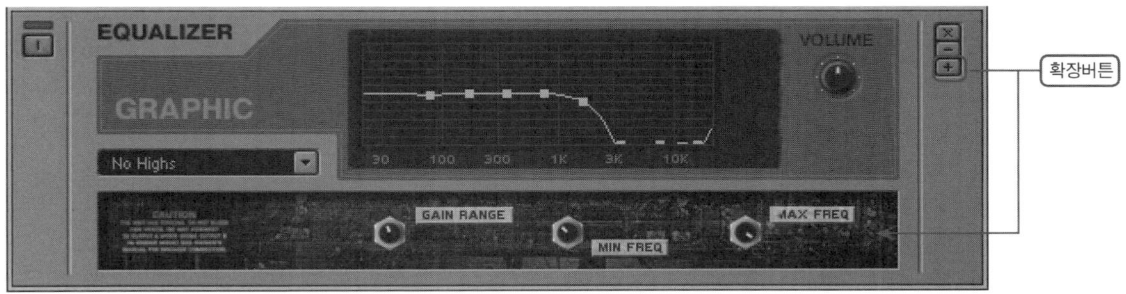

1 EQ Shelving

특정 주파수 이하 또는 이상의 범위를 증가시키거나 감소시킬 수 있는 쉘빙 타입의 EQ입니다. 2 밴드로 구성된 간단한 구조이기 때문에 입문자도 쉽게 사용할 수 있다는 장점이 있습니다.

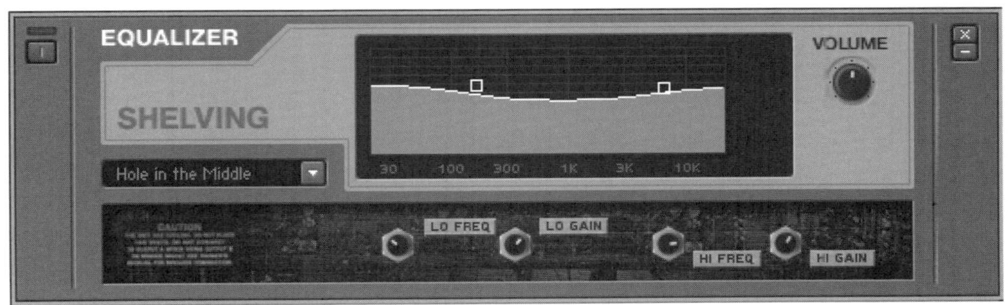

• VOLUME: EQ Shelving의 출력 레벨을 조정합니다.

• LO FREQ/GAIN: LO FREQ에서 설정한 주파수 이하를 LO GAIN으로 조정합니다. 그래픽 표시 창의 왼쪽 포인트를 드래그하여 조정할 수 있습니다.

• HI FREQ/GAIN: HI FREQ에서 설정한 주파수 이상을 HI GAIN으로 조정합니다. 그래픽 표시 창의 오른쪽 포인트를 드래그하여 조정할 수 있습니다.

2 EQ Parametric

특정 주파수 대역을 증가시키거나 감소시킬 수 있는 파라메트랙 타입의 EQ 입니다. 2 밴드를 제공하고 있으며, 조정 범위인 Q값을 1까지 설정할 수 있기 때문에 미세한 플랫 잡음을 제거하는데도 응용할 수 있습니다.

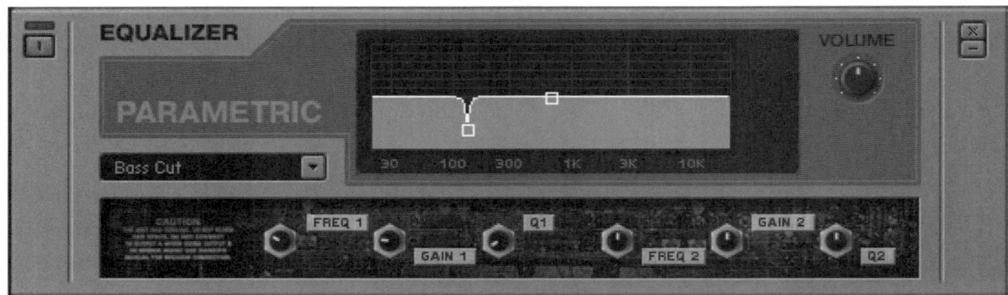

• VOLUME: EQ Parametric의 출력 레벨을 조정합니다.

• FREQ1: 왼쪽에 보이는 포인트 1의 조정 주파수를 설정합니다.

• GAIN1: 포인트 1에 설정된 주파수 범위를 증가/감소 시킵니다.

• Q1: 포인트 1의 주파수 조정 범위를 설정합니다.

• FREQ2: 오른쪽에 보이는 포인트 2의 조정 주파수를 설정합니다.

• GAIN2: 포인트 2에 설정된 주파수 범위를 증가/감소 시킵니다.

• Q2: 포인트 2의 주파수 조정 범위를 설정합니다.

3 EQ Graphic

EQ에 익숙하지 않은 사용자도 쉽게 사용할 수 있는 그래픽 타입입니다. 8캔드로 구성되어 있으며, 그래프에 표시되어 있는 각각의 포인트를 드래그하여 해당 주파수 대역을 증/감시키는 겪입니다.

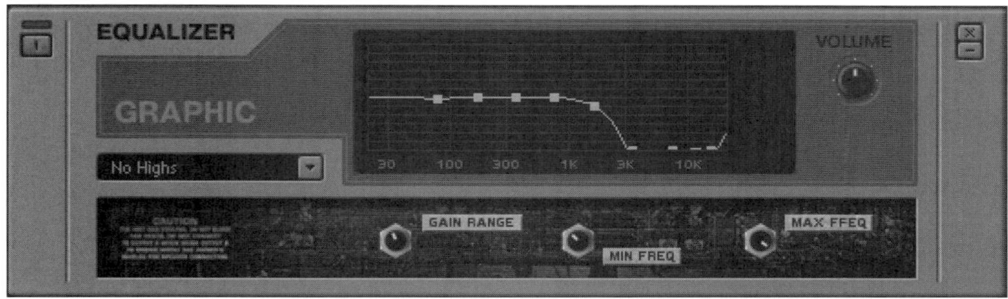

- VOLUME: EQ Graphic의 출력 레벨을 조정합니다.
- GAIN RANGE: 각 주파수 조정 범위를 설정합니다.
- MIM FREQ: 최소 주파수 대역을 26Hz~622Hz 범위로 설정합니다.
- MAX FREQ: 최대 주파수 대역을 11.09KHz~14.97Hz 범위로 설정합니다.

4 Custom EQ

흔히 SCOOP EQ라고 해서 미들 음역을 낮추어 전체전인 톤을 조정하는 방식입니다. 톤 조정 노브를 제공하고 있기 때문에 빈약한 미들 음역을 강조할 수 있으며, EQ 사용에 어려움을 겪는 입문자도 손쉽게 톤을 조정할 수 있다는 장점이 있습니다.

- TONE: 왼쪽으로 돌려 저음을 증가시키거나 오른쪽으로 돌려 고음을 증가시킵니다.
- FREQ: Scoop에 의해서 조정될 중심 주파수를 설정합니다.
- SCOOP: FREQ에서 설정된 주파수의 감소량을 조정합니다.
- VOLUME: Custom EQ의 출력 레벨을 조정합니다.

특정 범위의 주파수 대역만을 통과시키는 필터 타입의 EQ입니다. 고음역을 차단하는 Low-Pass Filter(LPF), 사용자가 원하는 주파수 대역만을 통과시키는 Bandpass Filter(BPF), 저음역을 차단하는 High-Pass Filter(HPF)의 3가지 타입 중에서 원하는 것을 선택하거나 믹스할 수 있습니다.

- CUTOFF: 필터가 적용되는 주파수 대역을 조정합니다.
- RESQ: 필터가 적용되는 범위를 설정합니다.
- SLOPE: 최소 12dB에서 최대 24dB 범위로 기울기를 조정합니다.
- BPF/LPF/HPF: Custom EQ의 필터 타입을 선택합니다.

6 | Auto Filter

오토 필터는 볼륨 값에 자동으로 반응하는 오토 와와 페달입니다. Native Instrumetns사의 풋 컨트롤러나 마스터 건반의 볼륨 컨트롤러 등을 가지고 있지 않아 Guitar Rig를 발로 조정할 수 없는 상황에서도 70년대 펑크 음악에서 많이 사용하던 와와 효과를 이용할 수 있습니다.

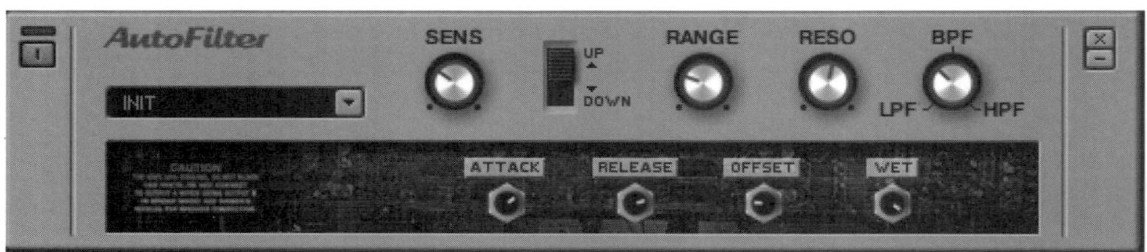

- SENS: Auto Filter가 동작할 기준 레벨을 설정합니다.
- UP/DOWN: 필터가 동작하는 주파수의 이동 방향을 선택합니다.
- RANGE: 필터가 적용되는 범위를 설정합니다.
- RESO: 필터의 반응 정도를 설정합니다.
- BPF/LPF/HPF: 밴드 필터(BPF), 로우 패스 필터(LPF), 하이 패스 필터(HPF)의 타입을 선택합니다.
- ATTACK: Auto filter가 동작하는 시작 타임을 설정합니다.
- RELEASE: Auto filter가 동작을 멈추는 타임을 설정합니다.
- OFFSET: 필터의 중심 주파수를 설정합니다.
- WET: 필터 사운드와 원본 사운드의 비율을 조정합니다.

발로 밟아 필터를 컨트롤할 수 있는 컴포넌트로 Guitar 연주에 관심이 있는 사람들에게는 너무나 유명한 장치입니다. 단, 발로 컨트롤하는 장치인 만큼, Native Instruments사의 풋 컨트롤러나 마스터 건반의 볼륨 컨트롤러와 같은 하드웨어가 필요합니다.

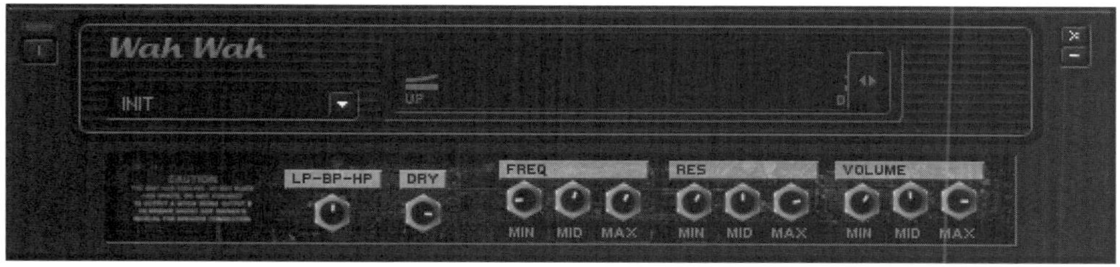

- LP-BP-HP: 로우 패스(LP), 밴드 패스(BP), 하이 패스(HP)의 필터 타입을 선택합니다.
- DRY: 와와 사운드와 원본 사운드의 비율을 조정합니다.
- FREQ: 필터가 적용되는 주파수 범위를 설정합니다. MIN은 최소 값(UP), MID는 중심 값(가운데), MAX는 최대 값(Down) 설정 노브입니다.
- RES: 슬라이드 위치에 따른 공명의 정도를 설정합니다. MIN은 Up 위치, MID는 가운데 위치, MAX는 Down 위치입니다.
- VOLUME: 볼륨을 조정합니다. MIN은 Up 위치, MID는 가운데 위치, MAX는 Down 위치입니다.

라이브 연주자

Native Instruments사의 풋 컨트롤러나 마스터 건반의 볼륨 컨트롤러와 같은 장치를 가지고 있는 사용자는 Options 프레임의 Controller 탭에서 PK Pedal 항목의 Wahwah Pedal을 Pedal로 연결합니다. 그리고 Learn 버튼을 On으로 하고 페달을 밟아 장치를 인식시킵니다.

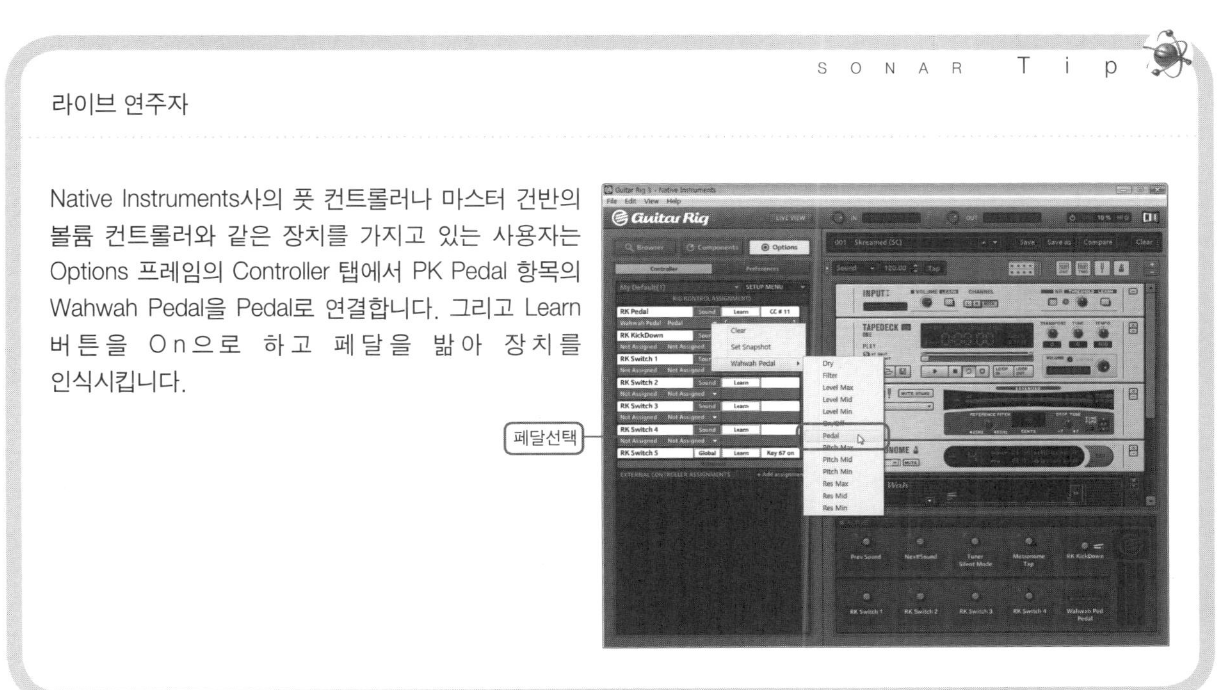

마치 아기가 우는 소리가 난다고 해서 클라이 베이비라고도 불리는 와와 페달입니다. 모든 와와 페달의 동작 원리는 같지만, 각각의 컴포넌트마다 독특한 사운드를 만들어내고 있으므로, 하나씩 모니터를 해보는 것이 좋습니다. Crywha는 별도의 파라미터를 제공하고 있지 않습니다.

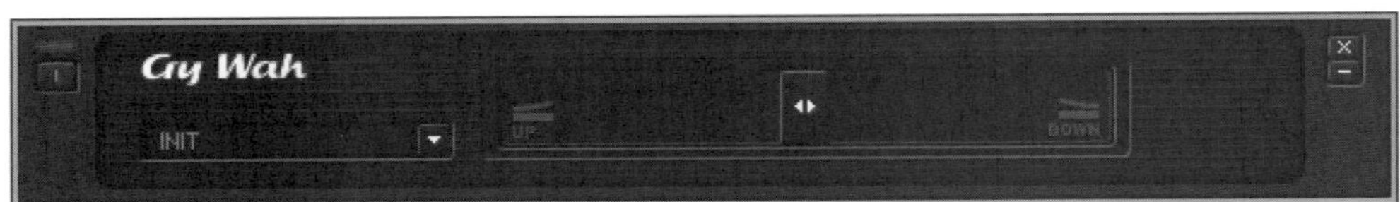

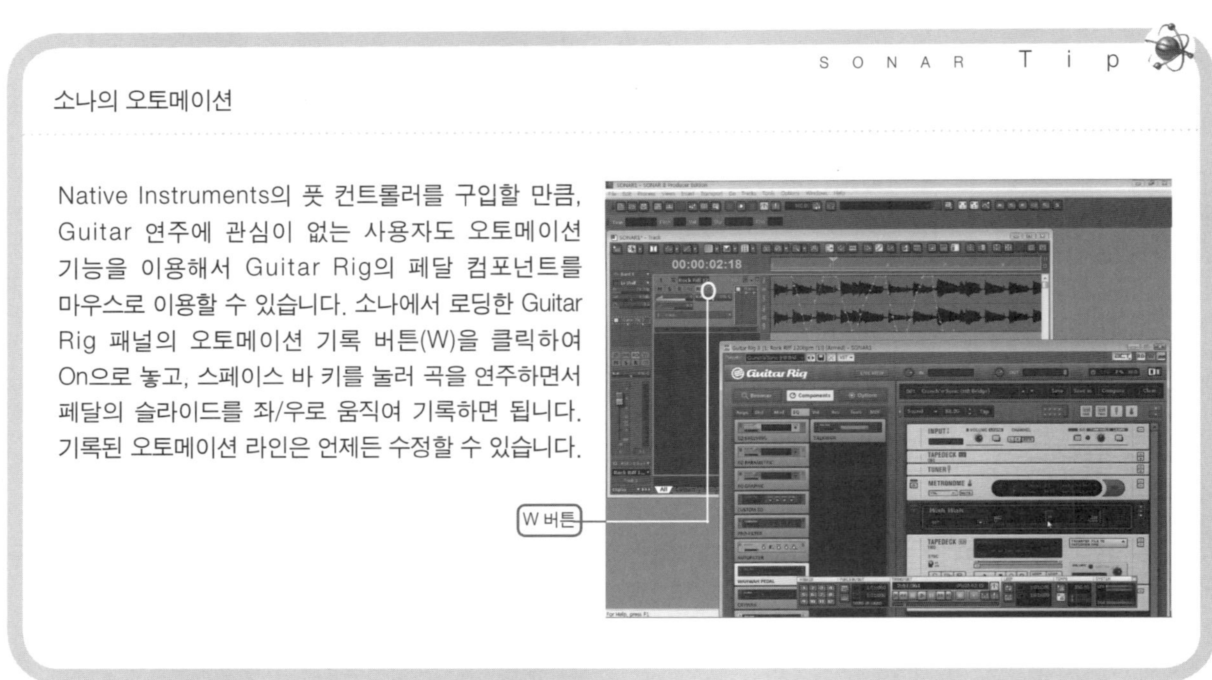

SONAR Tip

소나의 오토메이션

Native Instruments의 풋 컨트롤러를 구입할 만큼, Guitar 연주에 관심이 없는 사용자도 오토메이션 기능을 이용해서 Guitar Rig의 페달 컴포넌트를 마우스로 이용할 수 있습니다. 소나에서 로딩한 Guitar Rig 패널의 오토메이션 기록 버튼(W)을 클릭하여 On으로 놓고, 스페이스 바 키를 눌러 곡을 연주하면서 페달의 슬라이드를 좌/우로 움직여 기록하면 됩니다. 기록된 오토메이션 라인은 언제든 수정할 수 있습니다.

Real Wah는 하이 패스 타입의 필터를 열거나 닫는 와우 페달로 Guitar Amp의 Tone을 조정하는 느낌으로 연출해도 좋습니다. 별다른 파라미터를 제공하지 않기 때문에 컴포넌트를 장착하고 사운드를 모니터 해보면, 쉽게 익숙해질 수 있는 장치입니다.

큐베이스의 오토메이션

큐베이스에서의 오토메이션 사용법도 소나와 비슷합니다. 큐베이스에서 로딩한 Guitar Rig 패널의 오토메이션 기록 버튼(W)을 On으로 하고, 키보드 숫자열의 0번 키를 눌러 곡을 연주하면서 페달 컴포넌트의 슬라이드를 좌/우로 움직여 기록하면 됩니다. 단, 큐베이스에서는 오토메이션 읽기 버튼(R) 버튼을 클릭하여 수동으로 On시켜야 하며, 수정이 필요한 경우에는 오토메이션 트랙을 별도로 열어야 합니다.

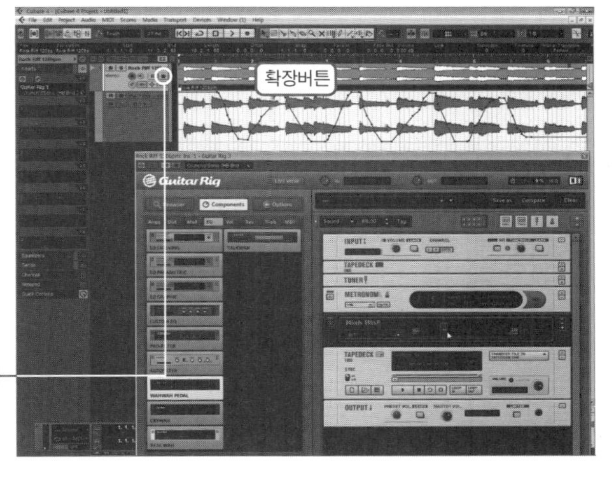

10 Talk Wah

Guitar 연주에 관심이 있다면 Bon Jovi의 Living' On A Prayer이라는 곡을 알고 있을 것이고, 관심이 없다면 김건모의 Kiss라는 곡을 연상해도 좋습니다. 각각의 곡에서는 토크 박스라고 하는 장치를 이용해서 사람 목소리를 샘플링 한듯한 Guitar 또는 Organ 사운드를 연주하고 있는데, 이것과 비슷한 효과를 낼 수 있는 것이 Talk Wah입니다. 소나 및 큐베이스를 이용하는 컴퓨터 뮤지션이라면 Guitar뿐만 아니라 보컬이나 건반 악기에 사용해보는 것도 좋은 아이디어가 될 것입니다.

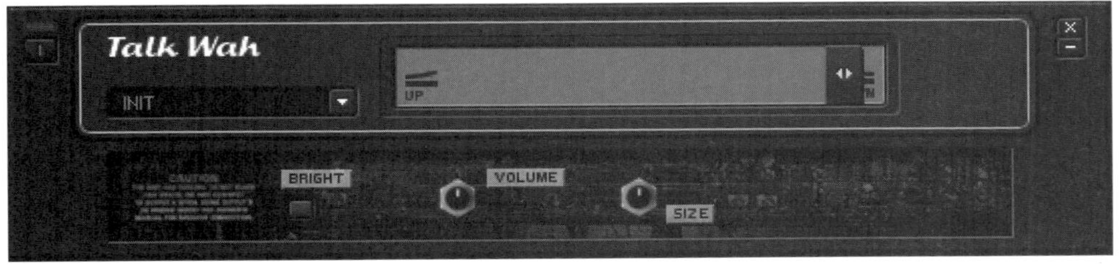

- BRIGHT: 고음역의 레벨을 증가시키는 On/Off 스위치입니다.
- VOLUME: Talk Wah의 볼륨을 조정합니다.
- SIZE: 사람의 목소리를 시뮬레이션 하는 장치답게 입 크기를 조정합니다.

6 Vol

Vol 페이지에서는 사운드의 다이내믹 범위를 조정한다거나 잡음을 제거하는 등의 역할을 하는 6가지 컴포넌트를 제공합니다. Volume pedal, Noise Reduction, Stop Compressor, Tube Compressor는 하드웨어의 회로 효과를 시뮬레이션 하는 확장 패널을 제공합니다.

1 Volume Pedal

사운드의 볼륨을 페달로 조정할 수 있도록 하는 컴포넌트입니다. 라이브 연주자의 경우에는 Native Instruments사의 풋 컨트롤러나 마스터 건반의 볼륨 컨트롤러 등의 하드웨어 장치가 필요하지만, 컴퓨터 뮤지션이라면 미디 컨트롤러나 소나 및 큐베이스의 오토메이션 기능을 이용해도 좋습니다.

- VOL: 슬라이드가 가장 오른쪽에 위치했을 때의 최대 볼륨을 설정합니다.
- MIN VOLUME: 슬라이드가 가장 왼쪽에 위치했을 때의 최소 볼륨을 설정합니다.
- HALF VOLUME: 슬라이드가 중앙에 위치했을 때의 중간 볼륨을 설정합니다.

2 | Limiter

피크 잡음이 발생하지 않도록 최대 사운드의 레벨을 제한하는 리미터입니다. 출력 사운드를 제한하는 것이 목적이므로, 랙의 가장 마지막에 장착하는 것이 정석입니다. 하지만, 컴프레서 다음에 걸어서 미들 톤을 유지하는 테크닉으로 이용하는 것도 아이디어입니다.

- VOLUME: Limiter의 출력 레벨을 조정합니다.
- LIMIT: 리미터가 작동하는 레벨을 설정합니다.
- HOLD: 리미터가 작동되었을 때의 유지 시간을 설정합니다.
- RELEASE: 리미터의 작동이 멈추는 릴리즈 타임을 설정합니다.

3 | Noisegate

Threshold에서 설정한 레벨 이하의 사운드를 압축하여 잡음이 발생하지 않도록 하는 노이즈 게이트입니다. Guitar Rig는 Input장치에서 노이즈 리덕션 기능을 제공하기 때문에 입력 사운드의 잡음을 제거하기 보다는 앰프의 드라이브 잡음을 제거하는 용도로 이용합니다.

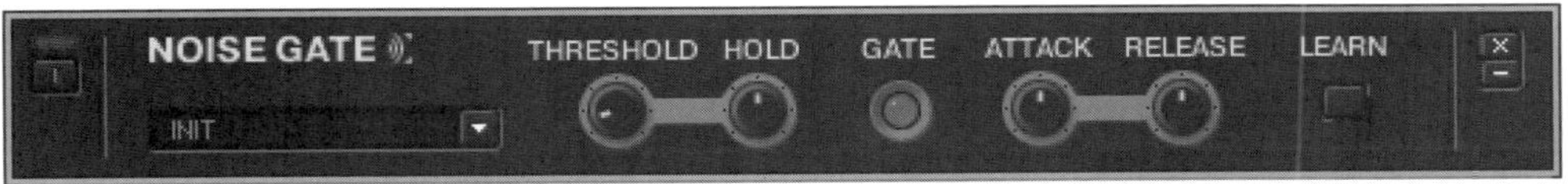

- THRESHOLD: 노이즈 게이트가 작동될 기준 레벨을 조정합니다. LEARN 버튼을 On으로 하고, Guitar를 연주하지 않으면 자동으로 설정됩니다.
- HOLD: 노이즈 게이트가 작동되었을 때의 유지 시간을 설정합니다.
- ATTACK: 노이즈 게이트가 작동되는 시작 타임을 설정합니다.
- RELEASE: 노이즈 게이트의 작동이 멈추는 시간을 설정합니다.

Threshold에서 설정한 레벨 이하의 사운드를 차단하여 잡음이 발생하지 않도록 하는 노이즈 리덕션입니다. 앞에서 살펴본 노이즈 게이트와 결과는 비슷하지만, 다이내믹 범위를 넓히는 방식이라는 차이점이 있습니다.

• THRESHOLD: 노이즈 리덕션이 작동될 기준 레벨을 조정합니다. LEARN 버튼을 On으로 하고, Guitar를 연주하지 않으면 자동으로 설정됩니다.

• RELEASE: 노이즈 리덕션의 작동이 멈추는 시간을 설정합니다.

• DE-HISS: 고음역대의 히스 잡음을 얼마만큼 제거할 것인지를 설정합니다.

5 Stomp Compressor

사운드의 다이내믹 범위를 압축하여 단단한 사운드를 만듭니다. 일정한 다이내믹 범위를 얻기 위해서 습관적으로 사용되고 있는 장치이지만, 음악의 장르나 연주 파트에 따라 적절히 사용할 수 있는 요령을 갖춰야 할 것입니다.

• VOLUME: Stomp Compressor의 출력 레벨을 조정합니다.

• SUSTAIN: 컴프레서가 작동되었을 때의 유지 시간을 설정합니다.

• ATTACK: 컴프레서가 작동되는 시작 타임을 설정합니다.

• RELEASE: 컴프레서가 작동되고 멈추는 타임을 설정합니다.

• THRESHOLD: 컴프레서가 작동될 기준 레벨을 조정합니다.

6 Tube Compressor

Stomp Compressor와 동일한 컴프레서 입니다. Tube Compressor는 튜브 타입의 아날로그 방식을 시뮬레이션 하고 있기 때문에 디지털 타입을 시뮬레이션 하고 있는 Stomp Compressor보다 따뜻한 느낌을 연출할 수 있습니다.

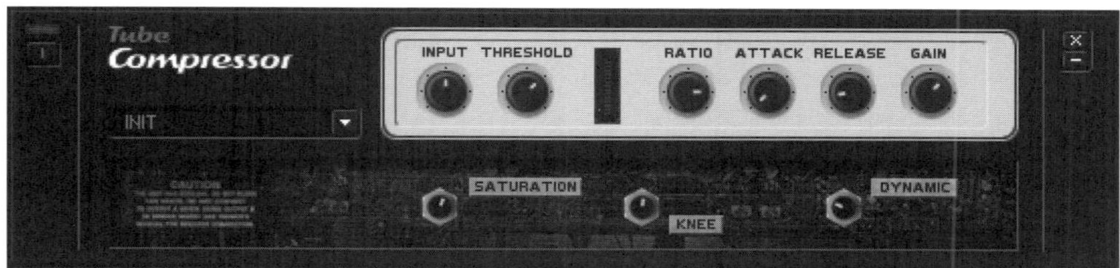

- INPUT: 입력 레벨을 조정합니다.
- THRESHOLD: 컴프레서가 작동되는 기준 레벨을 조정합니다.
- RATIO: 사운드의 압축 비율을 조정합니다.
- ATTACK: 컴프레서가 작동을 시작하는 타임을 조정합니다.
- RELEASE: 컴프레서가 작동을 멈추는 타임을 조정합니다.
- GAIN: Tube Compressor의 출력 레벨을 조정합니다.
- SATURATION: 압축되는 사운드에 디스토션 효과를 추가합니다.
- KNEE: 압축의 강도를 조정합니다.
- DYNAMIC: 튜브의 아날로그 느낌 정도를 조정합니다.

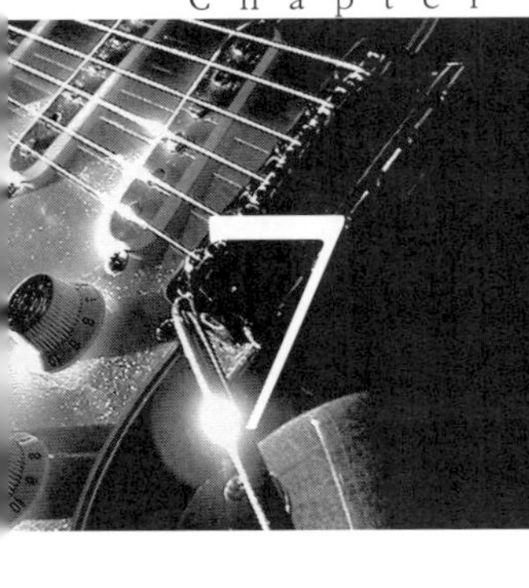

Rev

간혹 실력 없는 사람들이 이펙트를 많이 사용한다며, 열변을 토하는 Guitar 연주가들이 있습니다. 필자의 의견은 그들과 다르지만, 여기서 옳고 그름을 얘기하고 싶지는 않습니다. 다만, 그렇게 열변을 토하는 사람들 조차도 예외적으로 사용하고 있는 것이 딜레이와 리버브와 같은 공간 계열의 이펙트라는 것입니다. 이처럼 리버브와 딜레이는 다른 악기와의 조화를 위해서 꼭 필요한 장치이지만, 곡의 분위기와 템포에 따라 많은 주의가 필요한 장치이기도 합니다. Guitar Rig에서 제공하는 6가지 컴포넌트는 세부 조정이 가능한 확장 패널을 가지고 있습니다.

1 Spring Reverb

전통적인 Fender spring reverb를 시뮬레이션하고 있는 장치입니다. 입력되는 사운드에 잔향을 만들어 공간감을 연출하는 것이 목적이므로, 다른 악기와의 어울림은 물론이고, 배킹과 솔로 연주 구간에서의 차이점도 고려해야 할 것입니다. 결국, 음악 마다 다르겠지만, 최소 두 가지 이상의 프리셋을 만들어 놓는 섬세함이 필요합니다.

- REVERB: 잔향의 레벨을 조정합니다.
- TIME: 잔향의 시간을 조정합니다.
- BASS: 저음역의 잔향 레벨을 조정합니다.
- MUTE: 잔향을 뮤트시키는 버튼으로 리버브 적용 전/후의 사운드를 비교해볼 수 있습니다.
- SPRINING LENGTH: Spring Reverb를 시뮬레이션 하는 장치답게 스프링의 길이를 조절할 수 있습니다. 이 길이에 따라 Reverb의 양과 사운드가 달라집니다.
- HIGH/LOW DAMP: 고음역(High Damp)과 저음역(Low Damp)의 반사율을 조정하여 공간의 특성을 결정합니다.

디지털 리버브의 프리셋을 시뮬레이션 하는 장치로, 룸(Room)이나 홀(Hall) 등의 공간감을 손쉽게 연출할 수 있습니다. 다른 것들도 동일하지만, 이펙트를 잘 활용하는 방법은 컴포넌트에서 제공하는 프리셋들이 어떻게 세팅되어 있으며, 어떠한 소리를 내는지 모니터 해보는 것입니다. Studio Reverb에서 제공하는 프리셋들을 선택해보면서 어떻게 공간감을 연출하는지 확인해보는 시간을 가져보기 바랍니다.

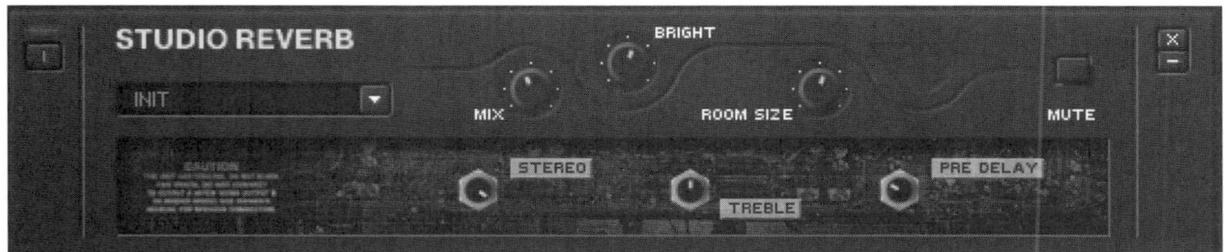

- MIX: 리버브의 양을 조정합니다.
- BRIGHT: 고음역의 리버브 양을 조정합니다.
- ROMM SIZE: 공간의 크기를 조정합니다.
- MUTE: 리버브를 뮤트하여 Studio Reverb 적용 전/후의 사운드를 비교할 수 있습니다.
- STEREO: 사운드의 좌/우 폭을 조정하여 스테레오 효과를 증/감합니다.
- TREBLE: 고음역의 반사율을 조정하여 공간의 특성을 시뮬레이션 합니다.
- PRE DELAY: 초기 잔향 타임을 조정합니다.

3   Tape Echo

아날로그 테이프로 연출하는 딜레이 효과를 시뮬레이션 하는 장치입니다. 과거의 테이프 에코 방식을 그대로 재현하고 있기 때문에 딜레이 효과뿐만 아니라 스프링 리버브의 금속성 사운드도 쉽게 만들어낼 수 있습니다.

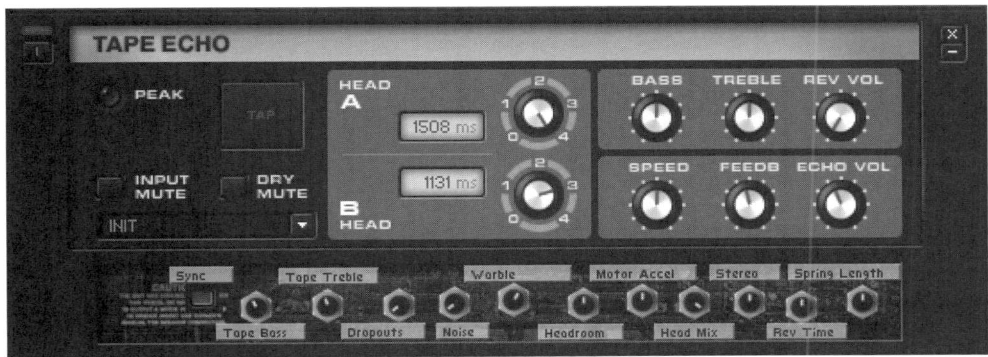

- TAP: 마우스 클릭으로 딜레이 타임 및 Speed를 설정할 수 있는 버튼입니다.
- INPUT/DRY MUTE: 입력 사운드를 뮤트(Input mute)하거나 잔향만 모니터(Dry mute)하는 버튼입니다.
- HEAD A/B: TAP 또는 Speed로 설정된 초기 값을 기준으로 테이프의 재생 타임을 최대 4배율까지 조정합니다.

• BASS/TREBLE: 저음역(Bass) 및 고음역(Treble)의 레벨을 조정합니다.

• REV VOL: 잔향의 레벨을 조정합니다.

• SPEED: 테이프의 재생 속도를 조정합니다. 이 값이 Head의 기준 값을 바꾸는 것입니다.

• FEEDB: 각 헤드의 반복 값을 조정합니다.

• ECHO VOL: 반복되는 사운드의 레벨을 조정합니다.

• SYNC: 헤드 A/B의 지연 타임을 동조시키는 버튼입니다.

• TAPE BASS/TREBLE: 잔향의 저음역(Tape Bass)와 고음역(Tape Treble)을 조정합니다.

• DROPOUTS: 실제 테이프를 재생할 때 발생할 수 있는 드롭 현상을 시뮬레이션 하여 현실감 있는 아날로그 테이프 에코 효과를 만듭니다.

• NOISE: 아날로그 테이프의 고유 잡음을 만듭니다.

• WARBLE: 아날로그 테이프의 늘어짐으로 발생하는 피치 변화를 시뮬레이션 합니다.

• HEADROOM: 잔향의 여유 레벨을 조정합니다. 피크 잡음이 발생한다면, 입력 레벨을 줄이는 것 보다 Headroom을 올리는 것이 효과적입니다.

• MOTOR ACCEL: 테이프의 가속력을 조정합니다.

• HEAD MIX: 헤드 A와 B의 밸런스를 조정합니다.

• STEREO: 잔향의 좌/우 폭을 조정하여 스테레오 효과를 연출합니다.

• REV TIME: 잔향의 길이를 조정합니다.

• SPRING LENGTH: 스프링 길이를 조정하여 금속성 사운드 및 전통적인 리버브를 만듭니다.

<table>
<tr><td>4</td><td>Delay Man</td></tr>
</table>

딜레이 장치이긴 하지만, 좀 더 짧은 타임으로 코러스 및 비브라토 효과를 만드는 컴포넌트 입니다. 반복되는 사운드의 타임을 조정하기 때문에 Mod 컴포넌트에서 제공하는 코러스 및 비브라토 장치와는 전혀 다른 결과를 만듭니다.

• MUTE: 딜레이 사운드를 뮤트하여 입력 사운드를 모니터 할 수 있는 버튼입니다.

• INPUT: 입력 사운드의 레벨을 조정합니다.

• DRYWET: 입력 사운드와 딜레이 사운드의 비율을 조정합니다.

• TIME: 딜레이 타임을 조정합니다.

• FEEDB: 반복되는 사운드의 양을 조정합니다.

• CHOR/VIB: 코러스(Chor) 및 비브라토(Vib)중에서 사용 모드를 선택합니다.

• DEPTH: 코러스 및 비브라토의 강도를 조정합니다.

• TAP: 마우스 클릭으로 딜레이 타임 값을 설정합니다.

• SYNC DELAY: 딜레이 타임을 템포와 일치하여 Time 노브를 비트 단위로 조정할 수 있습니다.

• SYNC MOD: 코러스 및 딜레이 타임을 일치시킵니다.

• CHORUS/VIBRATO RATE: 코러스(Chorus rate) 간격 및 비브라토(Vibrato rate)의 속도를 조정합니다.

• ACCELERATION: 반복되는 사운드의 가변 속도를 조정합니다.

• BASS/TREBLE: 저음역(Bass) 및 고음역(Treble)의 레벨을 조정합니다.

5 Psychedelay

지미 핸드릭스가 즐겨 사용하던 방식으로 아날로그 테이프를 거꾸로 재생하여 만드는 스테레오 딜레이 사운드를 재현하고 있는 컴포넌트입니다. Native Instruments 사에서는 60년대 딜레이 사운드를 그대로 재현하고 있다고 선전하고 있으며, 모니터에 참여한 기타리스트들이 인정한 장치이기도 합니다.

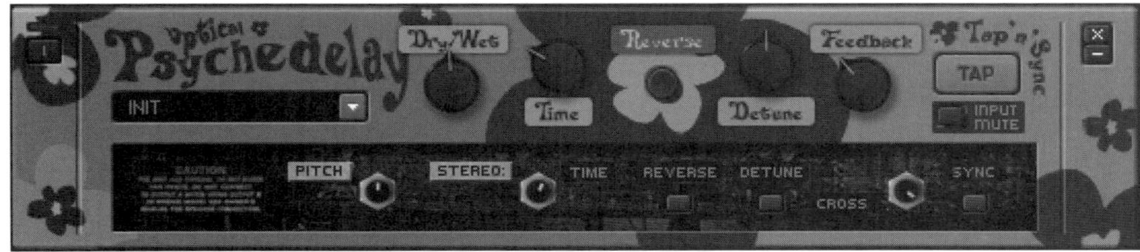

• DRY/WET: 입력 사운드와 딜레이 사운드의 비율을 조정합니다.

• TIME: 딜레이 타임을 조정합니다.

• REVERSE: 테이프를 반대로 재생하는 효과를 만드는 On/Off 버튼입니다.

• DETUNE: 반복되는 사운드의 음정을 100분의 1 단위로 조정합니다.

• FEEDBACK: 반복되는 사운드의 양을 조정합니다.

• TAP: 마우스 클릭으로 딜레이 타임을 조정합니다.

• INPUT MUTE: 딜레이 사운드를 뮤트하여 입력 사운드를 모니터 하는 On/Off 버튼입니다.

• PITCH: 딜레이 사운드의 음정을 반음 단위로 조정합니다.

• STEREO: 스테레오 사운드의 딜레이 타임(Time), 역재생(Reverse), 음정(Detuen)을 조정하는 파라미터와 양쪽 채널을 얼마만큼 교차되게 할 것인지를 조정하는 Cross 노브, 딜레이 타임을 템포에 일치시키는 Sync 버튼으로 구성되어 있습니다.

Quad Delay는 사용자가 설정한 딜레이 타임의 평균값을 이용해서 피드백과 팬의 간격을 자동으로 설정해주는 멀티 컴포넌트입니다. 딜레이는 음악 장르와 연주 파트의 구분 없이 습관적으로 사용되는 장치이지만, 잘못 사용할 경우에는 사운드를 지저분하게 만드는 원인이 되기도 합니다. 이제 막 딜레이 사운드에 도전하는 입문자라면 Quad Delay로 시작해 볼 것을 권장합니다.

- DRY/WET: 입력 사운드와 딜레이 사운드의 비율을 조정합니다.
- TIME: 딜레이 타임을 조정합니다.
- FEEDBACK: 반복되는 사운드의 양을 조정합니다.
- RATE: Depth에 의한 LFO의 변조 속도를 조정합니다.
- DEPTH: LFO의 변조 폭을 조정합니다.
- TAP TIME: 마우스 클릭으로 딜레이 타임을 조정합니다.
- MUTE: 딜레이 사운드를 뮤트하여 입력 사운드를 모니터 할 수 있는 On/Off 버튼입니다.
- TEMPO SYNC: 딜레이 타임을 템포와 일치시키는 On/Off 버튼입니다.
- DEFFUSION: 반복되는 사운드의 간격을 조정합니다.
- BASS/TREBLE: 저음역(Bass)과 고음역(Trebel)의 레벨을 조정합니다.
- INVERT: 딜레이 사운드의 위상을 바꿉니다.
- SYNC DELAYS: LFO의 변조 타임을 딜레이 사운드와 동기 시킵니다.

8 Tool

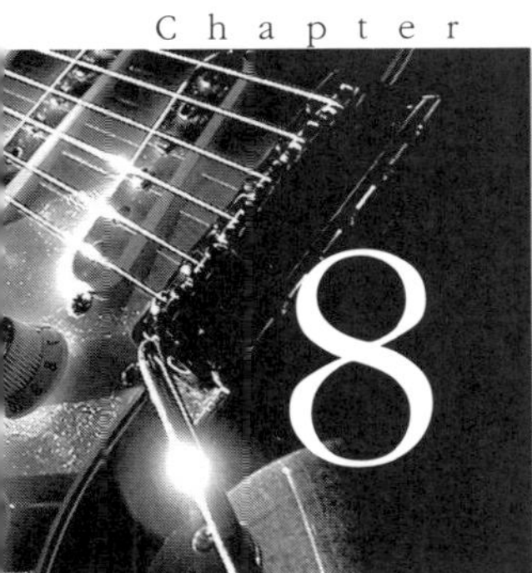

MDF와 Tools 탭에서 제공하는 장치들은 Guitar Rig에서만 구현할 수 있는 특별한 컴포넌트입니다. Tools에서 제공하는 컴포넌트는 Loop Machine, Split, Crossover Mix의 3가지가 있으며, 확장 패널을 제공하는 Loop Machine은 다른 장치와 다르게 기본적으로 열려있습니다. 그만큼 사용자 조정이 필요하다는 의미입니다.

1 Loop Machine

Loop Machine은 사용자 연주를 녹음해서 재생할 수 있는 데스크입니다. 하지만, Guitar Rig의 기본 장치에서 제공하고 있는 데스크에서는 구현할 수 없는 레이어 기능을 제공하고 있기 때문에 간단한 더블링 효과에서 화려한 코러스 효과까지 다양한 목적으로 이용할 수 있습니다.

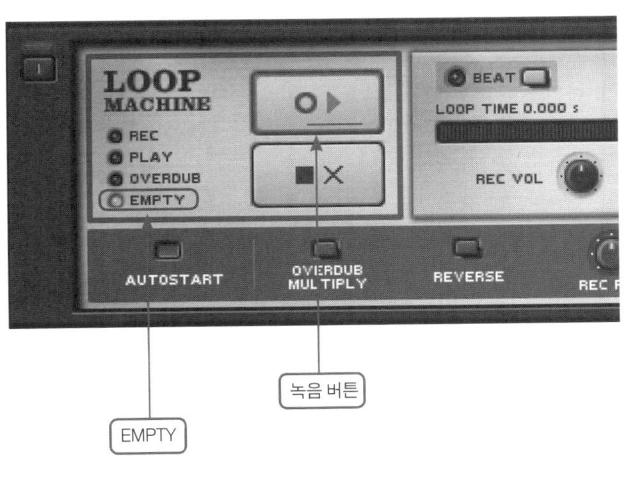

01 Loop Machine은 장치의 작동 상태를 4개의 LED로 표시하며, 기본적으로 아무것도 녹음되어 있지 않다는 의미의 EMPTY에 회색 LED가 선택되어 있습니다. 붉은 색의 녹음 버튼을 클릭하고, 간단한 코드 연주를 녹음해봅니다.

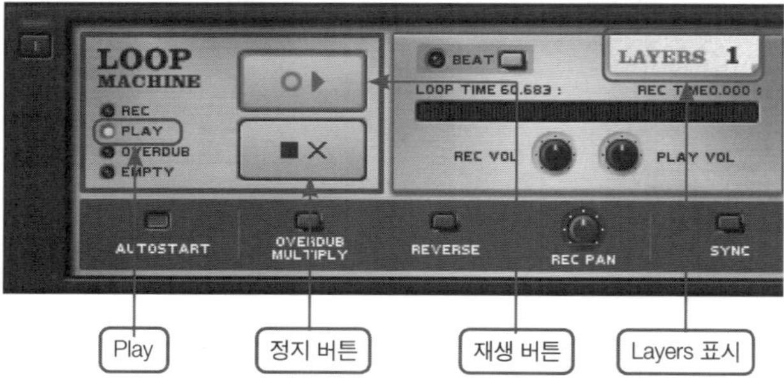

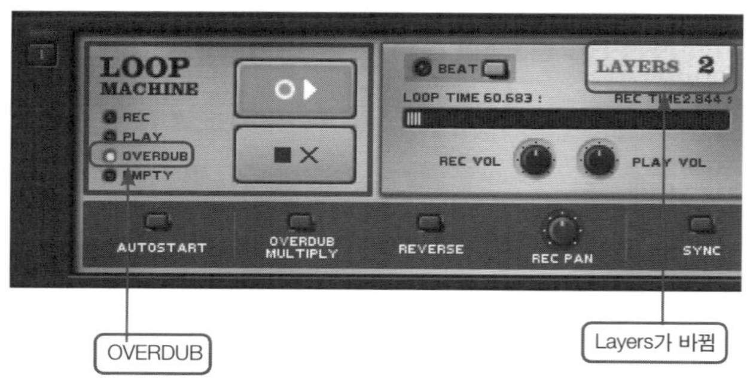

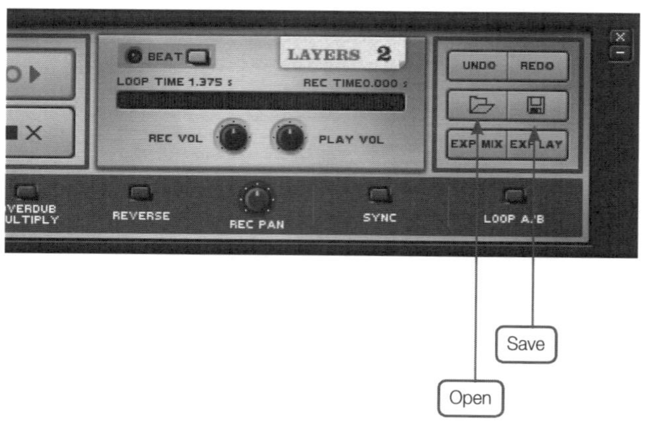

02 녹음 중일 때는 REC LED에 붉은 색이 표시되면서 Loop Time이 진행됩니다. 정지 버튼을 클릭하여 녹음을 중지하면, Layers가 1번으로 바뀌고, 녹음 버튼이 녹색의 재생 버튼으로 바뀝니다. 재생 버튼을 클릭하여 녹음한 연주를 모니터 할 때는 PLAY LED에 녹색이 표시됩니다.

03 사용자가 연주한 사운드를 재생 중일 때, 재생 버튼을 다시 클릭하면, OVERDUB LED에 노란색이 표시되고, Layers가 2번으로 바뀌며, 두 번째 녹음이 가능한 상태가 됩니다. 앞에서 녹음한 Layers 1번의 코드 연주에 맞추어 간단한 애드립을 녹음해봅니다.

04 녹음을 멈추고, 재생 버튼을 클릭하면, 두 번에 나누어 녹음한 코드와 애드립이 동시에 연주되는 것을 확인할 수 있습니다. 같은 과정을 반복해서 Layers 3번, 4번… 순서로 반복 녹음이 가능합니다. 실습은 레이어의 이해를 위해 코드와 애드립을 연주해 보았지만, 동일한 연주를 반복하여 여러 대의 Guitar가 연주되는 효과를 만드는 것이 목적입니다.

- BEAT: 버튼을 On으로 하면, 박자에 맞추어 LED가 깜박거리게 합니다.
- REC/PLAY VOL: 녹음(Rec Vol)및 재생(Play Vol) 사운드의 볼륨을 조정합니다.
- UNDO/REDO: 녹음한 레이어(Layers)를 취소(Undo)하거나 취소한 레이어를 복구(Redo)합니다.
- OPEN: 루프 머신 파일(*.ls)이나 MP3, Aif, Wav 포맷을 파일을 불러옵니다.
- SAVE: 루프 머신 파일(*.ls)로 작업 내용을 저장합니다.
- EXP MIX: 사용자가 녹음한 사운드를 WAV 포맷의 파일로 저장합니다.
- EXP LAY: 각각의 레이어 사운드를 WAV 포맷으로 저장합니다. 버튼을 클릭하면, 웨이브 파일이 저장될 위치를 선택할 수 있는 폴더 찾아보기 창이 열립니다.
- AUTOSTAT: REC 또는 OVERDUB 버튼을 클릭했을 때, 바로 진행하지 않고, 연주하는 입력 사운드가 감지되었을 때, 녹음이 시작되도록 합니다.
- OVERDUB MULTIPLY: 추가로 녹음하는 레이어는 처음에 녹음한 레이어 1번 길이를 넘을 수 없습니다. 그러나 Overdub multiply 버튼을 On으로 하면, 길이 제한 없이 녹음할 수 있습니다.
- REVERSE: 사운드를 거꾸로 재생합니다.
- REC PAN: 녹음되는 사운드의 팬 위치를 조정합니다.
- SYNC: Guitar Rig를 플러그-인으로 사용하고 있을 때, 템포를 마스터 프로그램에 일치시킵니다.
- LOOP A/B: 루프 머신은 A와 B의 두 대 효과를 연출하며, 버튼 On/Off로 A와 B를 선택합니다.

2 Split

Split은 Split A와 B, 그리고 Split Mix의 3가지 컴포넌트로 구성되어 있으며, 채널을 분리하여 서로 다른 이펙트를 장착하고, 하나로 믹싱해서 사용할 수 있는 독특한 방식의 장치입니다. 두 개 이상의 장치를 직렬로 연결했을 때와는 다르게 각각의 이펙트 사운드를 믹스하는 방식이기 때문에 결과는 전혀 다릅니다. 특히, Native Instruments의 풋 컨트롤러 사용자는 라이브 연주에서 사운드를 바꿀 때도 유용하게 이용할 수 있습니다.

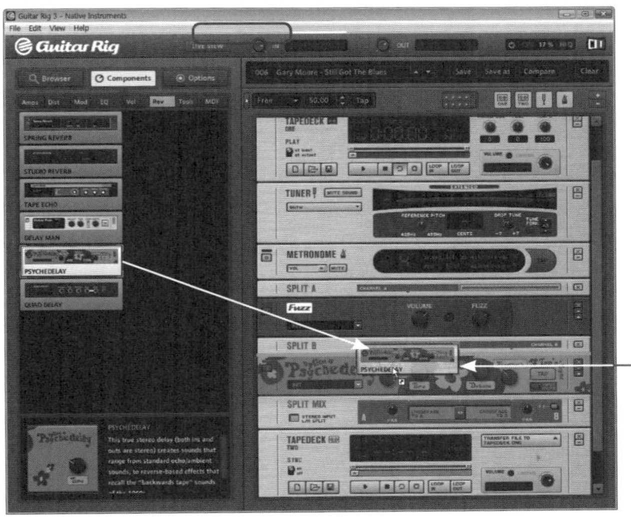

01 Split을 장착하고, Split A 아래쪽에는 디스토션 장치를 가져다 놓고, Split B 아래쪽에는 딜레이 장치를 가져다 놓습니다. 랙에 장착되는 위치는 노란색 선으로 짐작할 수 있으며, 장치를 장착한 후에도 마우스 드래그로 이동 가능합니다.

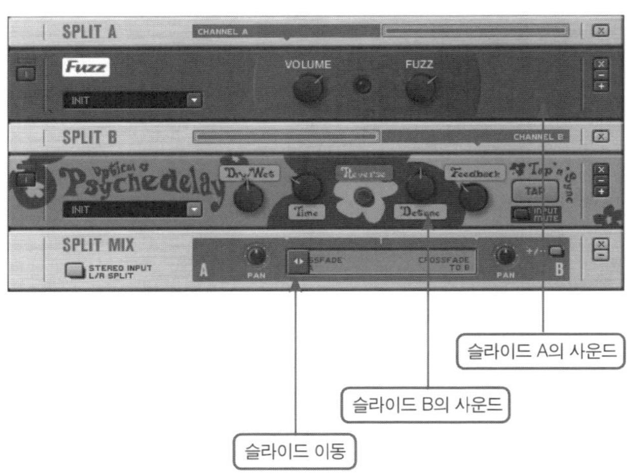

- STEREO INPUT L/R SPLIT: 입력 사운드를 좌/우로 분리하여 처리하도록 하는 스위치입니다.
- PAN: A/B 두 개의 Pan 노브가 있으며, 각각 Split A와 B의 연주 방향을 조정합니다.
- +/-: Split B 사운드의 위상을 바꿉니다.

3 Crossover Mix

Crossover Mix는 앞에서 살펴본 Split과 비슷한 역할의 컴포넌트이며, 사용법은 동일합니다. 단, 채널을 분리하는 Split과는 다르게 주파수를 분리한다는 차이점이 있습니다. Low와 High에 이펙트를 장착하여 특별한 사운드를 만들어도 좋고, 이펙트를 장착하지 않고, 주파수 분리용으로 이용해도 좋습니다. 사용법은 Split과 동일하므로, 파라미터의 역할만 정리하겠습니다.

- FRECUENCY: Low와 High로 분리할 중심 주파수를 설정합니다. Low와 High에 이펙트를 장착했다면, 각각 Low pass와 High pass 필터를 사용하고 있는 효과입니다.
- PAN: 슬라이드를 중심으로 좌/우에 2개의 Pan 노브가 있으며, 각각 연주 방향을 조정합니다.
- +/-: High 영역의 위상을 바꿉니다.

9 MDF

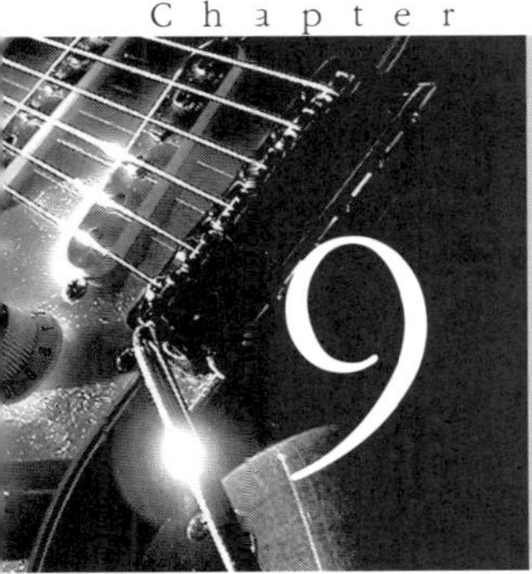

Tools과 마찬가지로 매우 특별한 5가지의 컴포넌트를 제공합니다. MDF라는 이름으로 그룹 지어진 이 장치들은 입력 사운드에 직접적인 영향을 주는 것은 아니지만, Guitar Rig에서 제공하는 모든 컴포넌트의 파라미터를 컨트롤하여 주기적인 사운드 변화를 만들 수 있습니다. MDF 장치의 사용 방법은 모두 동일하며, 두 개 이상의 파라미터를 연결할 수 있습니다.

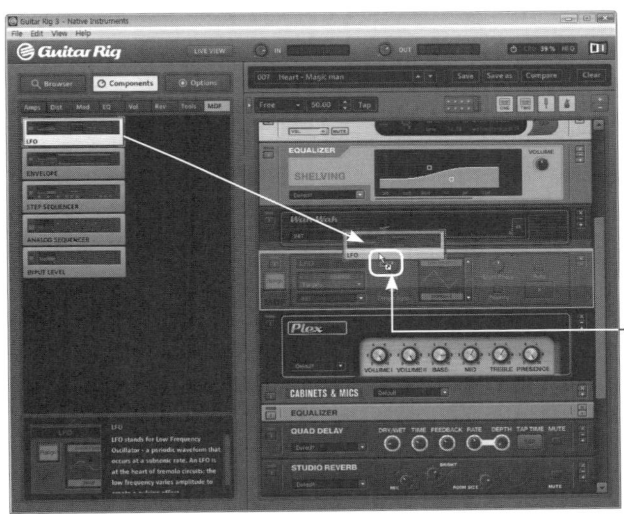

01 프리셋에서 특정 장치의 파라미터를 주기적으로 움직이게 만들고 싶다고 가정합니다. LFO를 드래그하여 조정하고 싶은 컴포넌트 아래쪽에 장착합니다. MDF 장치들은 소리에 직접적인 영향을 주지 않기 때문에 위치는 상관없지만, 그림에서는 와와 페달 아래쪽에 장착하고 있습니다.

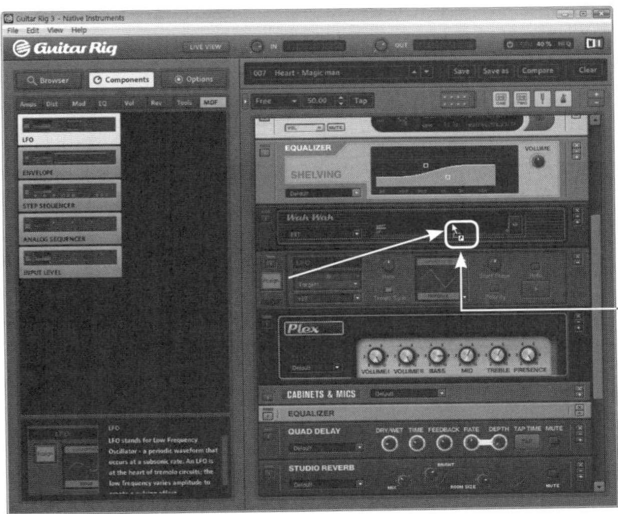

02 MDF 장치에는 모두 Assign 버튼이 있습니다. 이 버튼을 드래그하여 조정되게 하고 싶은 장치의 파라미터에 가져다 놓으면 되며, 두 개 이상의 파라미터 연결도 가능합니다. 그림에서는 와와 페달의 슬라이더로 드래그하여 연결하고 있습니다.

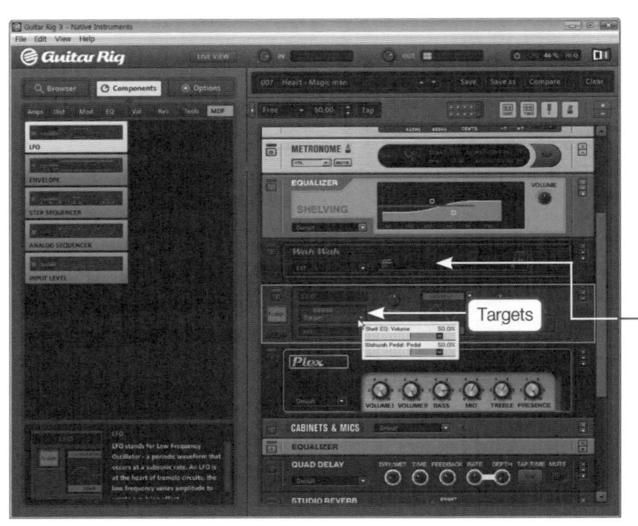

와와 페달의 슬라이드가 자동으로 움직이는 것을 확인할 수 있습니다. 이처럼 MDF 컴포넌트는 사용자가 원하는 장치의 파라미터를 주기적으로 변하게 하는 역할을 하며, 연결된 파라미터의 조정 폭은 Targets 목록에서 퍼센트 단위로 조정할 수 있습니다.

 **LFO**

Assign으로 연결한 파라미터를 LFO 파형과 같은 형태로 컨트롤 할 수 있는 컴포넌트입니다. 파라미터를 부드럽게 동작시킬 수 있기 때문에 Guitar Rig에서 제공하는 5가지 MDF 컴포넌트 중에서 가장 편하게 이용할 수 있을 것입니다.

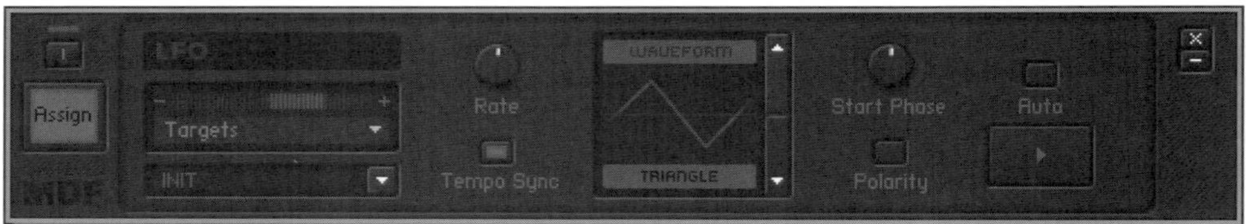

- RATE: 연결한 파라미터의 움직임 속도를 조정합니다.
- TEMPO SYNC: 속도를 템포와 일치시키는 On/Off 버튼입니다.
- WAVEFORM: 사인파, 삼각파, 사각파 등, 움직임의 곡선을 선택합니다.
- START PHASE: 움직임의 시작점을 조정합니다.
- POLARITY: 파형을 바꿔서 반대로 움직이게 합니다.
- AUTO: 움직임의 시작점을 자동으로 맞추거나 Play 버튼을 클릭하여 수동으로 맞춥니다.

Assign으로 연결한 파라미터의 컨트롤 속도나 폭을 엔벨로프 라인 형태로 설정할 수 있는 컴포넌트 입니다. 라인의 포인트는 마우스 오른쪽 버튼을 클릭하여 추가하거나 삭제할 수 있고, 라인의 형태는 마우스 드래그로 조정합니다.

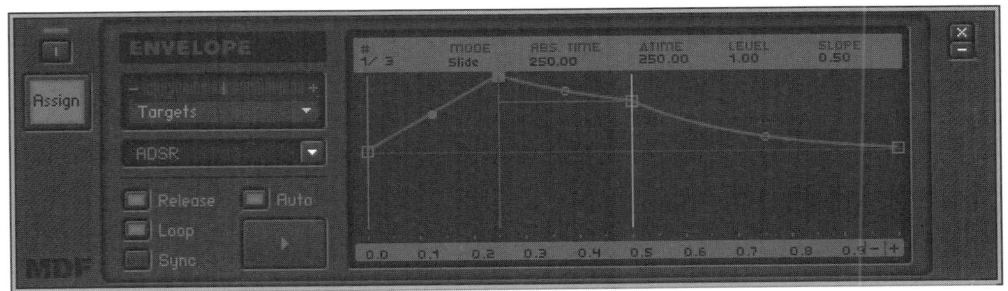

- RELEASE: 릴리즈 라인 이후의 엔벨로프 라인을 사용할 것인지의 여부를 On/Off 합니다. 릴리즈 라인은 두 개의 흰색 라인 중에서 오른쪽의 약간 굵은 것을 말하며, 포인트를 드래그하여 조정할 수 있습니다.
- LOOP: 두 개의 흰색 라인으로 표시되는 루프 구간을 반복할 것인지의 여부를 On/Off합니다. 시작과 끝 위치의 포인트를 드래그하여 범위를 조정할 수 있습니다.
- SYNC: 엔벨로프 라인의 포인트를 템포에 일치시킬 수 있도록 그래프에 템포 라인이 표시됩니다.
- AUTO: 움직임의 시작점을 자동으로 맞추거나 Play 버튼을 클릭하여 수동으로 맞춥니다.

3 Step Sequencer

소나 및 큐베이스에 시퀀싱 작업을 하듯이 Assign으로 연결한 파라미터를 비트 단위로 컨트롤 할 수 있는 컴포넌트입니다. 총 16비트로 구성되어 있으며, 각 비트 번호를 클릭하여 컨트롤의 작동 여부를 On/Off합니다.

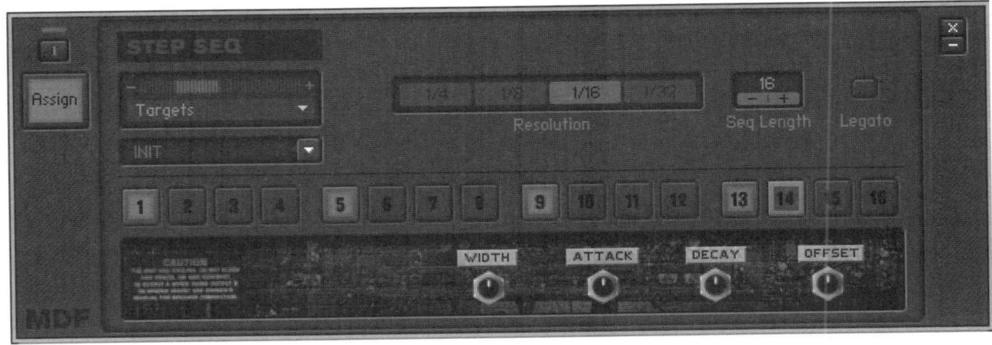

- RESOLUTION: 연결한 파라미터의 움직임 속도를 4, 8, 16, 32 비트 중에서 선택합니다.
- SEQ LENGTH: 작동되는 비트의 최대 길이를 설정합니다.
- LEGATO: 움직임을 부드럽게 연결시킵니다.
- WIDTH: 움직임의 폭을 조정합니다.

• ATTACK/DECAY: 움직임의 시작(Attack)가 끝(Decay) 타임을 조정합니다.

• OFFSET: Off되어 있는 버튼에서의 파라미터 위치를 조정합니다.

4 Analog Sequencer

Step Sequencer와 같은 형태입니다. 단, 단순한 On/Off가 아니라 각 비트의 값을 슬라이드로 조정하여 범위를 설정할 수 있다는 차이가 있습니다.

• RESOLUTION: 연결한 파라미터의 움직임 속도를 4, 8, 16, 32 비트 중에서 선택합니다.

• SEQ LENGTH: 작동되는 비트의 최대 길이를 설정합니다.

• SLIDE: 움직임을 부드럽게 연결시킵니다.

5 Input Level

Assign으로 연결한 파라미터를 사용자가 연주하는 입력 사운드의 레벨로 컨트롤할 수 있는 컴포넌트입니다. 수동적인 Envelope 장치보다 파라미터를 컨트롤하기 쉽기 때문에 다이내믹 장치나 필터 장치를 볼륨으로 조정하고 싶을 때 유용한 컴포넌트 입니다.

• VOLUME: 파라미터를 컨트롤하게 될 볼륨의 양을 조정합니다.

• OFFSET: 파라미터 동작의 기준점을 조정합니다.

• ATTACK: 파라미터가 동작되는 시작 타임을 조정합니다.

• DACAY: 파라미터의 동작이 멈추는 타임을 조정합니다.

실전 테크닉

Guitar Rig 3에서 제공하는 72가지의 모든 컴포넌트를 살펴보았습니다. 일렉 기타에 관심이 있는 사용자라면 각 컴포넌트의 이름만 보아도 쉽게 알 수 있는 것들이지만, 입문자에게는 다소 생소한 것들도 있었을 것입니다. 하지만, 실전에 사용하다 보면 자연스럽게 익숙해질 것이므로, 서두르지 말고, 꾸준히 사용해보기 바랍니다. 라이브 연주자를 위한 프리셋 사용법과 스튜디오 작업자를 위한 플러그-인 사용법을 살펴보겠습니다. 그리고 미디 작업자를 위한 기타 연출 방법도 소개합니다. 학습을 마치고 나면, 기타 연주자도 구분하기 힘든 미디 사운드를 연출할 수 있게 될 것입니다.

〈native-instruments.com〉

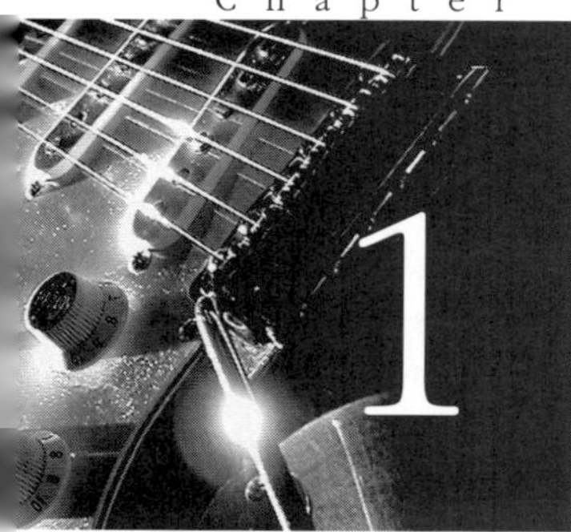

프리셋 이용하기

Guitar Rig는 기본적으로 500가지의 프리셋을 제공하고 있으며, native-instruments.com에서도 전문가들이 만들어 놓은 프리셋을 꾸준히 제공하고 있기 때문에 굳이 사용자가 새로운 프리셋을 만들기 위해 고민할 필요는 없습니다. 단지, Guitar Rig에서 제공하는 프리셋을 작업하는 음악에 어울리게 수정하여 자신만의 프리셋으로 저장하는 방법만 알면 충분합니다. Guitar Rig에서 제공하는 프리셋을 사용자가 원하는 사운드로 보정하여 저장하는 과정을 살펴보겠습니다.

01 Browser 패널의 뱅크 목록을 선택하고, 아래쪽에 보이는 프리셋을 선택하면, 랙이 세팅되는 것을 확인할 수 있습니다. 기본적으로 제공되는 500개의 프리셋 사운드를 모니터 해보는 것 만으로도 상당한 시간이 걸리겠지만, 어떤 장치를 어떤 값으로 사용하고 있는지 살펴보는 것이 좋습니다. 실습에서는 Ultrasonic 뱅크의 Scooped (HB Bridge) 프리셋을 선택해 보겠습니다.

02 총 5가지의 장치로 구성되어 있습니다. 오디오 카드에 연결한 Guitar를 연주해보면서 앰프의 EQ를 조정해봅니다. 그림에서는 Bass를 1시 방향으로 조금 더 증가시키고 있지만, 반드시 자신이 가지고 있는 Guitar를 연주해보면서 조정하기 바랍니다.

03 Custom EQ는 프리셋 목록을 하나씩 선택해 보면서 원하는 사운드와 가장 흡사한 것을 찾아보고, 톤을 조금 더 수정하는 방식으로 사운드를 보정합니다. 다른 장치들도 톤을 조정하기 전에 프리셋을 살펴보는 것이 좋습니다. 그림에서는 프리셋에서 Clean을 선택하고, FREQ를 12시 방향으로 수정하고 있습니다.

04 Quad Delay의 전원 버튼을 On으로 하여 딜레이를 적용합니다. 필요하다면 + 기호를 클릭하여 장치를 확장하고 값을 조정합니다. 실습에서는 기본값을 그대로 사용하고, Tap 버튼을 클릭하여 템포만 조정하겠습니다.

가정교사

소나 및 큐베이스에서 플러그-인 방식으로 사용하는 경우에는 템포를 Sync로 선택하여 마스터 프로그램과 일치되게 합니다.

05 Studio Reverb의 전원 버튼을 On으로 하여 리버브를 적용합니다. 앞에서와 같이 + 기호를 클릭하여 장치를 확장하고 값을 조정합니다. 실습에서는 기본값에서 Bright를 1시 30분 방향, Room Size를 3시 30분 방향으로 수정하고 있습니다.

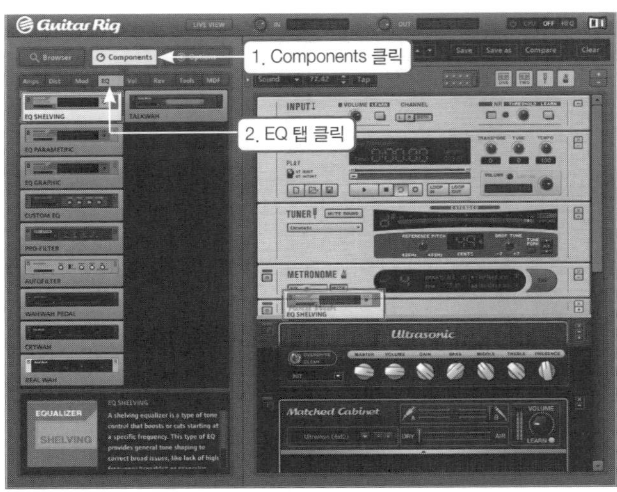

06 Guitar Rig의 프리셋을 불러와 값을 조정해보았습니다. 이것이 Guitar Rig를 가장 효과적으로 사용하는 방법입니다. 필요하다면 기본 프리셋에 장치를 추가하거나 제거할 수 있습니다. 브라우저 패널의 Components 페이지를 열고, EQ 탭을 클릭합니다.

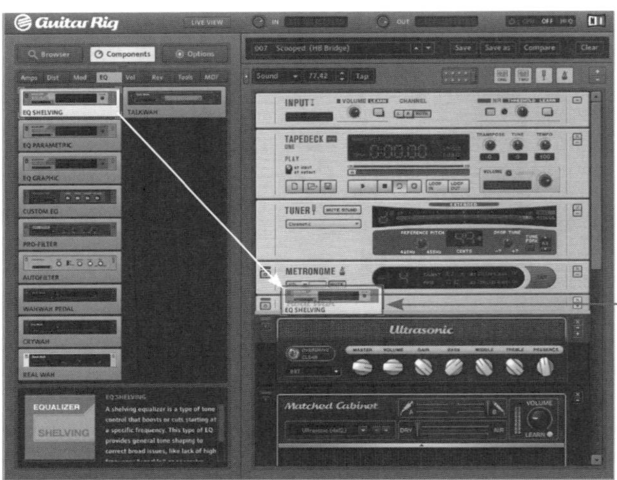

07 총 10가지의 EQ 장치를 제공하고 있습니다. 필요한 장치를 더블 클릭하면 순서대로 장착이 되므로, EQ Shelving을 마우스로 드래그하여 Ultrasonic 앰프 위쪽에 장착합니다. 장치가 장착될 위치는 굵은 선으로 확인할 수 있으며, 랙에 장착한 후에도 마우스 드래그로 위치를 변경할 수 있습니다.

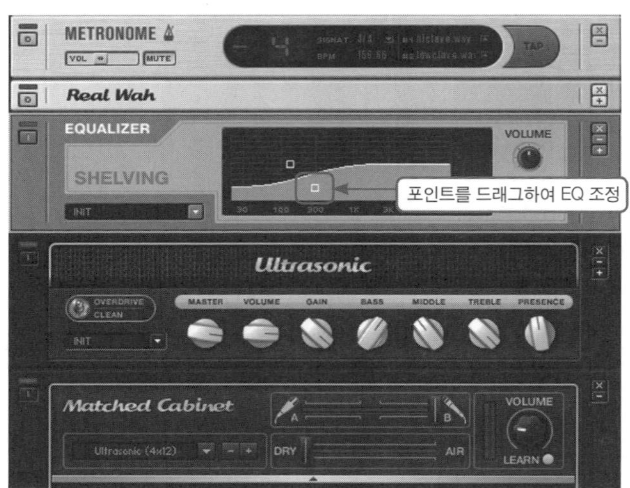

08 Q의 포인트를 드래그하여 저음역을 조금 줄입니다. 랙의 신호 경로는 위에서 아래쪽이며, 순서에 따라 사운드의 결과가 달라지므로, 많은 실험이 필요합니다. 지금은 앰프 위쪽에 EQ를 걸어 저음역을 줄였으므로, 저음역이 깎인 사운드가 앰프로 입력되는 경로입니다.

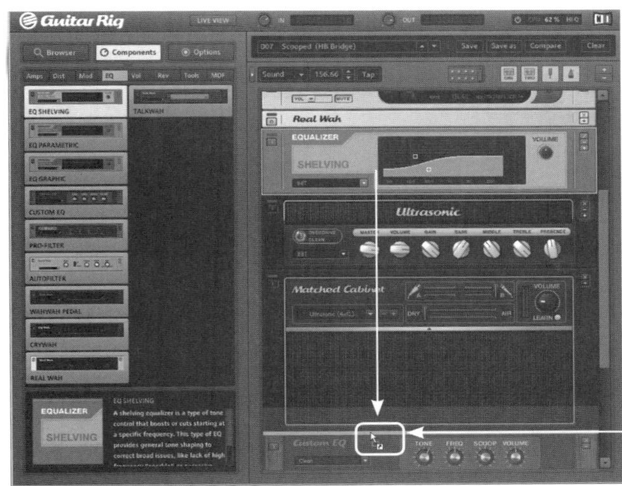

09 EQ를 앰프 아래쪽으로 드래그하여 위치를 변경해보고, 사운드를 모니터 해봅니다. 앰프로 증폭된 사운드에서 저음역이 깎이는 것이므로, EQ를 먼저 걸었을 때보다 사운드가 날카로워지는 것을 확인할 수 있습니다. 장치 순서에 따라 사운드가 달라진다는 것을 확인해본 것입니다. Ctrl+Z 키를 눌러 EQ의 이동을 취소합니다.

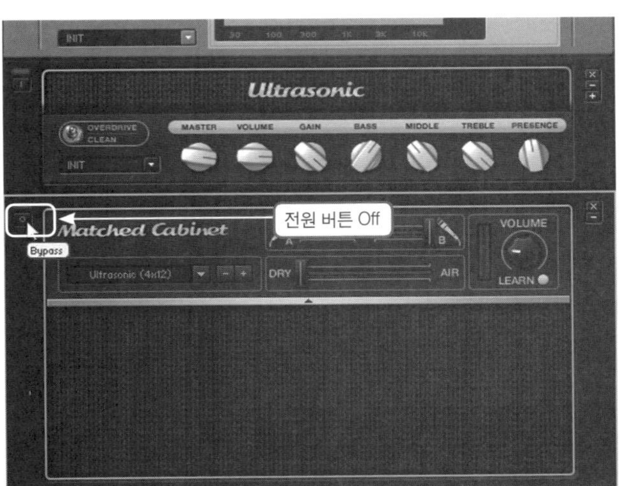

10 프리셋의 장치 중에서 필요 없는 것을 제거하거나 다른 모델로 바꿀 수 있습니다. 장치는 닫기 버튼을 클릭하여 간단하게 제거할 수 있으며, 캐비닛은 프리셋으로 변경할 수 있지만, 캐비닛을 바꿨을 때의 사운드 변화를 테스트 해보기 위해서 Matched Cabinet의 전원 버튼을 Off합니다.

가정교사

전원 버튼은 해당 장치의 적용 전/후 사운드를 비교해 볼 수 있는 Bypass 역할을 합니다.

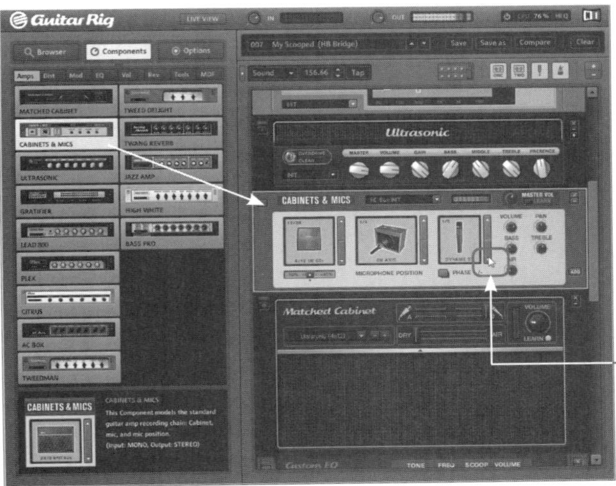

11 Components 패널의 Amps를 클릭하여 페이지를 열고, Cabinets & Mics를 Ultrasonic 앰프 아래쪽으로 드래그하여 장착합니다. 그리고 모델 선택 버튼을 클릭하여 스피커와 마이크의 종류를 바꿔봅니다. 그림에서 스피커는 12인치 4개가 장착된 12/28, 마이크 위치는 On AXIS의 1/4, 마이크 종류는 Dynamic 57의 1/5로 선택하고 있습니다.

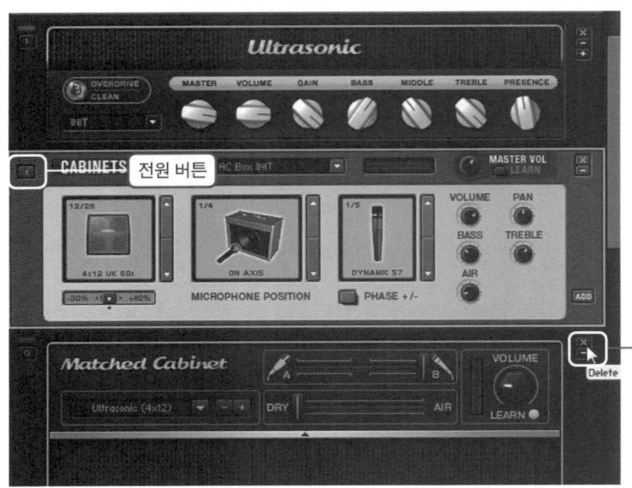

12 다이렉트 녹음이 아닌 마이크 녹음 효과를 얻을 수 있습니다. Cabinets & Mics의 전원 버튼과 Matched Cabinet의 전원 버튼을 On/Off 해보면서 두 사운드의 차이를 비교해봅니다. 그리고 마음에 드는 것을 남겨두고, 필요 없는 것은 닫기 버튼을 클릭하여 제거합니다.

13 Guitar Rig에서 제공하는 사운드를 불러와 각 장치의 값을 조정해보고, 장치를 추가하거나 변경하여 새로운 사운드를 만들어보았습니다. 이것이 마음에 들어 다음에도 사용하고 싶다면, Save 버튼을 클릭하여 저장할 수 있습니다. 실습에서는 사용자 뱅크를 만들어 저장하겠습니다. Browser 패널의 Bank Menu를 선택하여 목록을 열고, New를 선택합니다.

14 New Bank라는 이름의 폴더가 만들어집니다. 사용자가 구분하기 쉬운 이름을 입력하고 Enter 키를 누릅니다. 그리고 컨트롤 패널의 Save As 버튼을 클릭합니다. 프리셋 목록에 원본 이름의 Scooped (HB Bridge)가 만들어집니다. 프리셋도 사용자가 구분하기 쉬운 이름으로 입력하고, Enter 키를 눌러 저장합니다. 이젠 언제든지 사용자가 만든 프리셋을 선택하여 사용할 수 있습니다.

2 미디 기타 테크닉

Guitar Rig는 Guitar 연주자만을 위한 것이 아닙니다. Guitar를 연주할 수 없는 사용자도 미디로 Guitar 파트를 만들고, 플러그-인으로 Guitar Rig를 적용하면, Guitar 연주자들도 구분하기 힘든 테크닉을 구사할 수 있습니다. 특히, 요즘에는 Guitar 주법을 실감나게 표현하는 VST Instruments가 많이 출시되어 있기 때문에 Guitar Rig와 함께 사용하면, 어떤 장르의 음악에도 어울리는 사운드를 만들 수 있습니다. 본서는 소나 8을 기준으로 살펴보겠지만, 큐베이스, 로직, 프로툴 등의 미디 편집 창이 모두 비슷한 모습을 하고 있기 때문에 사용하고 있는 프로그램에 상관없이 실습을 진행할 수 있을 것입니다.

1 아르페지오 주법

발라드 곡에서 많이 사용하는 아르페지오 주법은 왼손으로 코드를 누르고, 오른손으로 Guitar 줄을 하나씩 튕겨 분산 화음을 연주하는 것입니다. 건반 악기와의 차이점은 오른손으로 각각의 음을 연주하는 동안 왼손이 코드를 누르고 있기 때문에 다른 줄을 튕길 때도 이전에 튕겼던 줄이 계속 소리를 내고 있다는 점입니다. 즉, 왼손의 코드가 바뀌기 전이나 같은 줄을 다시 튕길 때까지 음이 지속되도록 노트의 길이를 충분히 늘려주는 것이 포인트입니다.

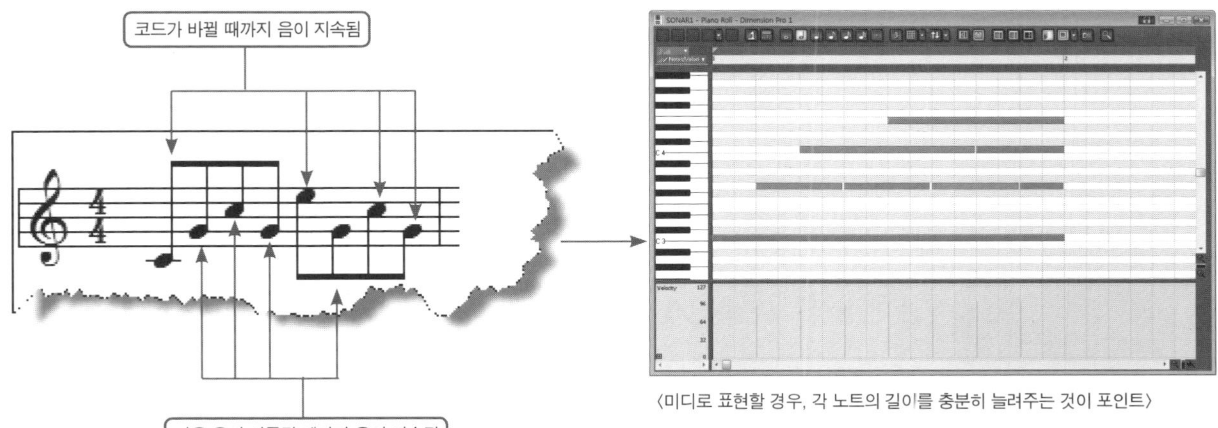

〈미디로 표현할 경우, 각 노트의 길이를 충분히 늘려주는 것이 포인트〉

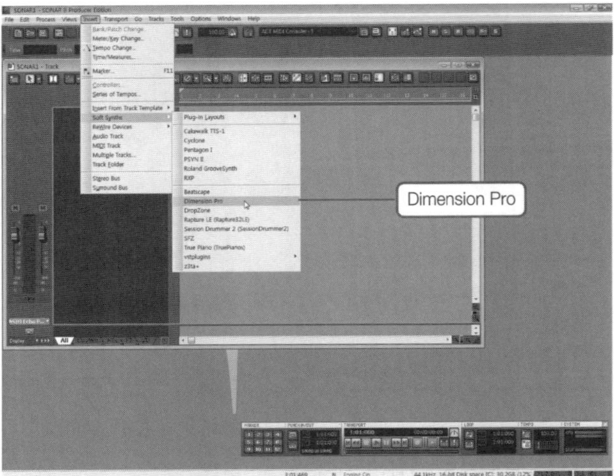

01 하드웨어 악기를 가지고 있다면, 미디 트랙을 만들고, 미디 아웃과 음색을 선택합니다. 실습에서는 소나에서 제공하는 VST Instruments를 이용하겠습니다. Blank [no tracks or buses]의 새로운 프로젝트를 만들고, Insert 메뉴의 Soft Synths에서 Dimension Pro를 선택합니다. 사용자가 평소에 즐겨 쓰던 VST를 이용해도 좋습니다.

02 Insert Soft Synth Options 창이 열립니다. VST 트랙을 만들기 위한 Simple Instrument Track과 Dimension Pro 패널을 열기 위한 Synth Property Page 옵션이 체크되어 있는지 확인하고, OK 버튼을 클릭합니다.

03 Dimension Pro를 연주하기 위한 VST 트랙이 만들어지고, 악기 패널이 열립니다. 프로그램 선택 항목을 클릭하여 음색 리스트 창을 열고, Guitars 폴더에서 적당한 음색을 더블 클릭하여 선택합니다.

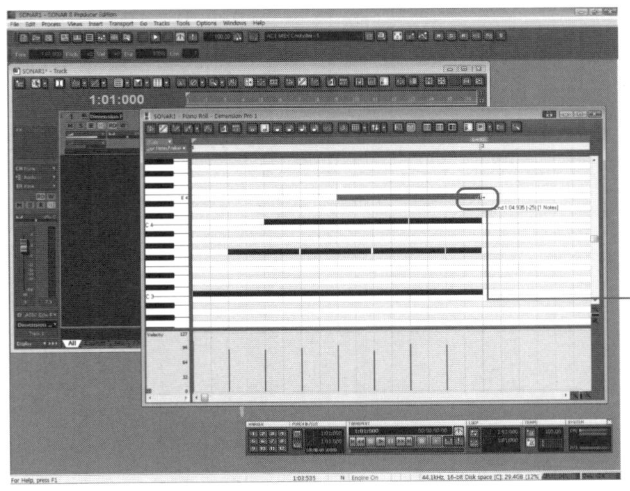

04 마우스를 이용해서 아르페지오 주법을 입력하는 방법은 간단합니다. 도구 모음 줄의 피아노 버튼을 클릭하여 창을 열고, 코드가 바뀌기 전, 또는 노트가 반복되기 전까지 노트의 길이를 충분하게 입력하면 됩니다.

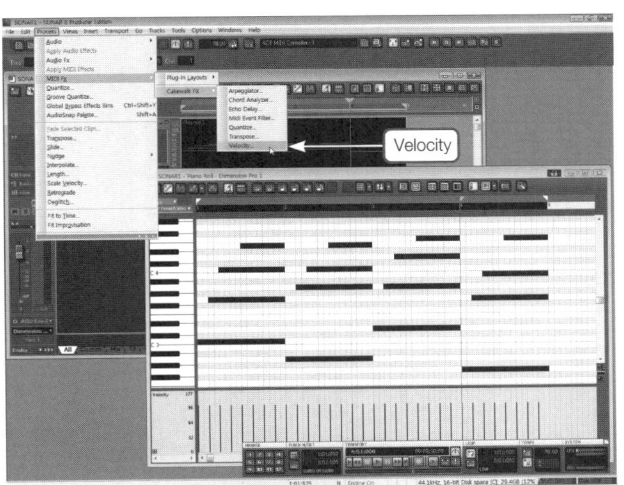

05 마우스로 입력했을 때의 문제는 벨로시티가 너무 일정해서 인간미가 떨어진다는 점입니다. 이것은 미디 이펙트를 이용해서 해결할 수 있습니다. C-Am-Dm-G7 코드 진행으로 4마디 정도의 아르페지오 연주를 입력하고, Process 메뉴의 MIDI FX에서 Velocity를 선택합니다.

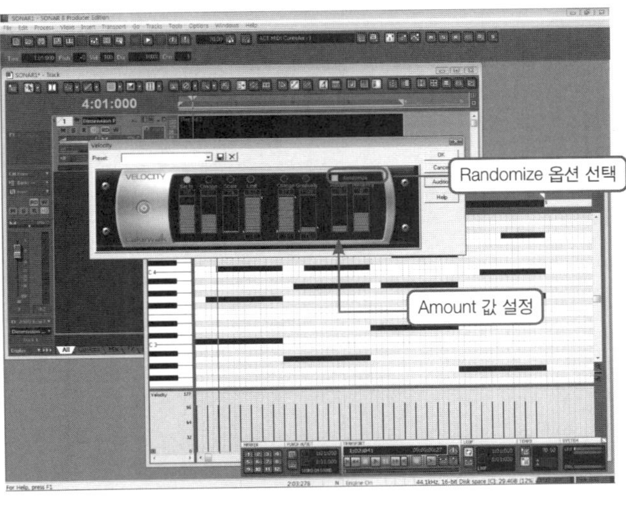

06 마우스로 입력한 노트의 벨로시티를 조정할 수 있는 미디 이펙트가 열립니다. Randomize 옵션을 선택하고, Amount를 20 정도로 설정합니다. 그리고 Audition 버튼을 클릭하면 벨로시티의 변화를 확인해볼 수 있습니다. Stop과 Audition 버튼을 반복할 때마다 결과가 달라지므로, 마음에 들게 변했을 때, OK 버튼을 클릭하여 적용합니다.

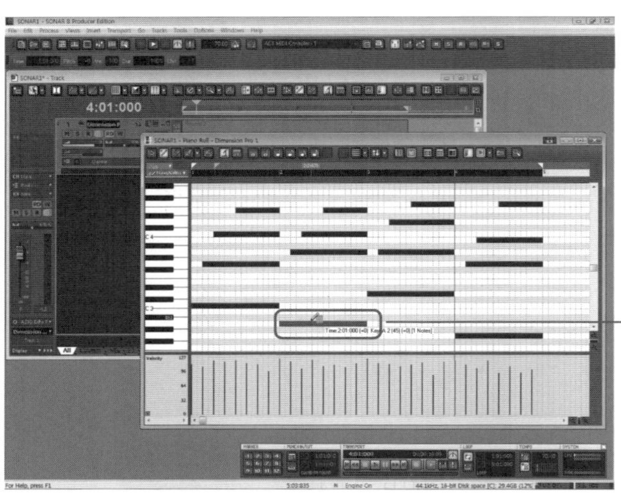

07 벨로시티 변화가 사용자 마음에 흡족하지 않을 수도 있지만, 마우스로 입력한 기계적인 느낌이 사라지는 것을 확인할 수 있습니다. 코드 연주가 시작되는 첫 음이 약하게 변한 것이 있다면, 시간을 들여 조금 강하게 수정하는 것도 좋습니다.

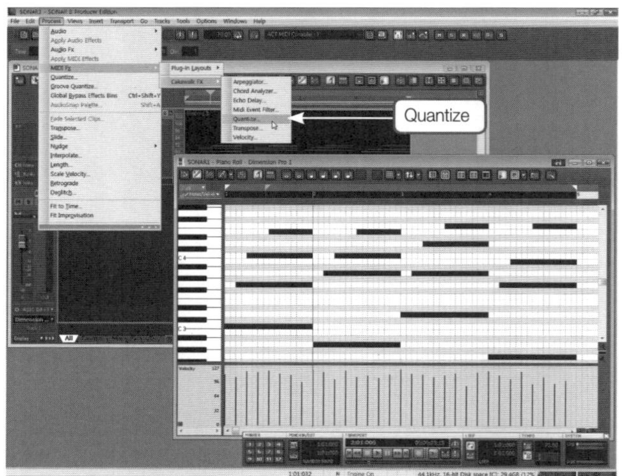

08 좀 더 인간적인 연주를 만들고 싶다면, 정확한 비트에 연주되는 노트의 시작점을 조금씩 틀어지게 합니다. 이것 역시 미디 이펙트로 연출할 수 있습니다. Process 메뉴의 MIDI FX에서 Quantize를 선택합니다.

가정교사

Guitar는 악보 보다 한 옥타브 낮은 음으로 연주되므로, 음원에 따라 한 옥타브 낮게 입력하거나 Key 값을 -12로 설정해야 하는 경우도 있습니다.

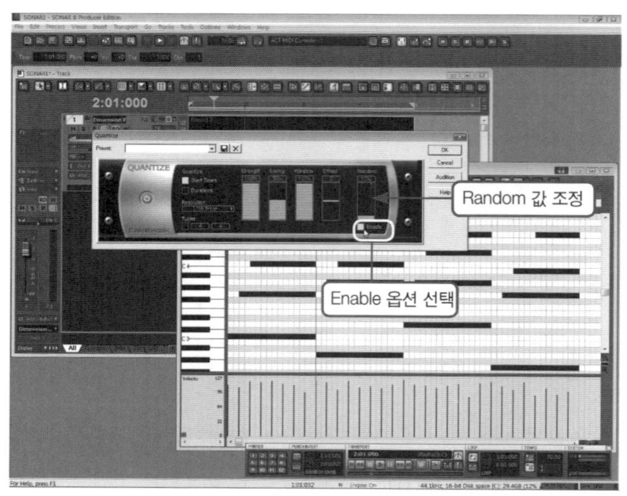

09 노트를 정렬하는 역할의 Quantize 이펙트가 열립니다. Random 값을 10% 정도로 조정하고, Enable 옵션을 선택합니다. 그리고 마음에 드는 변화가 있을 때까지 Audition 버튼을 반복해서 누르고, 마음에 드는 결과가 만들어지면, OK 버튼을 클릭하여 적용합니다. 마우스로 입력한 것을 직접 녹음한 것과 같은 결과로 만들어보았습니다.

2 스트로크 주법

스트로크 주법은 오른손을 위/아래로 움직여 Guitar 연주하는 것입니다. 건반 악기와의 차이점은 오른손을 위에서 아래로 내릴 때는 저음에서부터 고음 순서로 소리가 나고, 아래에서 위로 올릴 때는 고음에서부터 저음 순서로 소리가 난다는 점입니다. 즉, 코드의 구성 음들이 약간의 시간차를 두고 연주되는 것입니다. 이것을 미디로 표현하기 위해서는 노트의 시작점을 조금씩 차이 나게 하는 것이 포인트입니다.

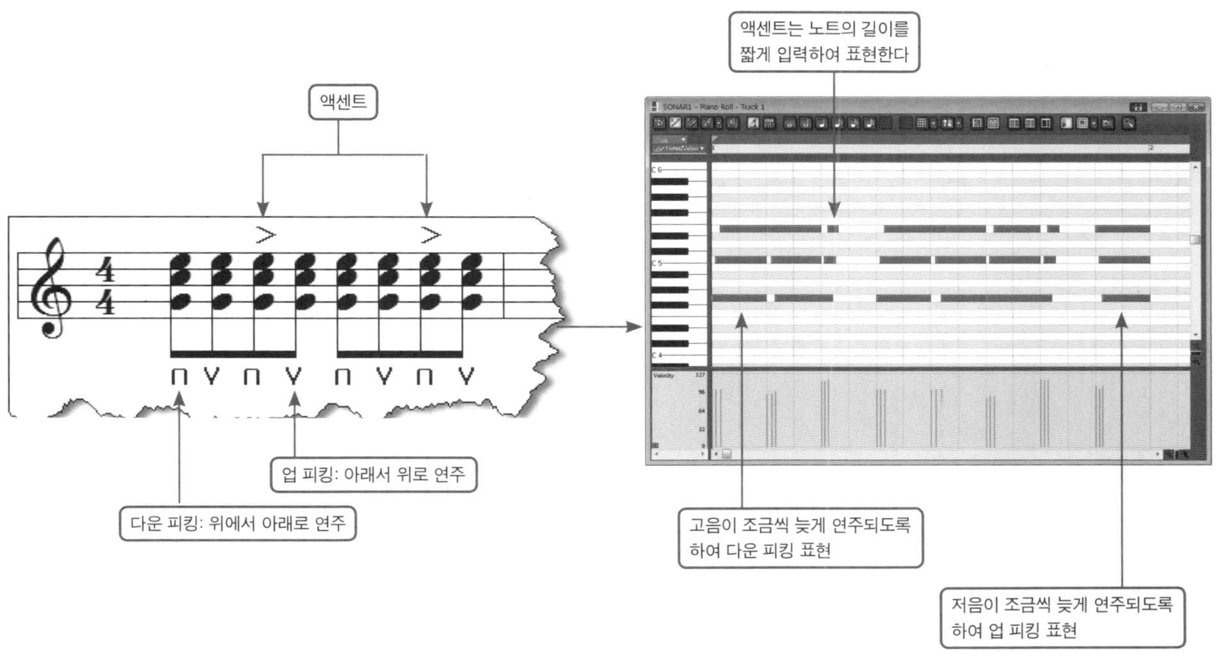

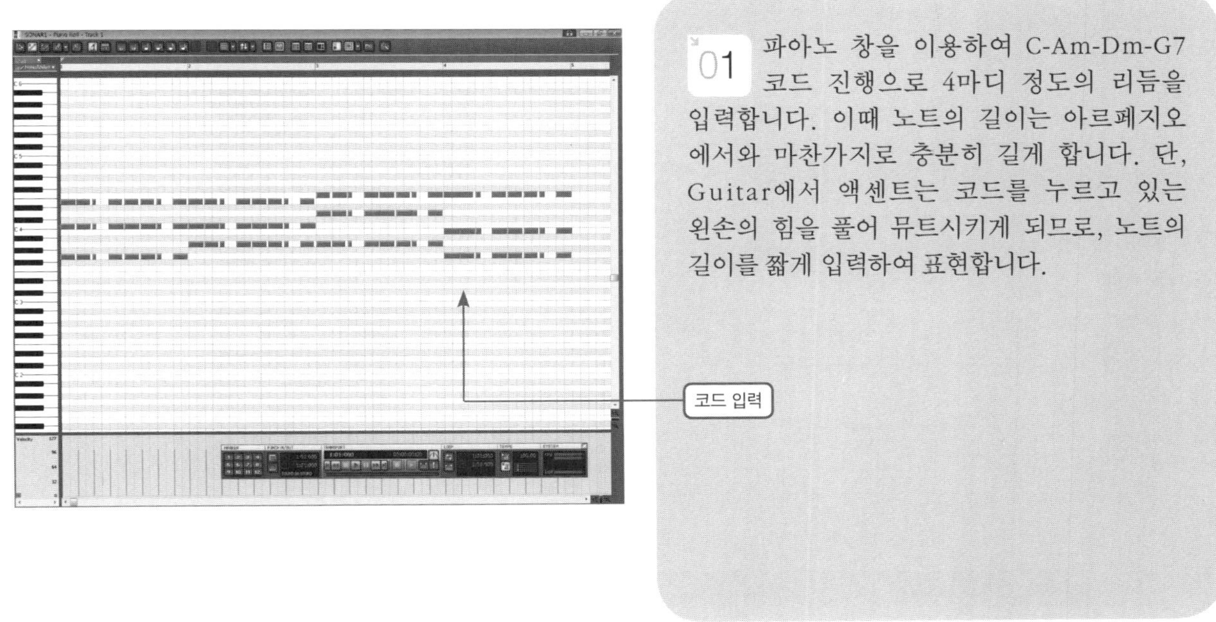

01 파아노 창을 이용하여 C-Am-Dm-G7 코드 진행으로 4마디 정도의 리듬을 입력합니다. 이때 노트의 길이는 아르페지오에서와 마찬가지로 충분히 길게 합니다. 단, Guitar에서 액센트는 코드를 누르고 있는 왼손의 힘을 풀어 뮤트시키게 되므로, 노트의 길이를 짧게 입력하여 표현합니다.

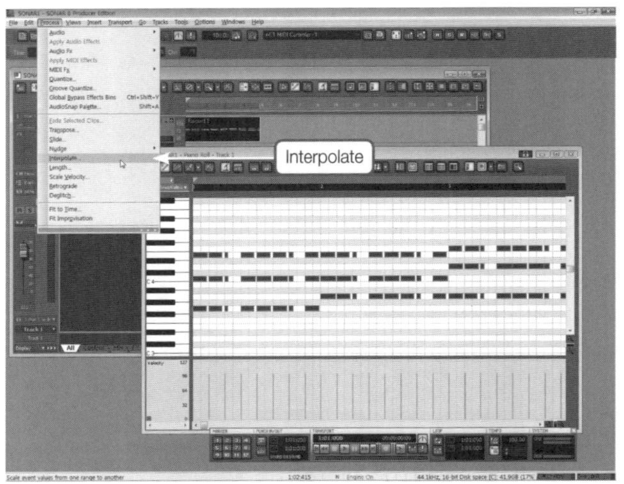

02 스트로크 주법은 노트를 입력할 때 만들기 보다는 정상적으로 입력을 한 다음에 처리하는 것이 편리합니다. 먼저, 다운과 업 피킹 노트를 구분하겠습니다. Process 메뉴의 Interpolate를 선택합니다.

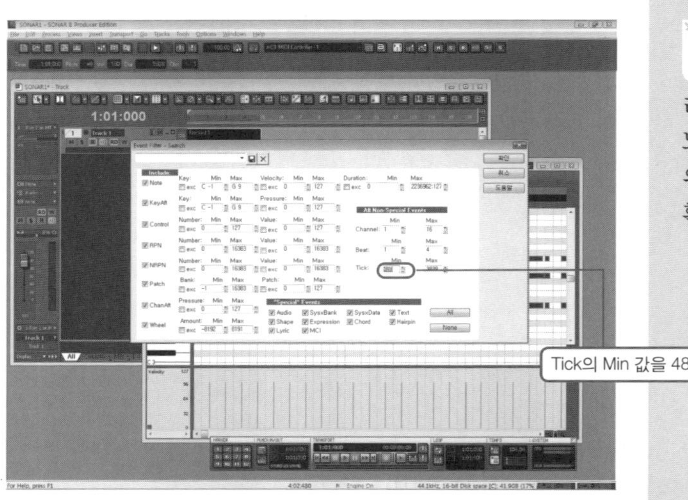

03 편집할 노트를 찾을 수 있는 Event Filter - Search 창이 열립니다. 실습으로 8비트 리듬을 입력해보았으므로, 업 피킹에 해당하는 노트의 위치는 틱 값이 480입니다. 이것을 찾기 위해 Tick 항목의 Min 값을 480으로 입력하고 확인 버튼을 클릭합니다.

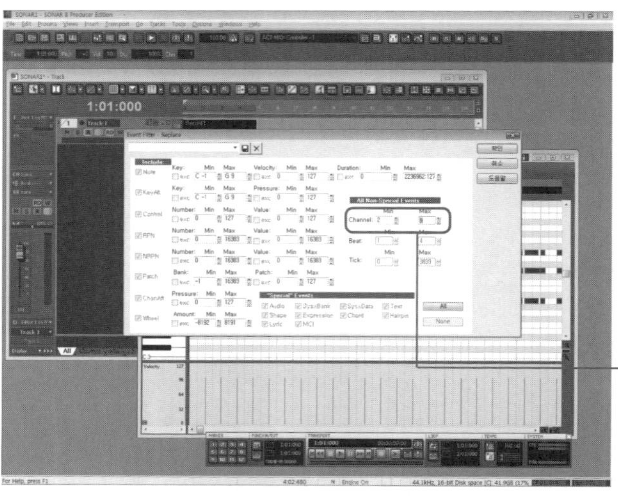

04 Search 창에서 찾은 노트들을 어떻게 편집할 것인지를 선택할 수 있는 Event Filter - Replace 창이 열립니다. 노트의 채널을 변경할 것이므로, Channel의 Min과 Max 값을 2로 입력하고 확인 버튼을 클릭합니다. 마우스 입력한 1번 채널의 노트 중에서 업 피킹에 해당하는 노트의 채널을 2번으로 바꾸는 것입니다.

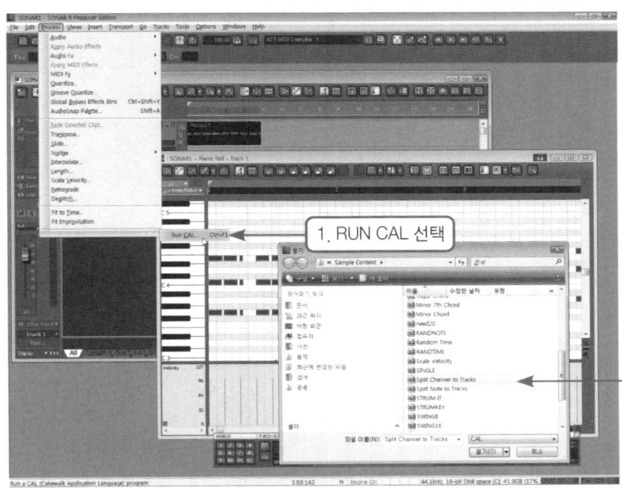

05 다운과 업 피킹에 해당하는 노트들을 채널로 구분하였습니다. 이제 이것들을 분리하기 위해서 Process 메뉴의 RUN CAL을 선택하여 창을 열고, Split Channel to Tracks 파일을 찾아 더블 클릭합니다.

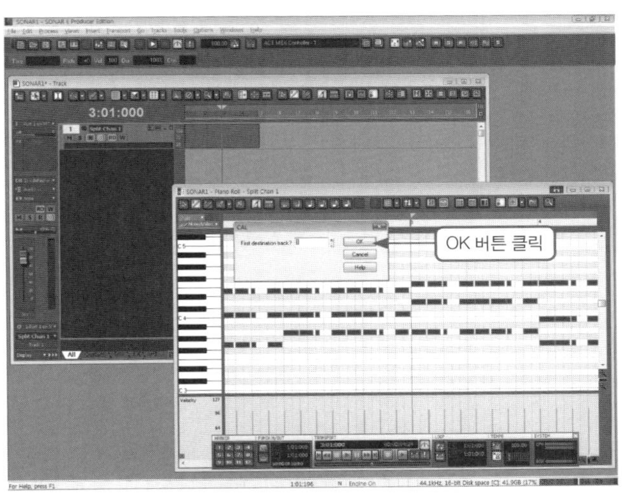

06 몇 번 트랙을 기준으로 노트를 분리할 것인지를 묻는 CAL 창이 열립니다. 1번 트랙으로 실습을 진행하고 있으므로, 1로 설정되어 있는 값 그대로 OK 버튼을 클릭합니다. 여러 개의 트랙을 만들어 놓고, 실습을 하고 있다면, 노트를 입력한 트랙 번호를 입력합니다.

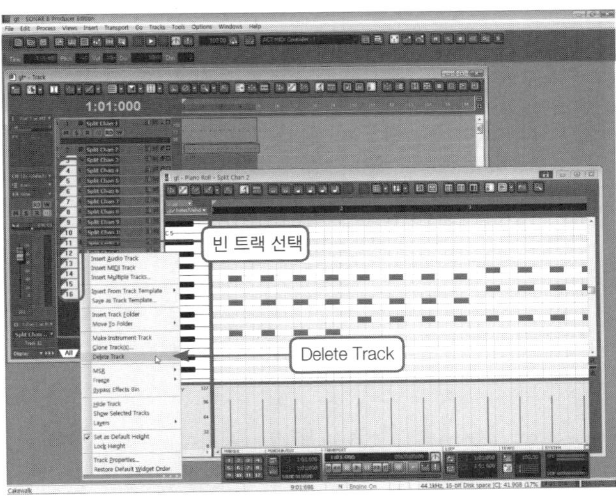

07 업 피킹에 해당하는 채널 2번의 노트들이 트랙 2번으로 분리되는 것을 확인할 수 있습니다. 3번 트랙을 선택하고, Shift 키를 누른 상태에서 16번 트랙을 선택합니다. 그리고 마우스 오른쪽 버튼을 클릭하여 단축 메뉴를 열고, Delete Track을 선택하여 쓸 때 없이 만들어진 트랙들을 삭제합니다.

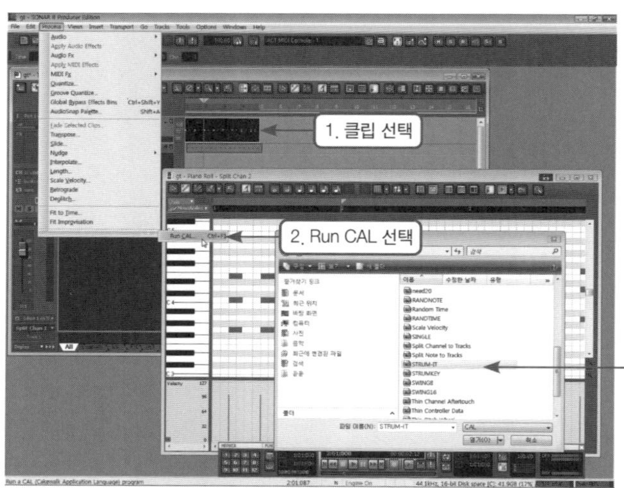

08 이제 다운 피킹에 해당하는 1번 트랙의 노트들은 저음에서 고음 순서로 노트들을 조금씩 이동시키고, 업 피킹에 해당하는 2번 트랙의 노트들은 고음에서 저음 순서로 이동시키면 됩니다. 1번 트랙의 클립을 선택하고, Process 메뉴의 Run CAL을 선택합니다. 그리고 STRUM-IT 파일을 더블 클릭합니다.

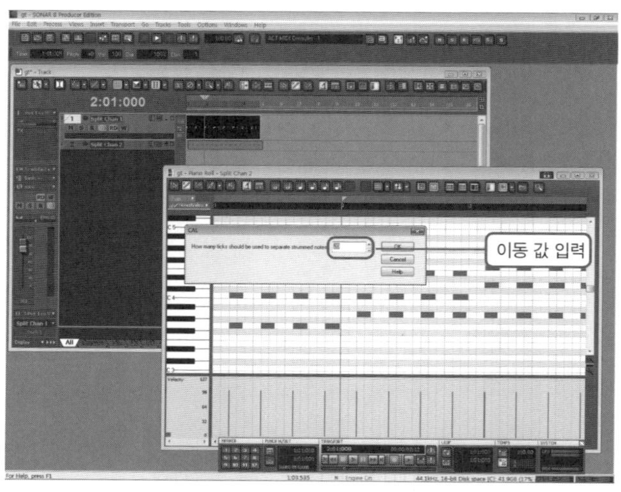

09 노트의 이동 값을 입력할 수 있는 창이 열립니다. 작업하는 곡의 템포에 따라 다르지만, 지금은 이동 변화를 확인해보기 위해서 20 정도로 넉넉히 입력하겠습니다. 값을 입력하고 OK 버튼을 클릭합니다.

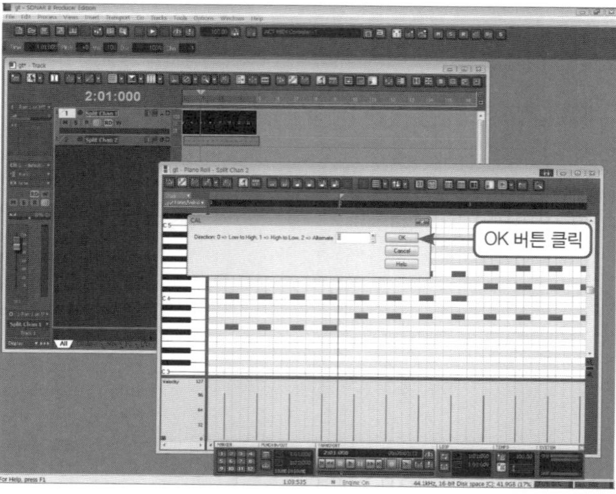

10 이동 순서를 선택할 수 있는 창이 열립니다. 낮은 음에서 높은 음 순서로 이동시키는 값은 0이고, 높은 음에서 낮은 음 순서로 이동시키는 값은 1입니다. 다운 피킹에 해당하는 클립을 편집하고 있는 것이므로, 기본값 0인 상태로 OK 버튼을 클릭합니다.

11 줌 바로 파아노 창을 확대하여 노트의 시작점을 확인해보면, 저음에서 고음 순서로 노트들이 이동되어 있는 것을 확인할 수 있습니다. 같은 방법으로 트랙 2번의 클립을 선택하여 Run CAL을 실행시키고, 이동 순서를 묻는 창에서 값을 1로 하여 업 피킹도 만들어보기 바랍니다.

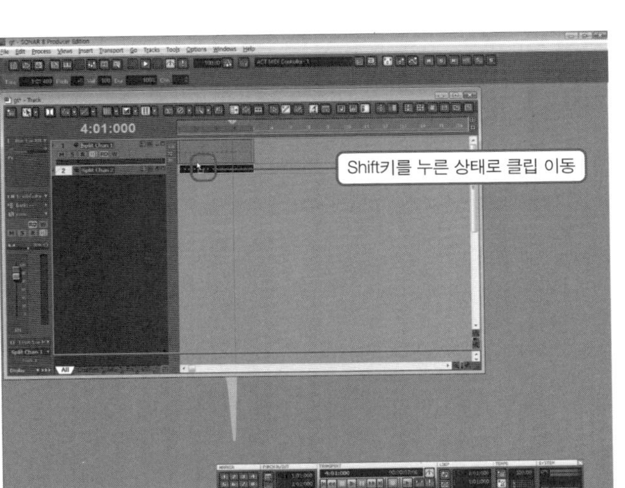

12 음악 작업을 할 때는 화면을 깨끗하게 정리하는 것이 좋으므로, 완성된 두 개의 클립을 하나로 결합하겠습니다. 2번 트랙의 클립을 Shift 키를 누른 상태로 드래그하여 1번 트랙에 가져다 놓습니다. Shift 키를 누르는 이유는 클립이 수직으로 이동되도록 하기 위한 것입니다.

13 트랙의 번호를 클릭하여 두 개의 클립이 모두 선택되게 하고, Edit 메뉴의 Bounce to Clip을 선택하여 하나의 클립으로 만듭니다. 그리고 아르페지오 실습에서와 마찬가지로 MIDI FX의 Quantize와 Velocity를 이용해서 인간적인 효과를 추가하면, 실제로 Guitar 연주를 녹음한 듯한 결과를 완성할 수 있습니다.

Guitar는 앞에서 살펴본 아르페지오나 스트로크 주법과 같은 리듬 파트 외에 멜로디를 연주하는 솔로 파트에서도
빼놓을 수 없는 악기입니다. 멜로디를 연주할 때의 왼손 주법에 관해서 살펴보겠습니다. 먼저, 한 음을 연주하고
다음 음을 왼손가락으로 눌러서 소리를 내는 해머링과 누르고 있던 손가락을 풀어서 소리를 내는 풀링 주법입니다.
즉, 왼손가락으로 줄을 누르거나 풀어서 2음 이상을 연주하는 것이며, 미디로 표현할 때는 피치 밴드를 이용합니다.

해머링 주법

해머링 주법은 한 음을 피킹하고, 다음 음은 손가락으로 눌러서 연주하는 것이므로, 실제로 연주되는 노트는
하나뿐입니다. 손가락을 눌러서 연주하는 해머링 주법은 피치 밴드를 올려서 표현하는 것이 포인트입니다.

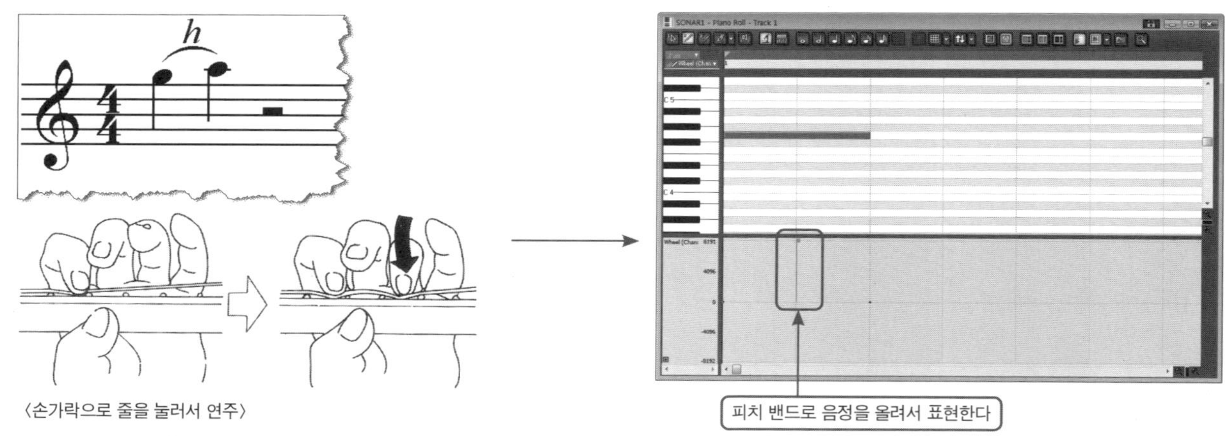

〈손가락으로 줄을 눌러서 연주〉

피치 밴드로 음정을 올려서 표현한다

풀링 주법

풀링 주법은 해머링과 반대로 누르고 있던 손가락을 풀어서 다음 음을 연주하는 것입니다. 해머링과 마찬가지로
피치 밴드를 이용해서 표현하며, 마이너스 값을 입력하여 음을 낮추는 것이 포인트입니다.

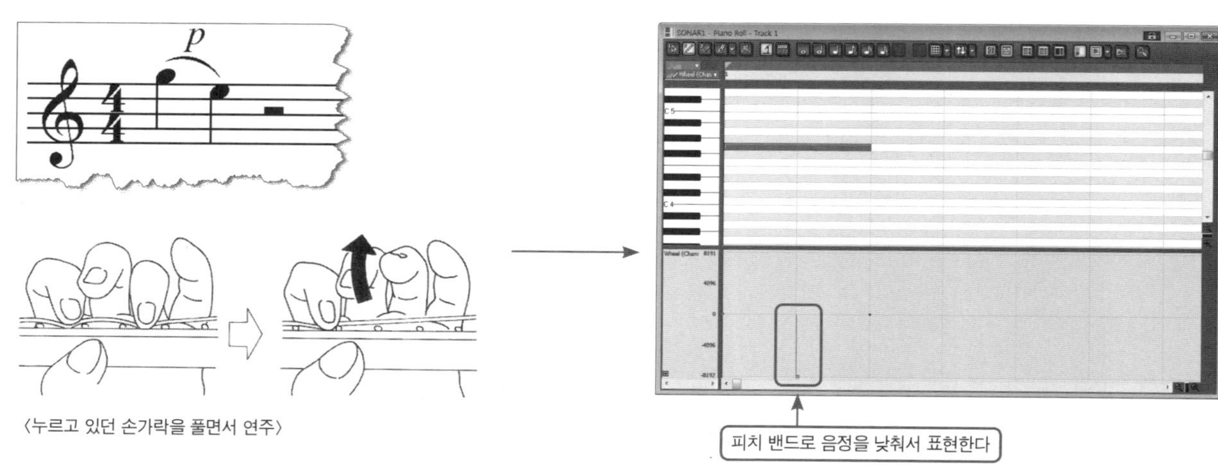

〈누르고 있던 손가락을 풀면서 연주〉

피치 밴드로 음정을 낮춰서 표현한다

트릴 주법

트릴은 해머링 주법으로 음정을 올렸다가 풀링 주법으로 원래의 음정으로 되돌아가는 동작을 반복하는 주법입니다. 즉, 피치 밴드를 이용해서 음을 올렸다가 제자리로 되돌리는 값을 연속으로 입력하면 됩니다. 단, 인간적인 느낌을 주기 위해서 피치 밴드의 간격을 불규칙적으로 입력하는 것이 포인트입니다.

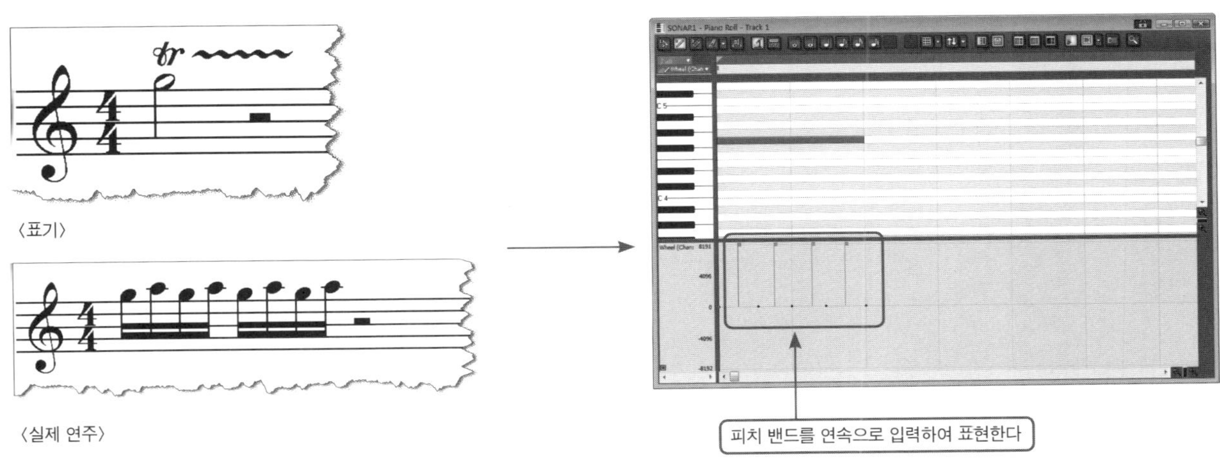

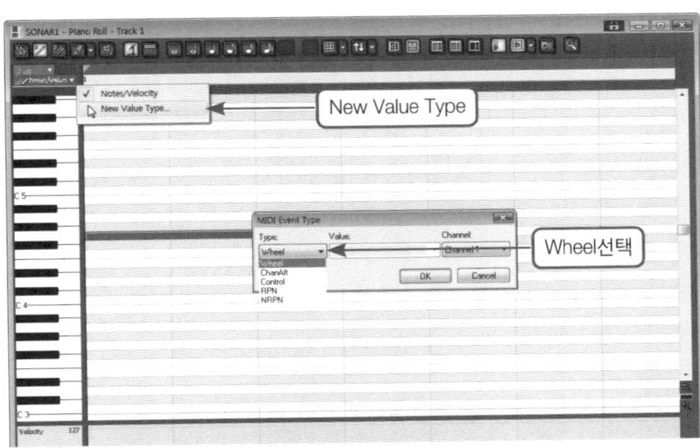

01 피아노 창에서 해머링, 풀링, 트릴 등의 주법으로 연주할 노트를 입력합니다. 그리고 컨트롤 선택 메뉴에서 New Value Type을 선택하여 창을 열고, Type 항목에서 Wheel을 선택합니다.

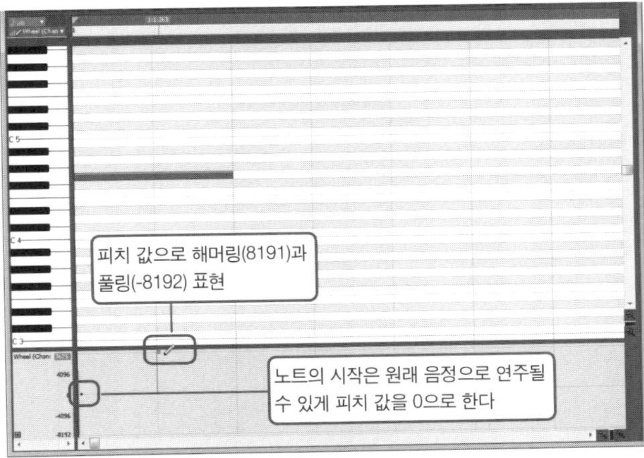

02 컨트롤 패널이 피치 정보를 입력할 수 있는 파라미터로 바뀝니다. 노트가 시작하는 위치에 0의 값을 입력하고, 음정이 올라가는 해머링 주법을 표현할 때는 8191 값, 음정이 내려가는 풀링 주법을 표현할 때는 -8192 값을 입력합니다.

03 해머링 또는 풀링 주법의 연주가 끝나면 다음에 연주되는 음들이 정상적으로 연주될 수 있게 피치 값을 0으로 되돌리는 것을 잊지 말기 바랍니다. 피치를 8191로 올렸다가 0으로 되돌리는 값을 연속으로 입력하면, 트레몰로 효과를 만들 수 있습니다.

4 초킹, 슬라이드, 비브라토 주법

누르고 있는 줄을 밀어 올리거나 내려서 연주하는 초킹 주법과 누르고 있는 왼손을 다른 플랫으로 이동하여 연주하는 슬라이드 주법은 앞에서 살펴본 해머링 및 풀링 주법과 동일하게 피치 정보를 이용해서 표현합니다. 단, 줄을 누르고 있는 상태에서 음과 음 사이를 이동하므로, 음정이 변하는 중간 과정을 표현해줘야 한다는 것입니다.

초킹

한 음을 피킹하고, 누르고 있던 왼손가락으로 줄을 밀어 올리거나 내려서 소리를 내는 것이 초킹 주법이며, C 또는 Cho로 표기합니다. Guitar에서는 미리 줄을 올려놓은 상태에서 원래 음으로 내리는 주법도 흔하게 사용하는데, 이것을 초킹 다운(CD)으로 구분하기도 합니다. 두 가지 모두 피치 밴드를 이용해서 표현하며, 음이 변하는 중간 값을 입력하는 것이 포인트입니다.

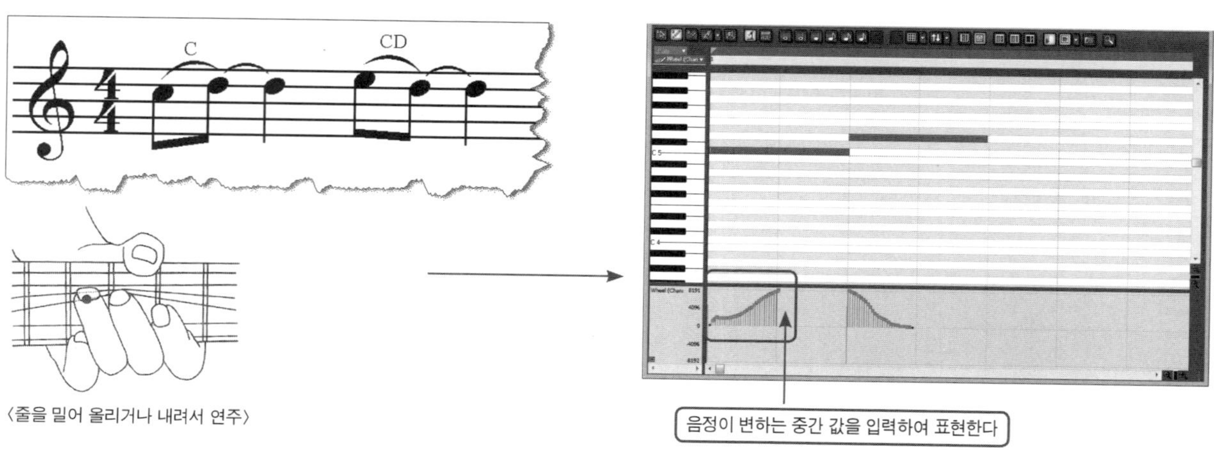

✨ 슬라이드

한 음을 피킹하고, 누르고 있던 왼손가락을 미끄러지듯 이동하여 소리를 내는 것이 슬라이드 주법입니다. 미디로 표현하는 방법은 초킹과 동일하지만, 플랫과 플랫 사이를 이동하는 것이므로, 약간의 간격을 두고 입력하는 것이 포인트입니다. 그리고 Guitar의 헤드 쪽으로 이동하여 프레이즈를 마무리하는 기법으로 많이 사용하는 글리스(Gliss) 주법도 이동하는 음정의 폭만 넓을 뿐 슬라이드와 동일하게 편집합니다.

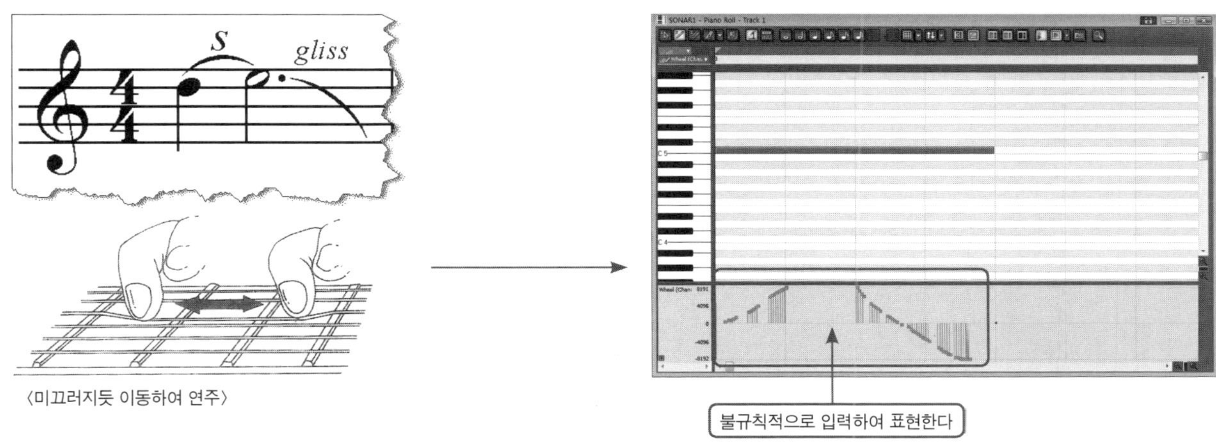

✨ 비브라토

음을 떨게 하는 비브라토 주법은 일반적으로 컨트롤 정보 1번의 모듈레이션을 이용합니다. 그러나 Elec Guitar에서는 초킹과 초킹 다운을 반복하여 음을 떨게 하는 주법을 더 많이 사용하며, 미디에서도 모듈레이션 정보 대신에 피치 정보를 이용합니다. 단, 음정이 정확하게 변하는 것 보다는 약간 불규칙하게 변하도록 하는 것이 포인트입니다.

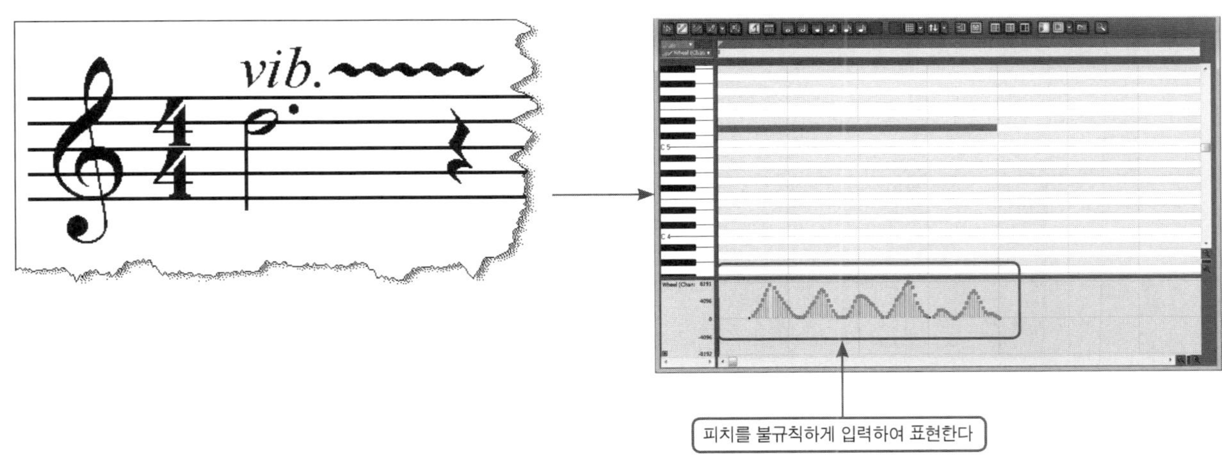

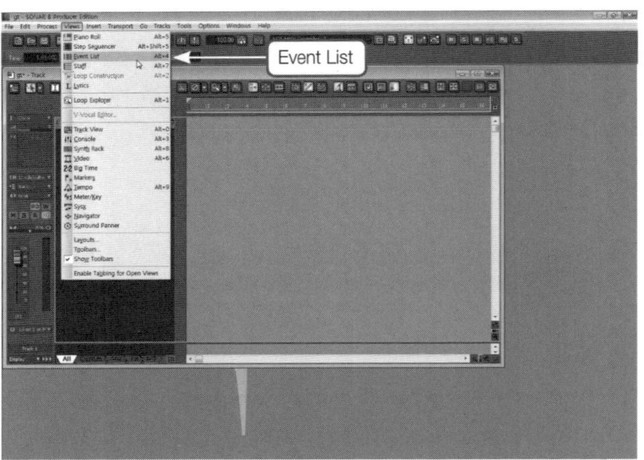

초킹, 슬라이드 등의 주법은 물론이고, 앞에서 살펴본 해머링과 풀링에서도 음정의 변화는 반음에서 2음까지 다양하며, 글리스의 경우에는 한 옥타브 범위로도 연주됩니다. 즉, 한 음으로 설정되어 있는 미디 악기의 피치 밴드 범위를 변경할 필요가 있는 것입니다. View 메뉴의 Event List를 선택합니다.

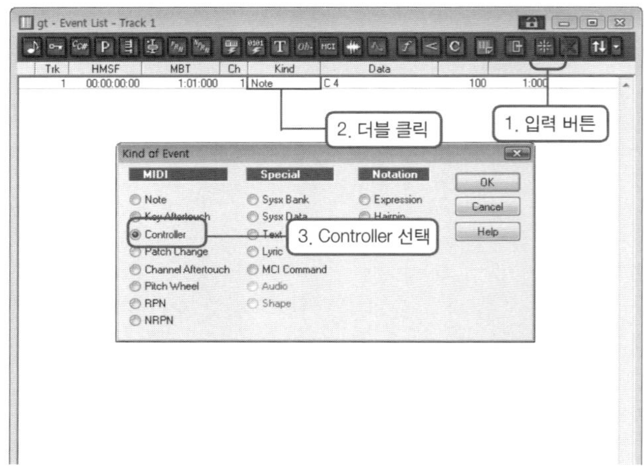

컨트롤 정보를 피아노 창에서 입력해도 좋지만, 이벤트 창이 편하기 때문에 이벤트 창을 연 것입니다. 도구 모음 줄의 입력 버튼이나 단축키 Insert 키를 눌러 노트를 삽입합니다. 그리고 삽입된 노트를 더블 클릭하여 Kind of Event 창을 열고, Controller 를 선택하여 컨트롤 정보로 바꿉니다.

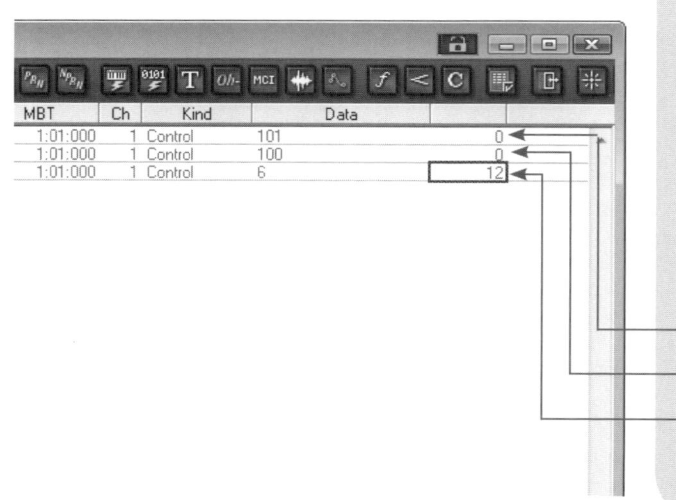

앞에서 입력한 노트가 컨트롤 정보로 바뀌었습니다. Data를 101로 변경하고, 값을 0으로 입력합니다. 그리고 Insert 버튼을 두 번 눌러 컨트롤 정보를 복사합니다. 복사한 두 번째 컨트롤 정보는 Data를 100으로 변경하고, 세 번째 컨트롤 정보는 Data를 6, 값을 12로 변경합니다.

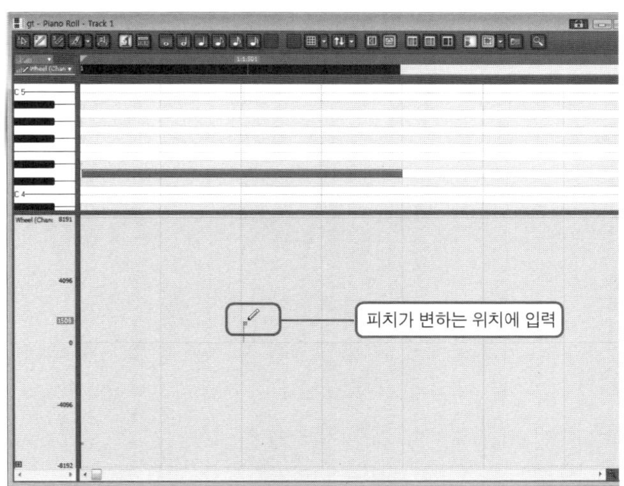

04 소나는 피치 값을 변경하는 RPN 정보를 한 줄로 처리할 수 있지만, 큐베이스 사용자를 위해서 101, 100, 6번을 차례로 이용하는 방법을 살펴보았습니다. 이제 피치의 변화 폭은 한 옥타브가 되었습니다. 피치 밴드 값을 8191로 입력하견, 한 옥타브가 올라가므로, 한 음으로 올리기 위해서는 1365로 입력해야 합니다.

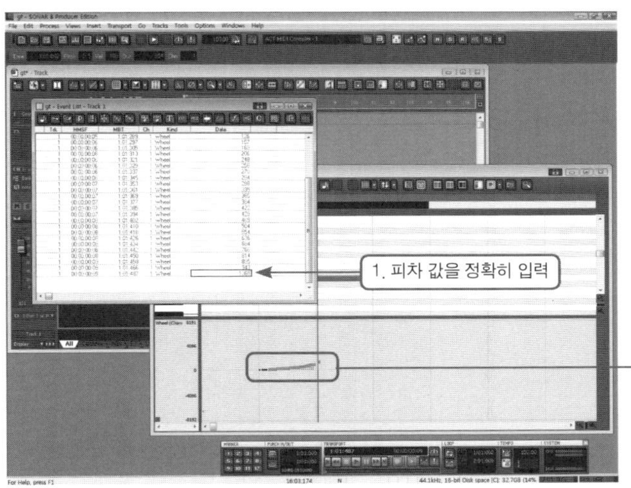

05 피아노 창에서 입력하기 어렵다면, 대충 음정이 변하는 위치에 피치 정보를 입력을 하고, 이벤트 창에서 값을 수정하는 것도 요령입니다. 초킹과 슬라이드와 같이 연속적으로 변하는 값도 이벤트에 수정한 값을 기준으로 그려 넣으면, 사소한 실수를 피할 수 있습니다.

피치 범위를 한 옥타브로 설정한 경우		
0	Up	Down
1	683	-684
2	1365	-1366
3	2048	-2049
4	2730	-2731
5	3413	-3414
6	4096	-4097
7	4778	-4779
8	5461	-5462
9	6143	-6144
10	6826	-6826
11	7508	-7508
12	8191	-1892

06 일반적으로 기타 주법을 표현할 때는 피치 범위를 한 옥타브로 설정해놓고 작업하는 경우가 많으며, 가장 흔하게 사용하는 반음(683), 현음(1364), 한음 반(2048), 두음(2730), 옥타브(8191)의 5가지 정도는 외워두는 것이 좋겠습니다.

3 플러그-인 실습

Guitar Rig 3는 Guitar를 연주할 수 있는 사람들에게는 최상의 Guitar 녹음과 믹싱 작업을 할 수 있게 해줄 것이며, Guitar를 연주할 수 없는 미디 작업자에게는 Guitar 연주자들도 구분하기 어려울 만큼의 Guitar 사운드를 만들어낼 수 있게 해줄 것입니다. 특히, 요즘에는 복잡한 작업 없이 실제 Guitar 연주와 동일한 주법을 구사할 수 있는 VST Guitar Instruments가 많이 출시되어 있기 때문에 미디 작업에서 가장 어렵다고 하는 Guitar 연주 테크닉도 손쉽게 표현할 수 있습니다. 마지막 실습은 앞의 '프리셋 이용하기'와 '미디 기타 테크닉'의 복습 수준이므로 별다른 어려움은 없을 것입니다.

Still Got The Blues

Music by Gary Moore

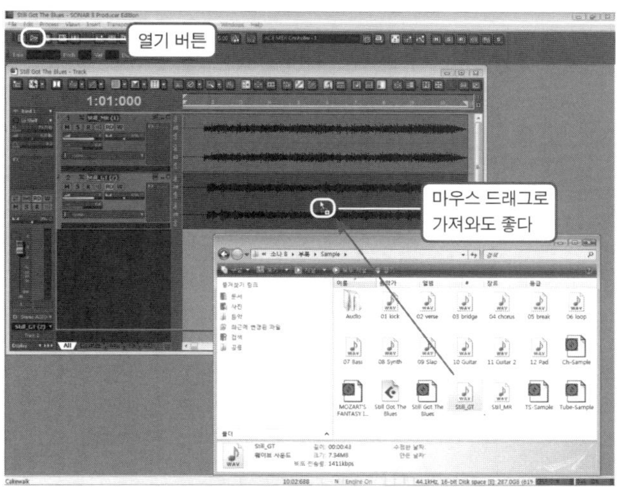

01 열기 버튼을 클릭하여 부록 CD의 Sample 폴더에서 Still Got The Blues 파일을 불러옵니다. 악보를 보면서 완성된 실습 곡을 충분히 모니터 합니다. Sample 폴더에는 큐베이스 사용자를 위한 파일도 제공하고 있으며, 그 밖의 로직이나 프로툴 등의 사용자는 Still_MR과 Still_GT 파일을 오디오 트랙으로 드래그하여 가져다 놓으면 됩니다.

02 Guitar를 연주할 수 있는 사람은 2번 트랙의 클립을 제거하고, 자신의 연주를 녹음하면 됩니다. 실습은 마우스를 이용한 미디 작업으로 진행하겠습니다. 2번의 Still_GT 트랙을 마우스 오른쪽 버튼으로 클릭하여 단축 메뉴를 열고, Delete Track을 선택하여 삭제합니다.

가정교사

큐베이스 사용자는 2번 트랙을 마우스 오른쪽 버튼으로 클릭하여 단축 메뉴를 열고, Remove Selected Tracks으로 삭제합니다.

03 하드웨어 미디 악기를 사용하고 있다면, 미디 트랙을 만들고, 실습을 진행합니다. 여기서는 소나에서 제공하는 VST 악기를 이용하겠습니다. Insert 메뉴의 Soft Synths에서 Dimension Pro를 선택합니다.

가정교사

프로그램이 설치되어 있다면, 큐베이스 사용자도 Dimension Pro를 사용할 수 있습니다. 설치되어 있지 않다면, 평소에 즐겨 사용하던 VST를 이용합니다.

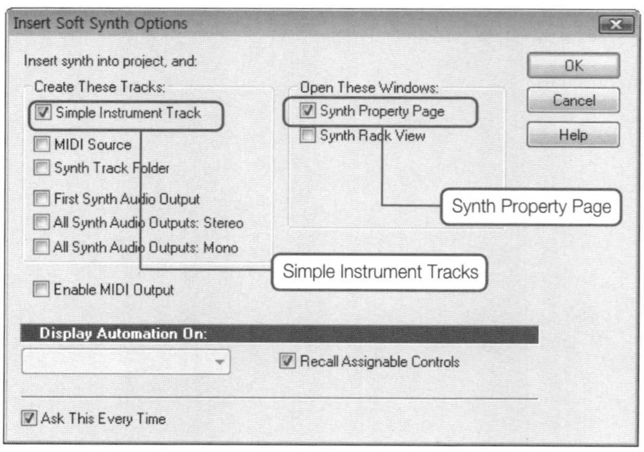

04 Simple Instrument Tracks 과 Synth Property Page를 체크하여 VST 트랙으로 로딩합니다. 하드웨어 악기로 미디 작업을 하는 경우에는 작업이 끝나고, 오디오 트랙으로 녹음을 해야 Guitar Rig 3를 이용할 수 있다는 것을 기억하기 바랍니다.

큐베이스 사용자는 트랙 리스트에서 마우스 오른쪽 버튼을 클릭하여 단축 메뉴를 열고, Add Instruments Track을 선택하여 VST 악기를 로딩합니다.

05 Dimension Pro의 프로그램 목록을 클릭하여 창을 열고, Guitar 폴더에서 적당한 음색을 찾아 더블 클릭합니다. 자신이 좋아하는 음색이라면 어떤 것을 선택해도 좋지만, Guitar Rig 3를 효과적으로 이용하기 위해서는 아무런 이펙트도 사용되지 않은 클린 톤을 선택하는 것이 좋습니다.

06 실습 곡에서 초킹과 해머링 등의 주법은 한 음 이상을 사용하지 않지만, 피치 밴드를 옥타브 범위로 설정하여 작업하는 습관을 갖는 것이 좋습니다. 하드웨어 악기를 사용하고 있다면, 리스트 창을 열어 101(0), 100(0), 6(12)번의 컨트롤 정보를 입력하고, Dimension Pro를 사용하고 있다면, Bend Dn/Up 값을 모두 12로 설정합니다.

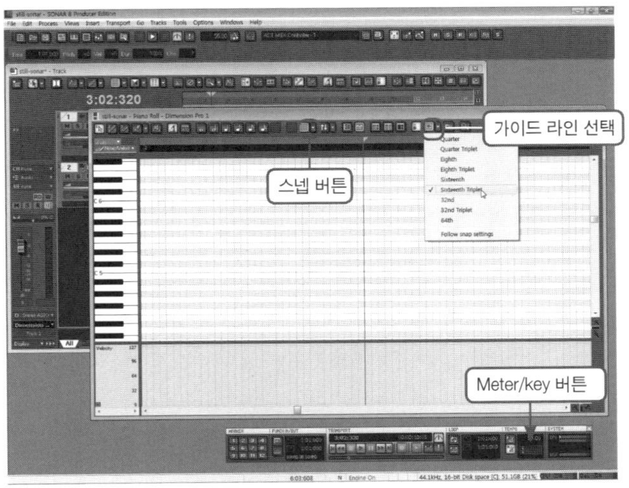

07 Dimension Pro를 닫고, 도구 모음 줄의 Piano Roll view버튼을 클릭하여 피아노 창을 엽니다. 스넵과 가이드 버튼을 클릭하여 Sixteenth Triplet로 선택합니다. Meter/key 버튼을 클릭하여 8분의 6박자로 설정해도 좋지만, 그냥 16비트 3연음을 입력하기 편한 상태로 설정하는 것입니다.

가정교사

큐베이스 사용자는 Key Editor 창을 열고, 도구 모음 줄의 Quantize 메뉴에서 ¹/16 Triplet를 선택합니다.

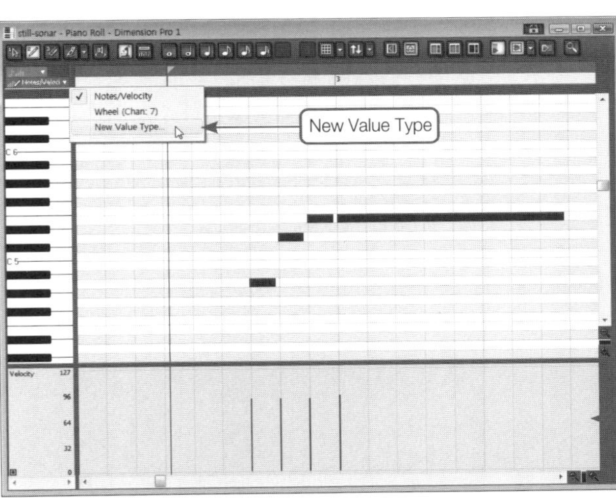

08 연필 버튼을 이용해서 악보의 음표를 입력합니다. 2마디 첫 박자의 초킹 주법은 E음을 입력하고, 피치 정보로 표현하는 것입니다. 피아노 창 아래쪽의 컨트롤 패널에 피치 정보를 입력할 수 있게 컨트롤 선택 메뉴에서 New Value Type을 선택합니다.

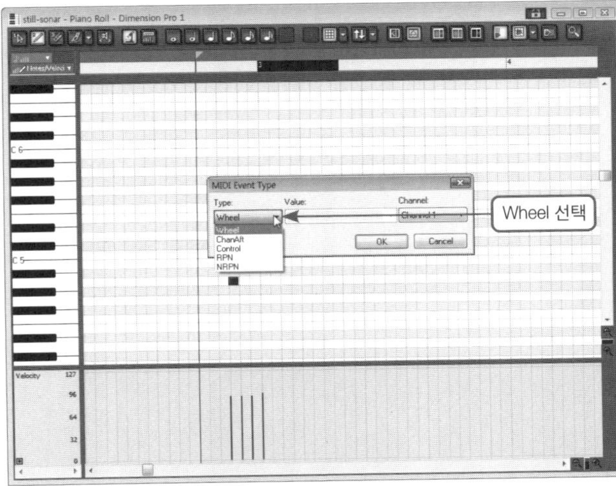

09 MIDI Event Type 창이 열립니다. 피치 정보를 입력할 것이므로, Wheel를 선택하고, OK 버튼을 클릭합니다. 컨트롤 패널이 피치 정보를 입력할 수 있는 상태로 바뀝니다.

가정교사

큐베이스 사용자는 키 에디터 창의 컨트롤 선택 메뉴에서 Pitchbend를 선택하면 됩니다

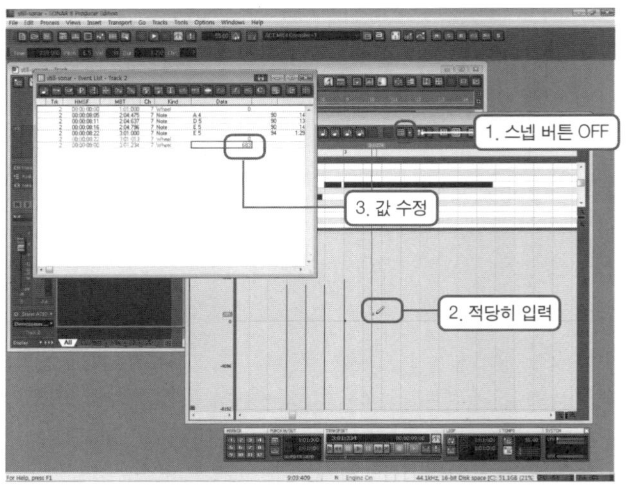

10 피치 밴드 범위를 한 옥타브로 설정했기 때문에 컨트롤 패널을 확대해도 정확한 값을 입력하기는 어렵습니다. 적당한 값으로 입력하고, 이벤트 창을 열어 값을 반음(683)으로 수정하는 방식을 이용합니다. 피치 밴드를 입력할 때는 스넵 버튼을 Off로 해야 원하는 위치에 자유롭게 입력할 수 있습니다.

가정교사

큐베이스 사용자는 리스트 에디터를 피치 밴드 값을 수정합니다.

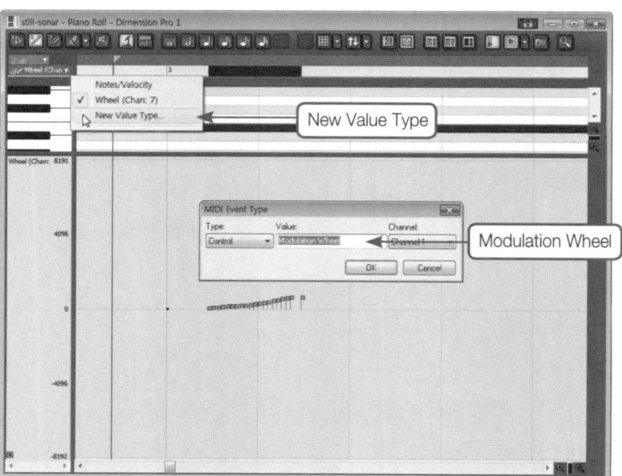

11 Ctrl 키를 누른 상태로 드래그하여 피치 밴드 시작점에 0을 입력하고, 앞에서 입력한 683 까지를 조금씩 올리면서 채웁니다. 노트가 끝난 다음에 0의 값을 입력하여 피치를 제자리로 되돌려놓는 것을 잊지 말기 바랍니다.

12 Guitar 연주자들은 조금 긴 음표에서는 습관적으로 비브라토를 겁니다. 미디 기타 테크닉 편에서 살펴본 것과 같이 피치를 이용해서 작업하는 좋지만, 시간이 많이 걸리므로, 모듈레이션을 이용하겠습니다. 컨트롤 선택 메뉴에서 New Value Type을 선택하여 창을 열고, Control의 Modulation Wheel을 선택합니다.

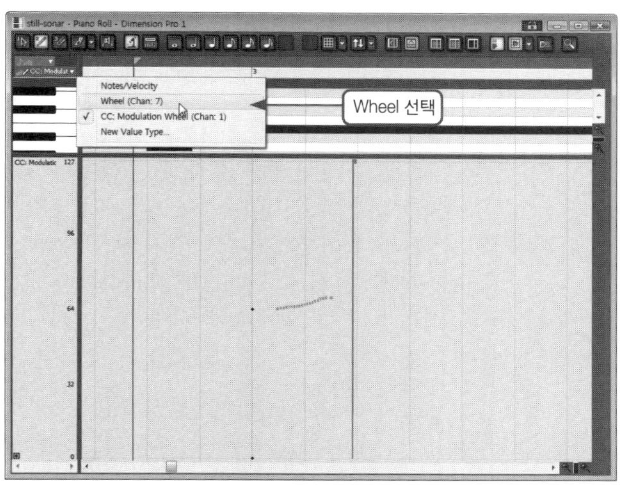

13 비브라토는 초킹을 한 후에 걸게 되므로, 피치 입력이 끝난 이후에 모듈레이션 값을 127로 입력합니다. 노트가 끝난 후에는 0의 값을 입력하여 되돌리는 것을 잊지 말기 바랍니다. 계속해서 피치와 모듈레이션은 컨트롤 선택 메뉴에 등록된 Wheel과 CC: 1-Modulation을 선택하면 됩니다.

가정교사

큐베이스에서는 컨트롤 선택 메뉴에서 CC1 (Modulation)을 선택하여 모듈레이션을 입력하고, 피치를 입력할 때는 Pitchbend를 선택하여 바꿉니다.

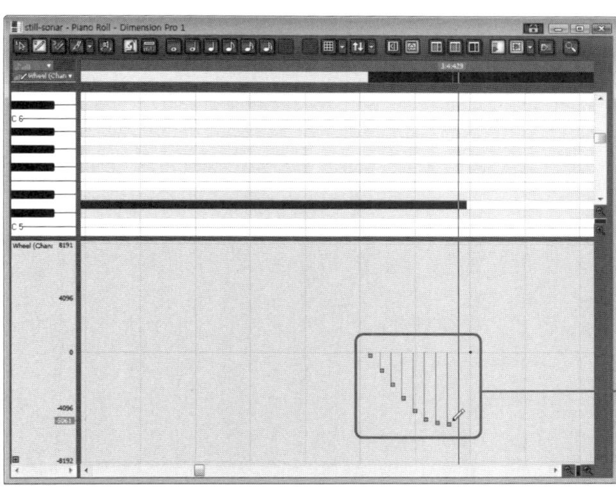

14 나머지 초킹, 다운 초킹, 풀링 등의 주법도 음정의 폭만 다를 뿐 방법은 동일합니다. 앞에서 미디 기타 테크닉을 학습했으므로, 개별적인 설명은 필요 없을 것입니다. 글리스 주법은 옥타브 범위로 조정하지 말고, 각각의 음정마다 조금씩 다르게, 적당히 입력하는 것이 자연스럽습니다.

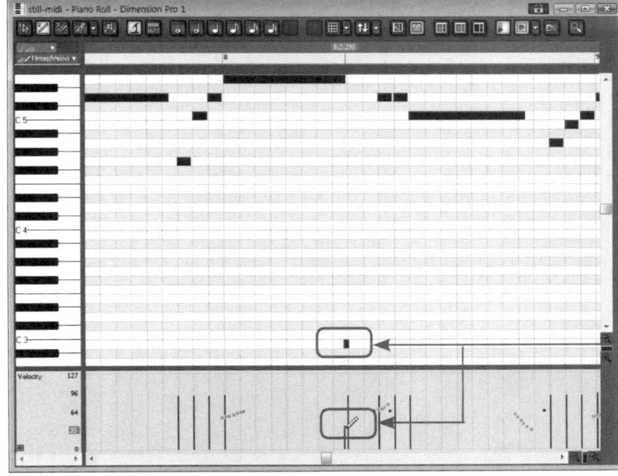

15 참고로 Guitar를 연주하다 보면, 줄을 건드린다거나 플랫 잡음이 발생하는 등의 사소한 실수가 발생하기 마련입니다. 초킹이나 글리스 연주 후, 약한 벨로서티의 짧은 노트를 입력하여 의도적으로 잡음을 만들어주면, 좀더 리얼한 Guitar 사운드를 만들 수 있으므로, 꼭 시도를 해보기 바랍니다.

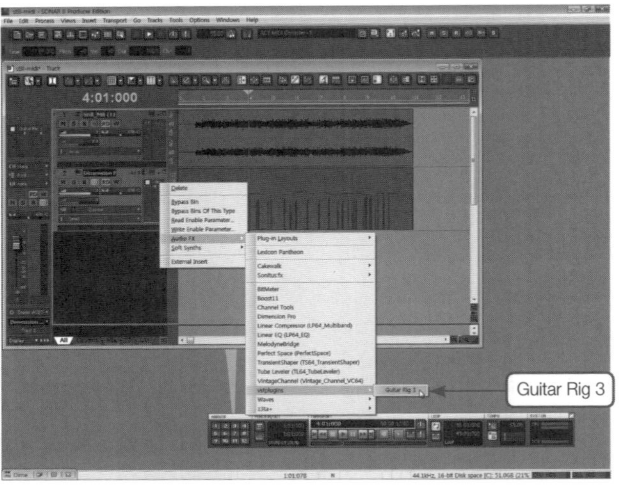

16 미디로 Guitar 작업을 하기 위해서는 많은 정성이 필요하며, 소스에 따라 3~4 트랙을 사용해야 하는 경우도 있습니다. 좀 더 쉬운 방법은 Guitar 관련 VST악기를 사용하는 것이므로, 관심을 가져보길 바랍니다. 완성된 VST 트랙의 FX 패널에서 마우스 오른쪽 버튼을 클릭하여 단축 메뉴를 열고, Audio FX의 vstplugins 폴더에서 Guitar Rig 3를 선택합니다.

가정교사

큐베이스 사용자는 인스펙터 창의 Inserts 슬롯에서 Guitar Rig 3를 선택합니다.

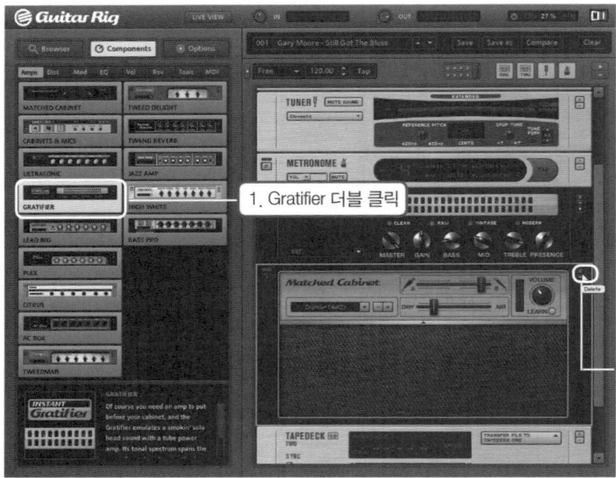

17 Components 프레임의 Amps에서 Gratifier를 더블 클릭하여 랙에 장착합니다. 그리고 캐비닛의 닫기 버튼을 클릭하여 제거합니다. Guitar Rig 3의 모든 캐비닛은 프리셋으로 변경할 수 있지만, Cabinets & Mics는 별도로 장착을 해야 되기 때문입니다.

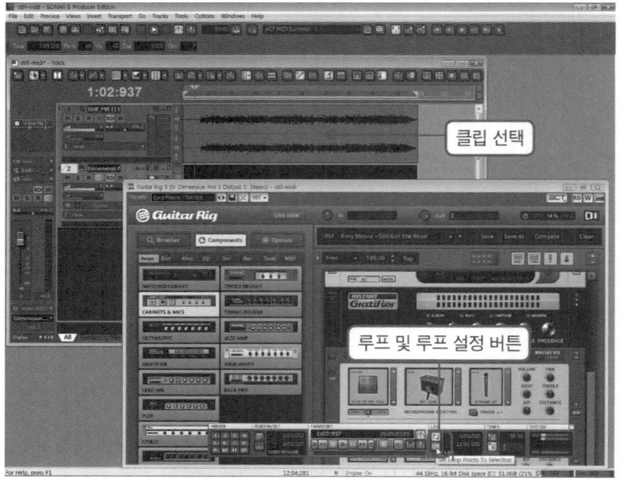

18 Amps 탭의 두 번째 보이는 Cabinets & Mics를 더블 클릭하여 랙에 장착합니다. Gratifier 앰프에 마이크 녹음을 시뮬레이션 하고 있는 캐비닛을 연결한 것입니다. 사운드를 모니터 하면서 톤을 조정할 것이므로, 클립을 선택하고, 루프 설정 버튼을 클릭하여 반복 구간으로 설정합니다. 그리고 루프 버튼을 On으로 하고, Space bar 키를 눌러 반복 재생합니다.

가정교사

큐베이스에서는 파트를 선택하고, Shift+G키를 눌러 반복시킵니다.

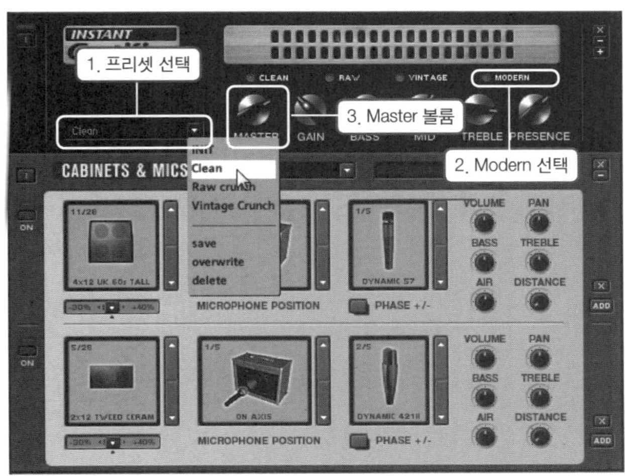

지금부터 설명하는 설정 값들은 참조만
하고, 자신의 취향대로 조정을 하기
바랍니다. 앰프의 프리셋을 Clean으로
선택하고, Master 볼륨을 조금 줄입니다. 그리고
모드는 Modern을 선택합니다.

20
캐비닛의 스피커는 12/28의 4x12 UK
60s를 선택하고, 마이크 위치는 3/4의
EDGE, 마이크 종류는 1/5의 Dynamic 57을
선택합니다. 그리고 Treble과 Air를 조금
줄입니다. 아랫것도 동일하게 설정합니다.
반드시 반복 연주되는 사운드를 모니터 하면서
조정하기 바랍니다.

21
사운드가 거칠어지긴 했는데, 그냥
거칠기만 합니다. Dist 탭에서
Distortion을 앰프 위쪽으로 드래그하여
장착합니다. 그리고 Volume을 최대로 놓고,
Distortion을 12시 방향으로 설정합니다.
디스토션이 걸린 사운드가 앰프로 연결되어
날카롭긴 하지만, 실감나는 사운드가 되었습니다.

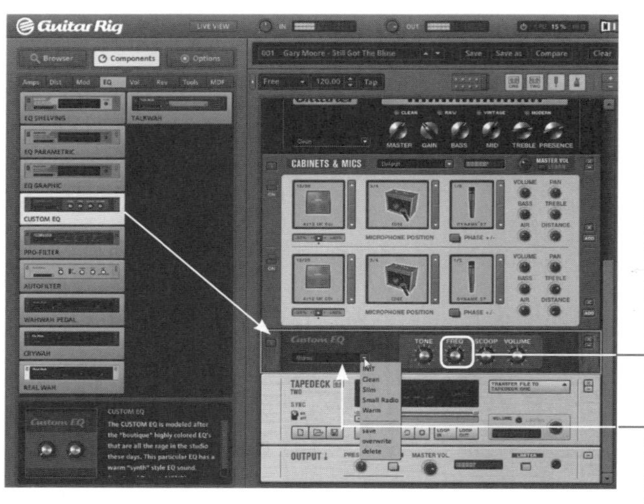

22 EQ 탭에서 Custom EQ를 캐비닛 다음으로 드래그하여 장착합니다. 프리셋에서 Warm을 선택하고, FREQ를 1시 방향으로 조금 높입니다. 날카로움이 크게 감소되고, 깁슨 계열의 사운드가 연출되어 블루스 음악에 어울립니다.

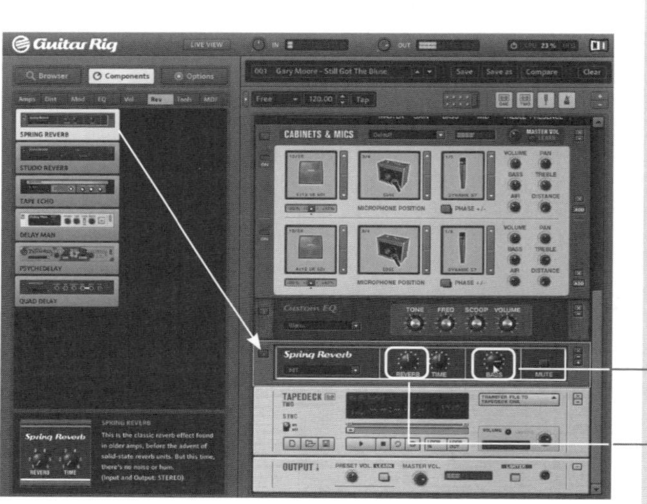

23 Rev 탭에서 Spring Reverb를 더블 클릭하여 마지막에 장착합니다. Reverb와 Bass를 충분히 올려서 좀더 축축한 사운드를 만듭니다. 파일을 저장하고, 1주일 후에 다시 들어보면, 자신이 직접 마우스로 입력한 것인데도 불구하고, "실제로 녹음을 했었나?" 하는 착각에 빠지게 될 것이며, 남들은 미디로 만든 연주라는 것을 상상도 못할 것입니다.

제 1 부에서는 소나 8에서 달라진 점과 새로 추가된 기능들을 살펴보았고, 제 2 부에서는 홈 스튜디오 작업자가 Guitar 녹음과 믹싱을 하는데 꼭 필요한 Guitar Rig 3의 모든 것을 살펴보았습니다. 미디 작업자라면 Music Lab사의 Real Guitar와 Real Strat, Propellerhead 사의 Reason 등, Guitar 사운드와 연주 테크닉을 손쉽게 구사할 수 있는 VST Instruments에 관심을 가져보기 바랍니다. 보다 완벽한 Guitar 연주를 구현할 수 있게 될 것입니다.

오직 꿈 하나만 믿고 살아가는 이들에게 작은 도움이 되기를 바랍니다.

고맙습니다.

최이진 ㅣ hyuneum.com